减压者营地
An empty camp

宋明远 著

Billson International Ltd.

Published by
Billson International Ltd
27 Old Gloucester Street
London
WC1N 3AX
Tel:(852)95619525

Website:www.billson.cn
E-mail address:cs@billson.cn

First published 2025

Produced by Billson International Ltd
CDPF/01

ISBN 978-1-80377-167-0

©Hebei Zhongban Culture Development Co.,Ltd All rights reserved.

The original content within this product remains the property of Hebei Zhongban Culture Development Co.,Ltd, and cannot be reproduced without prior permission. Updates and derivative works of the original content remain the property of Hebei Zhongban. and are provided by Hebei Zhongban Culture Development Co.,Ltd.

The authors and publisher have made every attempt to ensure that the information contained in this book is complete, accurate and true at the time of printing. You are invited to provide feedback of any errors, omissions and suggestions for improvement.

Every attempt has been made to acknowledge copyright. However, should any infringement have occurred, the publisher invites copyright owners to contact the address below.

Hebei Zhongban Culture Development Co.,Ltd
Wanda Office Building B, 215 Jianhua South Street, Yuhua District, Shijiazhuang City, Hebei province, 2207

目录

第一章　某一天无可追回的风景 \ 001

第二章　我跟压力讨价还价 \ 006

第三章　决定命运的那一天从起床开始 \ 010

第四章　稍微挺起腰杆，有风直达云海 \ 023

第五章　我选择，结伴同行 \ 038

第六章　很多事情需要荟萃 \ 058

第七章　简短的一页不需要名字 \ 077

第八章　晨临雾逝 \ 091

第九章　拉拉钩，雨后初霁透着光 \ 129

第十章　光顾总在服务间 \ 159

第十一章　洞里洞外 \ 194

第十二章　嘎唔对巴拉（上）\ 216

第十三章　嘎唔对巴拉（下）\ 249

第十四章　'名'日未可知 \ 268

第十五章　篝火听我说 \ 297

第十六章　店里，陈设着谁都可以坐的椅子 \ 314

第十七章　手持旗帜是否该无情 \ 330

第十八章　左手剑，右手盾，头戴棒槌帽 \ 344

第十九章　雨中行车 \ 363

第二十章　天一早去捡甲虫尸体 \ 390

第二十一章　营地很美丽，以后会更美丽 \ 405

第二十二章　今夜蚊子去找谁 \ 416

第二十三章　地上的归狗，迷宫里的归猫 \ 433

第二十四章　小肚子拖延症 \ 452

第二十五章　于是，此时此地，故事中没有选择的那份平静回到了人间 \ 468

第一章　某一天无可追回的风景

街道被运气、提心吊胆、耽搁得久了些的大雨拆了个七零半,划分界限的参照点时间,它停在一根够高的、不由来迟的蝉鸣判断该不该送去检修的电线上,作为太阳或者故我的支点,接替脸上的笑容滤走剩余的部分。

因为没有意识到时间的流逝,街上发了疯似生长的人群,已如数都数不清的往事,在一条条人行横道上蔓延开来,长势渐渐超越了庸人自扰时碌碌无为的活动范围。没有人打算叫住他,整条街成为他未注视到的世界的部分,和一生已经过去的时光混为一谈,占以上全部。

苟喘着粗气,嘴里充斥着无止境的血腥味,刚才剧烈的有氧运动,使苟的心脏立马横冲直撞起来,狂轰滥炸着他的胸腔,他的呼吸如同整个脑袋被被子蒙住后难以喘气般痛苦,只能学无主见人惯用的长吁短叹来轻微缓解,但苟热爱且忠于这么做,他经常会从家到学校,再从学校到家,从贯穿全身的五脏六腑的寒战,到暖暖升起的雄波浩荡,一路

"亡命"狂奔。

所在笔直而回响着翠绿耳语的街道，骄阳拉近琥珀色的眼睛，瞧它辉煌美丽的踪迹，蓝天白云映照下，透过路边插建楼若断若续地普洒在有着宝石般丽影的柏油路上，千万缕阳光释怀在一粒随波逐流的石子上，令它的呼吸一派静柔地轻拂起身上的雄心壮志，随手一摸便能感受到夏日余威。当其他同学凑着脑袋一起讨论暑期计划时，苟已经拼尽全力去拯救他那咕咕直叫的肚子了。

在家门前停下的时候，苟下意识把手扶在了超负荷运行后寸步难移的膝盖上。

"赞美，赞美今天是周六吧！"苟大口呼吸着地球给予生命的供养，学一月份的第一个星期一成为自己命运的主人后，语气感恩得连令自己倦世的怪脾气也一并包容，"我和佳片有一个约会。"

等呼吸平稳后，苟哼着为数不多的从小听到大会唱的曲子向楼道走去，他用手背擦了一下蹭蹭冒汗的额头，也许家中冰箱的冷藏层里恰好还有一两瓶饮料等着他去开怀畅饮，水溶c柠檬味的最好不过了。

正当苟像往常的那个高中生踏上矮墩墩的台阶时，生活以一种出乎意料、高超的方式告诉了我们为什么回顾过往时，遥远的午后会被叫作最久远的回忆。

"你真是好样的。"

因为向来没有准确的记载，被隐喻的消息自然而然渲染成不可弥补的事实。

突如其来的赞叹打断了苟的动作,他没有直接回过头,而是如释重负地挎了挎松散的书包带。

"今天的你注定失败,现在我脑子里装满了关于暑假的各种计划。"苟面色不豫地回道,并煞有其事地向后方伸了伸大拇指为自己鼓气。"你的恶作剧今天我可免疫,放弃吧,你吓不到我了。"

"也许吧,这件事可是吓了我一跳,等等。"为了确认什么准确无误似的,声音停顿了一下。"没错,过来看看这个。"一阵急促的脚步响起,但马上停了下来,在原地踱起了步。

"冰箱里还有茶吗?我现在想喝茶了。"苟若无其事地向前走去,但没走几步,他的后背就迎上了一阵巨大的冲击,大脑瞬间供血不足,吓得苟闭住了眼睛,赶忙伸手扶住了墙壁。

"抱歉,真的很抱歉,但你必须来看看这个。"一只厚而有力的手握住了苟的胳膊,将他摆脱了快要跌倒的趋势。

苟睁眼看见了苟德热切而崇拜的目光,他并没有感到高兴和自豪,相反,苟德今天的不同寻常使苟心里发怵,到底是什么东西使他变得如此狂热?

一张纸!确切地说,是一张在世界各地拥有众多兄弟姐妹的广告传单。哼,苟德真是无趣,苟宁愿他像往常一样,以迅雷不及掩耳之势对自己发动"割喉之战"。

"老哥,一张纸而已。"苟面无表情,匆匆瞥了一眼。

"你看了吗?这怎么就是一张纸了呢?再看一眼行不

行？就一眼。"苛德催促着，跟上了苟的步伐。

"咱们这儿的垃圾箱分为可回收和不可回收两种，纸要放进可回收那种。"苟懒得再看一眼。身后曾象征决心的脚步停下了。

苛德踢踢踏踏地向后走去。

"知道了，我现在就去扔了它，电梯不响的话等我一下，马上回来，马上，马上……"

苛德的声音颤抖着，似乎湿乎乎的寒气弥漫在周围，渗透进衣服，弄得身上的每根骨头都在隐隐作痛，向他发出不可预见的警告。

还有什么比暑假前一天弄乱别人的心情更糟糕的呢？

苟仿佛看见自己的身影在象征着愧疚的怪网边徘徊，而这些密不透风的网则困住了每一个毫无防备的生灵。

每次遇到这种经历，当初勇往直前的苟总是不能全身而退。

"那我要看。"苟脱口而出。

他看见苛德根本没动他那篮球运动员一样的长腿。

想收回已经来不及了。

苛德喜出望外地转过身，举起那张纸，用奉承的口气说："听见了吗，哥们，好心的地主大爷终于同意听听咱的意见了。"

"兄弟之间不都是互相作对吗？你要扔的话我不就得看吗？"苟的脸涨成了浅红色，一本正经，连眼皮也不抬地感叹道。

"快过来，来这儿，老弟，听我讲个故事。"

......

苟德一屁股坐在了门口前潮湿的台阶上，精神饱满地扫了扫旁边位置的灰尘。

苟没有争辩也没有抱怨，他将硕大的书包支在了自己羸弱的腿上，很安静地坐在了苟德的身边，但心中的疑问和困惑全表现在了瘦削的脸上。

什么故事？那张纸呢？为什么要在这儿讲？很重要吗？

苟德咧嘴笑了，将苟打战的腿上的书包拎到了自己腿上。"耐心点儿啊，小老弟，故事总会结束的。"

苟漫不经心地点了点头。

头脑里没有浮想联翩的猜度，四周没有嘈杂的说话声，没有汽车声在夕阳下喧宾夺主，没有灵魂的灿烂引人耳目，一只脚刚刚跨过家里大门的门槛。风儿不见了，一切显得那么安逸。

总会讲完的故事开始了。

第二章　我跟压力讨价还价

"我在一个阴沉的日子里躺下入睡
梦里梦外，别无二致
乌云密布，夜色沉沉
仿佛被人遗忘的传闻重降人间
它从雾的彼岸游荡归来，风尘仆仆
将我的梦作为取悦它接风的高贵奥秘
我不满唯一代价
'请你离开'
它无视我，如同父母偏爱另一个
'心灵陷入了隐晦的斗争中，而灵魂不能再视而不见'
我毫不气馁，求它多多包涵
无人问津，犹如希望陷入无人之境
它们仿佛在名叫无止无境的走廊里穿行，漂泊自睡意蒙眬的字眼
'空无一人'

回声，凭着只言片语

在我脸上哄骗出温文尔雅下的猜度

它为何口出此言

我一声不吭，它便没有片刻停留，去把我心中的秘密发现

我为何固执于离群索居

现在却在枉费心机，迎来欢送中命悬一线

旁侧美丽无由的不搭边际

如结局蝴蝶翅膀飒飒飘动抹去彷徨般美好，令人向往

你赢了，虽然我未拥抱过你

为了你的胜利

尽管我年纪轻轻

我会在我的土地上天天庆祝

歌颂你

你，您的

尊姓大名

年复一年

消息传出

没有干净，笑颜，冻土

我甚至可以理解

死亡还活着

你得偿所愿

我幻不见飞来的海鹰

嘴里为我携着的

谎过解脱的云影

我醒来

被轻轻一沾便藏起的心惊扰

展望四周

它无理得就像强盗，隐没了我的星夜

面对安置在空静中的疲惫

脑子中传来残留物的细细低语

'你真是好样的'

我真想证明

'为何你的脸，仍傍着我'

'不是你在期待奇迹发生吗'

'可他们从未回头'

'你是主人我是仆，虽生活在污泥，却向我喊，当心'

'你已经无法让我睡意昏沉，还不够吗'

'可你还不是孤独的，犹如太阳，你的天空布满了星星'

'你还想确信什么'

'你活着，可你知道，世界已无物可看'

'为了你的开心，我应战'

'不，忙碌的傻瓜，下挑战书的人是你'

……

我一骨碌爬了起来

随后漆黑感染了我

在余下时间，将折磨交给了闷闷不语

……"

"当当,还期待好结局呢?嗯?故事到这儿就结束了。"苟德笑着拍了拍苟的额头。

苟从走神中回过神,整个人脸色显得很苍白。

"所以,那张纸呢?是关于什么的?"

"噢,减压者营地呀,就是类似于一个夏令营。"苟德眨了眨眼睛。

"噢,当然,不难猜到。"苟嘟囔道,听累了有些摇晃地站起身,他拍了拍自己的裤子,上面的小碎石掉在地上弹了起来。"可是跟你的故事有什么联系吗?它们有什么必要的条件吗?"

"自己想。"苟德决绝地说。

"那就没意思了。"苟向家走去。

"要不然这样,你先回去吧,我刚想起来我有些事忘了处理。咱们一刻钟后见。"苟德在身后喊着,声音因为刚讲完那个慷慨激昂的故事而哆哆嗦嗦地。

"那我先走了。"

苟向苟德挥手告别,目送苟德离开后,他进入了电梯,在电梯上升到十一楼的片刻时间里,他一直在重复着一件事,仿佛这就是他终生相随的神圣职责。

"减压者营地。"苟喃喃自语道。

第三章 决定命运的那一天从起床开始

苟的卧室明亮而欢快,印出黎明与曙色的绒布窗帘被人调皮地拉开了一个小角,半掩的阳光照亮了苟的书桌,映红了上面用橡皮泥捏的手工艺品,做的是一匹匹此时看已很扎眼的小马,各个昂着头,抬起迎接挑战的前蹄。

书桌的架子上谨慎地摆满了各种各样的物品,比如本来给刷牙的人计时用的沙漏,后来蛀牙呜咽的呻吟像下雨似的沙沙声一样频繁,便换用更准确的钟表,弃用的沙漏以全新的风貌住进这间卧室时,玻璃瓶中的沙子像翅膀似的翘起,无望飞出这场时间循环的游戏,又或者落在地球仪上大西洋区域的灰尘,既无青春也不对年轻存在偏见,它落下使大西洋温暖的海床失去了半数的光芒。在套圈游戏中赢来的小茶杯里还放着陪苟经历过中考的线头,而那本第十一版的《新华字典》仍忠心耿耿地留在记忆的某处,它的主人要去听生活讲课,或许不会再翻开它了。

一夜里苟睡得很踏实。

卧室外飘来阵阵菜香，空气中弥漫起小米粥独特的清香味，令人无处安放的神经顿时惬意起来。

"起床吃饭了。"清脆的碗碟碰撞声响起。

床上的人翻了个身，将自己舒舒服服地舒展开，在窗台上盛开的那盆茉莉净化了的空气中怡然自得。

"嗯，碗筷给我，去叫你弟起床去。"

一阵朝气蓬勃的脚步声走近，在苟的梦乡里不知道用了什么法术，马上苟就双手挥舞，在空中乱蹬乱踢，像被火烧火燎了一样坐了起来。

"我以为不会迟到。"苟在看见苟德幸灾乐祸的笑脸后醒悟了过来，停下了翻身下床的动作。

"对，暑假第一天。"苟摩娑了一把脸，将脸上出现的抓痕舒展开。

"精神点儿，起床吃饭了。"苟德用力道不小的劲拍了拍苟的胳膊，差点就让生锈的机器散架，零件掉得一塌糊涂。

"我已经起来了。"苟揉着被拍疼的部位懒洋洋地抱怨道，"你今天起这么早干什么？每天不都是睡到十点之后才起的吗？"

……

"嗯？"

无人作答？

苟德在一旁陶醉地挥着手，仿佛正在穿衣服的苟被他手中无形的丝线操控着。

"真是够了。"苟一眨不眨地打量着苟德,绷起了脸,虽然他下一秒就被苟德缺东少西的指挥给逗笑了。

"真是够了。"

苟迅速穿好衣服,蹑手蹑脚地经过了苟德,在门口看着苟德忘乎所以的背影,打了个哈欠。

厕所的门吱扭响了一声,苟德停下了手中的动作,他笑着深深弯下腰,然后直挺挺地朝苟刚收拾好的床上倒了下去,舒舒服服地挥舞着双臂和手掌,在破坏最大化的同时使劲憋住笑。

苟望着镜子里的自己发呆,今天是他头一回这么仔细地打量自己,备战高考的几个月里,他忙到根本没有闲工夫去照镜子,在那段难忘而可靠的时间里,灵感来得神出鬼没,让苟一度轻信自己只是一处虚无缥缈的幻影,在世界各处都站不稳脚跟,以后只能飘忽不定,无所事事。

苟沾湿了一张卫生纸,擦了擦眼前模糊的镜子,在新的污痕出现前自己竟出奇地陌生,他都快把自己原本的样子给弄丢了。

简单洗漱过后,苟向饭桌走去,后者则是另一个令人捉摸不透的战场。

堆满丰盛早餐的长方形餐桌上,苟先生和苟德一个坐在苟的右侧,一个正对着苟。

苟落座时,苟先生正在慢条斯理地剥刚煮好的鸡蛋,这么个慈眉善目的男人,此刻在给鸡蛋去壳时,眯着眼,露出怀疑的神色。苟德正在给他切好的烧饼中间放萝卜干和海带

丝，不仅如此，他的粥碗里还浮着从筷子上脱落的黄豆皮，笑吟吟地在粥中大放油彩，很了不起。

一家人就那样以安抚肌肉、放松心态的状态坐在木头桌旁，安安静静地咀嚼着每一口食物。

苟先生是第一个享受完早餐的，他笨拙地将座下的椅子摆回了它原来的位置。苟先生只在吃饭的时候才借用在阳台晒太阳浴的扭背弓藤椅。现在苟先生优哉游哉地重新窝了进去。

第二个离开餐桌的是苟德，他毅然决然地将收拾餐桌的重任留给了苟，出于好心，他将餐桌上空无一物的塑料袋揉成一团，去厨房喝水时带到了垃圾桶，而他留有食物残渣的碗则在风中慢慢变干。

苟才刚刚撕掉粥皮，喝到第一口粥，露出心满意足的表情。

"你满足了？"看着苟乐呵呵的样子，苟德有事没事地凑了过来。

"呃，嗯。"苟顺着心意。

"你还记得你昨天做了什么梦吗？"苟德问。

"呃，没做梦。"

"好吧，那你还记得昨天咱们谈的话题吗？"

"呃，我们谈过假期工。"

"就是这件事。"苟德微微皱了下眉，"你暑假想去哪儿玩吗？想去张家界玩蹦极吗？是不是太高了，我看你也没那个胆。那你想不想去爬山呢？恐高吗？嗯？或者考虑一下去……"

"呃，哪不哪的，能先让我吃完饭吗？"苟开始不耐烦地用嘴唇打了个趔趄，假装饭已经冷掉了的样子。

"当然可以。你看这样吧，不行我给你推荐一个吧。"苟德完全不在乎苟的态度。

呃，随他吧。苟耸耸肩，碗端得比兀自说话的苟德脸还高。

在一段毫无特色的介绍之后。

苟德只让苟记住了他推荐的名字：减压者营地。

"名字挺有趣的。"苟很有见识地打断了苟德，"我现在要刷碗了，不如你也找点家务干吧。"

苟撤走了压在苟德胳膊肘下的玻璃垫。

"你不会后悔的。"苟德依旧不依不饶。

"何以见得？"苟将用过的碗叠在一起，带着它们迈着大步走进了厨房。他提了一个问题，可不是真心实意想要问题的答案。

"求人不如求己。"在苟吸着鼻子检查是不是煤气泄漏的时候，苟德突然冒了出来，从他的角度观察着苟。

"为什么不自己去一探究竟呢？"在苟将擦碗巾拧上个七百八十度的时候，苟德嘶哑低沉的声音从后方传来。

"去了你不就知道了吗。"在苟将抹布滴上洗洁精去擦桌子的时候，苟德拉着长调。

"跟你说了你也不可能懂。"在苟将手上残余的泡沫洗掉，关上厕所门后，疼痛难忍的苟德才恋恋不舍地离开扒出指纹雾痕的门框,"机不可失,时不再来。"

苟可能永远不会考虑去参加夏令营,不过那是在注视自己那暗淡无光的眼睛之前了。现在,苟悲哀地看着自己僵硬、苍白、愧色赤裸裸暴露在外的脸,布满抬头纹的前额上耷拉着曾经顺滑的头发,他凑近镜子,揪着眼下乌青的黑眼圈,在空洞无神的浮肿之下看清了布满在眼白中无数的红血丝。高考结束,并不像之前期望的那样在生活中大获全胜,至少胜利后的喜悦他闻所未闻。

"镜子就在这儿,你还可以再看一眼,说不定之前一切都是虚妄的假象,昨天的休息对你来说已经是够够的了,你绝对不可能如此狼狈。"

苟小心翼翼地拂过自己粗糙起皮的脸庞,在摸到自己下巴上长短不一的山羊胡时,他的视线逐渐模糊了起来。身心俱疲后的解脱感也帮不上苟一丁点的忙。

"肯定有人对施法着了魔,而我是无辜的受害者,不,不可能,我不会让他得逞的,但我如此心力交瘁,怎么可能是他的对手……"

苟一时间惊慌失措,镜子中的自己竟然出奇的老……

好奇的视线明显地增加了……

他想放火烧太阳……

他得求救,他得大声报告此事,得撕心裂肺地号叫,他得寻求法律的保护,让那人受到应有的惩罚,仅仅为了自己……

他也许得考虑考虑苟德给他的选择了……

……

厕所里响起了哗啦啦的流水声,随之而来的是一声自嘲的大笑。

有人开始觉得随心所欲无聊了。

苟脸上带着小水滴面无表情地走了出来。

只是刚刚上演了一出出色的偶一为之的小短剧而已。

唯一真实的只有他在心中为自己的喝彩。

苟德坐在沙发上,他为找到一个说服苟的理由而在心中苦思冥想,现在的他显得十分紧张,惶恐不安,两只手在膝盖上紧张地扭在一起,看见苟从厕所过来,他正了正身子,愁眉苦脸的样子立刻烟消云散。他诚恳地吸了吸鼻子。

"想好要不要去了吗?"

"还用问吗?肯定不去呀。"苟立刻回答说。

"真的?"

"真的。"

"谁来问都是这个答案吗?"苟德不自在地调整了下坐姿。

"我不知道。"

"我就说嘛,这个营地好评如潮,去的人络绎不绝,大都是像你这样的准大学生,你怎么肯的呢,怎么肯说不去呢。"苟德松了口气,不假思索地说道。

苟其实想说的是他不知道苟德为什么这么执意让他去参加这个夏令营,去那个名字用过大的黑体字印在五光十色的广告单上的夏令营,他们一开始便给无力回天的困境找了个

通情达理的借口，而且这个营地真的对压力大的人有帮助吗？说不定又是商家搞的噱头而已，真的有人相信这个而不是相信学校的心理老师吗？太匪夷所思了。

他接着问道："是有人给你了什么好处来打广告吗？"

"你说……说什么，昂，没有的事。"

"我在撒谎方面上没什么建树，但你的本事，毫无疑问，更差。"苟一针见血。

"是……就是……是该这样回答，因为我和那里面的有个人，他认识我，我也认识她，你也闲着没事，就去那儿可以了，顺水锤炼一下人情……就这样。"说完，苟德大口大口吸着冷气。苟先生装作氧气耗尽的样子从旁边吃力地走过，虽然他脸上总是神采奕奕。

"有意思，我才刚刚习惯自由是一种多么奇怪的感觉。"苟自言自语道，苟德从旁边张嘴想说话，却不知道说什么好，便又把嘴闭上了。

"怎么说呢，我的名字在他们名单上了吗？"苟淡淡地说了一句，他正回想着宣传单，上面用涤纶线把报名截止日期重点缝了起来，昨天是报名的最后一天。

"记得昨天下午我让你先回来吗？我从楼下给我在那儿工作的朋友打了电话，你猜怎么着，全都搞定了。"苟德在苟面前流露出得意的神采，仿佛他刚才说的那句话是让人眼馋的万事万物的进展。

"这样呀。"苟望望四周，"其实我想先去当一个月的假期工，然后我再一一考虑——算了，是不是不去也不能退款?"

"当然。可你为什么不去呢?"看着一言不发的苟,苛德将脑袋从一边转向另一边,挡住了脸上的不怀好意,他憋住笑,用一种实事求是的语气接着说。

"如果你不去,我就找不到可以去的人了。"

"你不能去吗?"

苛德垂下脑袋,假装失望地摇了摇头。

"请便。"苟无所谓地靠在了沙发上,他鼓足勇气,昂起头,挺起胸膛,将满不在乎的架势摆大。但缺少一颗顽强的心使他在与时间的抗争中败下阵来。

"好吧,我去和他们见上一面。"

"可能也只剩这个办法了。"苛德合上双掌,摆出一副悲伤的口吻说,"艰难的时间总在后面,在你不在的日子里,我会非常非常想你的。"

苟气恼地和苛德对了一下目光,然后将目光转向墙上的那个走的得不太准的钟。

嗖的一下,苟机警地伸出了食指。

"我要赶几点的火车。"

"什么?"

"你给的广告上面什么都没有。"

"没有什么?"苛德不解。

"没有出行日期,没有具体地址,也没有网址和电话,"

"我也不知道,说不定他们就是想让你干等。"

在苛德仍未意识到严重性后,苟深深吸了一口气,问:

"你不怕我去了之后杳无音信吗?"

"哦。"

苟德垂下眼睛,开始寻找茶几上的广告,他什么都没找到,但他没说要放弃,努力表现出比苟更想解决这件事的举措和仪态。

苟德倒是有一颗顽强的心。

苟德苦心寻找的时间里,苟回到自己的房间里,把那张近乎全新的广告飘进苟德的眼前。

苟德的一些想法表现在脸上。

苟德笑了。

"天哪,找到了,我的效率真高。"

他仔细端详着广告单,上面用五颜六色的颜料泼洒过的植绒面料,现在还能闻到上面充满着的不知名的果香,苟德凑近闻了闻,表情是那么凝重。

"现在什么节气了,竟然又到洁花开的时节了。"

他打了个喷嚏,之后像甩温度计一样抖了抖手中的广告,一些紫红色的粉末从上至下浮散而开,如同沙漠中旅人的脚印一样,祥和中与金色的阳光合为一体,露出光秃秃的塌痕。

答案忽隐忽现。

"他们给我发短信了,说是今天中午十二点有一趟火车,坐到终点站有人会举着牌子来接你。你要瞅一眼短信吗?"

苟德扬了扬手中的手机,露出苦笑的表情仿佛在说,你瞧,我也是刚刚知道。

"不用了，时间紧迫，我得抓紧去收拾一下。"

"用不着，那里除了魔法，其他的应有尽有。"

苟"嗯"了一声，沉默了好一会儿，他懂得如何体面地去挑战时代的潮流。

"那离咱们这儿最近的火车站在哪儿？"

苟自从八岁之后就再也没出去旅游过，而那次旅游的记忆也已经是残缺不全，重点词语是车子抛锚，花草过敏，大街上被绳子套住脖子的猴子，昏黄的灯光，趴在墙壁上的大蚊子，阴雨连连，满载而归。

小时的苟旅行过后表示开心极了。

"老火车站吗？不是那个，得去市区的那个。你还记得你第一次坐火车就是从老火车站坐的吗？那时的你小呀，还想着自己能飞呢，什么超能力你都有，所以我一直拉着你不让你越过警告线，火车来的时候差点没拽住你。是吧，有这回事吧？应该没忘吧，你不是就坐过那一次火车吗？"

"应该——是吧——"苟说着，赶紧强迫自己的思绪回到现在。

"我得花多长时间才能到那儿？"

"分情况，坐车的话快，上高速一两个小时就到了。走路翻山越岭地，就算你马不停蹄，走在捷径上了，也得走个一天半天的。你是成年人了对吧？步行的话记得带上身份证，别弄丢了，晚上住旅店的时候得用，唉，你别听我怎么说，主要看你想怎么去。"

苟德抽搐着腮帮子，露出了一个意味深长的微笑。

第三章 决定命运的那一天从起床开始

"你想咋去？"

"呃——"

苟转身看着四周，用求助的眼光搜寻苟先生的身影。

苟先生早已穿戴整齐地坐在换鞋凳上了，笑容满面的他朝吃惊的苟比了比手势，示意他赶紧行动。

苟吃惊地张大了嘴巴。

"可为什么，爸爸，你是怎么知道这件事的？"

"原因很简单。"

苟先生面朝苟德，微笑挂在脸上，而苟德露出感激不尽的表情。

"你哥哥第一次去那个夏令营的时候就是我开车送他去的，和你的表哥一起，他们俩在后座上唱着歌，我也心情愉快，因为景不错，还知道了在这世上有两个人，至少有一个唱歌比我还难听（别听爸爸瞎说，我唱歌可好听了，不经常唱是因为要保护嗓子）那时我就想，既然我送过一次"快递"，路也熟了，不如把这个工作继续下去，所以我又自愿送了你舅家的表姐，你老伯家的那对双胞胎，还有你姑家的孩子……现在终于轮到你了，来，笑一个，我们拍张照留影纪念。"

咔嚓一声响，苟先生眯上了眼睛，眼角金光闪烁，闪光灯的朦胧似梦幻荡漾着精彩的每一瞬间。

"哦，我闭上眼了，可能太着急了，再拍一次吧。"

"爸，没必要搞这么隆重，我又不是去上大学。"苟不耐烦地侧过脸，语气有些急迫，"按字面意思，我是一个要

去放松的人,如果真是……"

"时间要到喽,快去换衣服去吧,不然真的迟了。"

苟德推搡着苟向屋里走去,打断了他过于严肃的感慨。

"你知道什么叫后知后觉吗?"苟前脚刚跨进门里,苟德神秘兮兮地模仿他的语气自问自答,"当然,一清二楚。"

"什么?"苟一脸迷惑地转过头。

"我是说,我要以过来人的经验来给你提个醒,一定要选一套精神点的衣服,留给别人的第一印象很重要。"

第四章　稍微挺起腰杆，有风直达云海

"呜——呜——"由远及近的鸣笛声向游人提醒着火车将至，现在是时候准备告别了。

"去了那儿就好好玩。"

不宽不窄的站台上，年轻人激动得用力拥抱着苟，几乎要将他那身干净的白色衬衫中的每一颗纽扣都融进瘦高的身躯中才肯罢休。苟先生笔直地站在他们旁边，微笑歇息在了脸上，如同责任推脱给别人一般轻松惬意。

"那里会有意思吗？"苟把视线从快要爆炸的天空上收了回来，面无表情地盯着苟德。

苟德松开了苟。

"呃，我只能这么说，对荒凉的反应还是荒凉，想让阳光照在沙滩还是沙漠，完全看你个人，只能说我倒是觉得挺有意思的。你这么着急问这个干什么，紧张了？去了你不就知道了，反正——"

苟德的声音戛然而止，他脸朝苟，扯乱着自己的黑头发，

笑了。

"反正我是不能跟你比的，怎么说呢，我这个暑假倒是挺没意思的，爸爸还让我在你回来之前打扫你的卧室，早上才刚弄乱的，哎，既然我这么煞费苦心，你可不能反悔呀。"

"清楚明白。"苟向苟德连同自己宣告道。

鲜红的光辉已经被几条白丝条般无一丝杂质的云朵覆盖，留下了在场每一个人的盼望。苟用手指从前往后梳理了一下头发，使自己摆脱之前的烦热与石头般冷酷的清高，放松下来。

但盼望的心情是怎么也留不住的，放松的时间不长，太阳慢慢地透过云霞，隐去了人们脸上的笑容。

苟随知觉无聊地摆动着脑袋，他还没缓过刚才那阵舒服劲，但不愿挪步邀游的他只好跟其他不愿去往树荫的人一样，接受新鲜送达的热气了。

"呜——呜——"鸣笛声越来越近了，可阳光不可能再毒了，苟低迷着将目光注视到警戒线上，除了让时间撑起在影子中做窝的侧面像外，渐渐用鼻翼和眼皮品析意义的脑海在思考中越陷越深，他点着头沉思着。

一个静默不响的奇迹发生了，在所有活跃着心跳的事物中，灵魂在苟的身后浮现延伸。

一间教室，早上中午坐，在夜里坐

我席地而坐，像被发现的秘密

世界之高，水平中乘

它没有照耀时

彼时纯粹

反而

怅望一切事物的典源

没有一件衣裳擦头而过

抽回一只手

拍拍额头与常常透过我的窗户

头发比如缠结的蛛网

河畔的果园在里面熟睡其中

那里做梦内藏蓝天的树

对心中的动摇给出寸草不生的空子

两把椅子上坐着人

还有一把空无一人

我追逐着手掌的温顺

把自己坐了上去

他们俩搬着椅子主动找我交谈

几张隔着雾霭的脸

瑟瑟发抖的清晨中吱扭作响

希望没人坐着高高的椅子

希望没人单独留下

希望落下的落日不是事实

起立

我离去

希望有去有回

身后铺天盖地的是糟糟人生与出没的火焰

用不着逃命

光会照到光明的道路上

以及翻越鸟羽飘然来到的渐行渐远

我心儿怦怦跳

脚步沙沙踩

在不值一提的一天

穿其而行

海天一际的白，迎面扑来

已没有初次印象时的陌生，话的思念慢慢在天各一方点缀起断垣残壁

一切又都一片空白了

苟靠在火车椅子上，约束地伸了个懒腰，清新感在他的脑袋里激荡冲刷着，他打了个哈欠，将胳膊搭在腿上，用青石般冰凉的手捂着微红的眼眶降温，起早那番水的清凉随声逐响，已忘了一大半的梦却要在脑袋里回想跌撞。

又起鸣笛声，火车向前开动。

苟活动着站起身，揉了揉晃了晃发酸的肩膀，寥寥几人的车厢使他做了一个意味深长的怪相。

"完美。"他冷冷地点点头。

这节车厢中的乘客屈指可数。

不远处的座位上一位阿姨正滔滔不绝地拉着她旁边长者的手唠着家常，她们看上去像已经认识好久了一样，但两人的交集只是帮忙把行李放到行李架上而已。不过几分钟，二位淹没在一片欢声笑语中。

第四章 稍微挺起腰杆，有风直达云海

左边靠窗的位置上，跟苟同龄的年轻人趁着火车还没开出市区，打开视频聊天跟他的家人报一声平安，同时再三提醒他的妈妈要按时吃药，然后在一片顺境中关上手机，眺望远方。

神色上惊慌失措的大叔步履蹒跚地拎着大包小包从另一个车厢赶来，当他着急忙慌地放好行李坐稳后，才将手中的纸巾展开，擦了擦满脑袋的汗，控制着自己激动的呼吸，用惊魂未定的语气赞美了几句自己的运气。

"我可能在不知不觉中遇到了同样去夏令营的人们。"苟放低声音轻轻说。

他默默地重新坐下，看着无意间摆在桌上的物品，之前用的那把梳子旁，放着一台摄像机，苟不知道是谁在他匆忙上车时给他带上的，但他大概猜到了。

当他把这些东西重新拿下来，从桌子传递给背包时，火车加速了，在轨道上发出比之前在车外听到的要沉重得多的咣当声。

苟又打了个哈欠，将一张褶皱着紧巴巴的纸费劲地从背包的一个暗格里掏了出来，第一次开始在读广告，在猜自己说不出口的心事中做下无用功。

苟的注意力完全集中在了车窗外，弯弯曲曲的小道上，晨珠映露出云朵的优美精巧，轻轻的吱嘎声和摩擦声下，一闪而过路边行人的微微一笑，扑面而来的庄重、镇静、莫测高深，使车内干巴巴的空气重新变得清新从容，苟不由自主地将手中的广告送进背包中，撑着下巴全神贯注于外面的

景色……

　　当脖子的酸痛感一阵一阵来袭时，苟扭过头，开始闭目养神，在接下来的十多个小时的车程里他要开始主动减少与陌生人接触的可能性。他在等待被动。

　　……

　　不知何时，在座旅客不绝于耳的声音在苟的耳朵中悄然消寂，不再有伺机介入的阳光使沉睡的眼皮耷拉下来，余光里再也不会填充进随列车节奏晃动的行李与身躯。

　　静谧的车厢里无人问津，如执鞭岁月悠久的马车，夜色浓雾中孤身一人束于承载着沧海桑田的无名回忆，无论从哪个角度看，车轮早已陷入了一个个连绵不比热泪，新鲜堪比童年的沟壑。

　　"有时候，孤独凝结着渴望，真挺耐人寻味的。"苟拉开窗帘，窗外黑的能藏起凶神恶煞的恶鬼，"该到终点站了吧。"

　　好像是为了回应苟，几声响呜呜的鸣笛起势，火车减速慢行中，最终发着不悦的声音停在了站台。

　　"终点站吗？也没几个人呀。"

　　苟全副武装，扒着门缝向外张望。

　　"这哪是。"一句呼哧带喘的女声从楼梯下方的某处传来。说话者好像在搬什么东西，她突然降下重心咬紧牙补充道，"马上到，最后一站了。"

　　苟呆住了，他感到了极大的不适应，他不知道自己是因为回答声的沙哑沉重而累，还是因为自己不谨慎造成天大的

误会从而让外人看到了自己过人的愚蠢而越发窘迫。

他重新坐下,胳膊搭在窗户上,装作一副无所事事的样子,耳朵却竖起来聆听着一切能使自己反客为主的机会。

步调很慢,却在台阶上踏出踩得很实的脚步声,像在为讲述一个古老又深奥的传说埋下伏笔。

也有跟着随身听哼着如意畅快的音乐的咕嘟声,她的心情一定放松地在大放光彩,即使从事再繁忙的工作也并非难事。

一股沁人心脾,田园湿润泥土才散发的雨后清新从车厢地板上扎根而起,一个女生拖着比她自己脸还高的箱子正往里走来,在苟闭着眼睛追踪声音时,将箱子放在一尘不染的地板上。

"嘿,听什么呢你?"

苟睁开眼,一个姑娘双手叉着腰,靠在桌子前,一头乌黑的直发柔顺地垂在腰间,在褐色皮肤的映衬下泛着健康光泽。她身上那件褐色主调的格子衣,对她来说甚为过大,衣领处有上了年头而赶上时间发黄的轨迹,衣袖卷到了小臂以上,厚重地像救生圈一样固定在两个胳膊窝处,衣服下角简单地打了个结,露出里面浅绿色的衬衫。

"我闻到了花香,是一种非同寻常的花。"苟向女生解释着自己的所作所为,同时为自己加上一项罪行——坏人的谎言。

"开花时,它们会散发出绚丽的色彩,和若明若暗的繁星相互映衬,五彩的波纹环绕在柔和向晚的光涛中,每一缕丝线都如同翩翩飞舞的蝴蝶,每一抹笑容都如同新月般绚丽多彩,为了它许久开出的美,我情愿下车等下去。"

"是吗?"女生像被吸引一样露出全神贯注的神情。

"只能描绘出这么多,我跟它也仅仅只有一面之缘,我只想对你说,洁花长在这个地方,简直是一大幸事。"

苟龇着牙,像推荐商品一样露出大拇指:"相信我。"

不出意外的话,一辈子的他将牢牢记住现在的自己。

女生望着他,短短几秒,表情黯淡下来。

"不可能。脆叶福地从不开洁花,这儿偏干燥,但洁花像蘑菇一样爱着大自然的另一面,听说营地倒是有专门培育洁花的山洞。"

一抹不开心的笑容爬上了女孩的脸庞。

"你的嗅觉不可能有那么厉害。"

"那倒是,"苟难为情地揉着鼻子,"其实我当时在……"

外面传来一声威严的男声,严严实实地盖住了苟说的话。

"壬子,如果你不想挑战自己极限的话,最好能马上出来。列车长如果能给我们五分钟都算走运的了。"

壬子回应了一声,双手交叉在胸前,使劲按了按自己的肩节,她没料到这次时间会如此地赶。

"其实也没那么重要了。"

她皱着眉转过身,三步并两步跳下了火车。

苟松了一口气,顿生绝处逢生之感,他如悬崖边勒住马的孩子一样,如释重负后任性地环顾起了整个火车车厢。起

第四章 稍微挺起腰杆，有风直达云海

初壬子抱来的木板箱罗列在门脚旁，里面微小的缝隙里露出了一种不知名的果子，外表晶亮，内容也饱满扎实。

"清楚明白。"

苟自问自答地站起身，也许他在告诫自己在仔细辨认果子品种的同时，不要用手去碰，去戳，去揣。又或者他瞧见了壬子离开时矫健的步伐，引起他也想活动一下筋骨的兴趣。总之，他离开了自己的座位，距离上次坐上去也才过了三分钟不到。

夜幕已然低垂，苟从没停下往自己搓擦的手掌里呼进热气，他不敢想象，如果自己的手冷下来，接下来在周围的一片冷清中他会不会连胳膊都懒地抬一下，让时间就此冷却他那热情轻率的想法……

已经是第三摞箱子了，箱子的高度依旧盖住了壬子的眼睛，但走在已经走了上百遍的道路上，即使视力受限，方向感还是很好地掌握在可以弥补的范围。她昂首挺立，健步如飞，无暇顾及被寒意吹散而开的头发打在脸上的刺痛感，她只想在列车发动前多搬上点货物，可她分身乏术，在余下的时间里肯定无法达到跟营地那边谈好的要求。

"只有一个壬子，所以一个人足够了。"她开始暗暗给快要揣测信誉的自己打气。

很快，她将手中的箱子放上了之前的车厢，然后以最快的速度赶回卸货区。顷刻之间，壬子看见一个不熟悉的陌生身影正等在那儿，冷冷地搓着手，虽然他离大大小小的箱子群有些距离，看上去也是那么平白无辜，但在壬子眼中，任

何靠近那儿的人,都会被她一视同仁地视为心有非分之想。

"是谁让你留在这儿的?"壬子从远处大声唤道。

苟不为所动,他深深吸了一口暮夜中了无生气又熟悉到了然于心的冷空气,局促不安的神情因为看见壬子得以缓解。

"你终于回来了,快点,火车要开了。"苟急不可耐地弓起背,双手放在箱子的两侧,歪头朝向壬子,眼中闪过的花火示意是否可以留下帮忙,一阵充满期待的静默顿时四散而开。

壬子昂起头,脸上挂起了不开心类似金属的寒意。

郁闷不乐的气氛把她包围了。

"先回答我的问题,之前在这儿照看箱子的,呃……伙计呢?你是怎么把他打发走的?"

"他应该是有事先走了,我来的时候也就我一个。"

"什么!他走了,为什么?他为什么要走?"

"不知道。"苟耸耸肩,半响才反应过来自己不应接上半句。

壬子感到风中有只鹅在嘎嘎叫着啄她的头发,她嘴巴一抿,头脑发胀,心中颇有不甘。

虽然脆叶福地不算沃野千里,但毕竟不是苦寒贫瘠让人小看的地方,相中农场的商人不算少数。

壬子用其那犹如橙色的灯火般的眼睛俯视大地,晕眩感顿时排山倒海般袭来。

如果不是负债累累,没有其他路可选,她也不可能轻易

同意把祖祖辈辈奉献了一生的农场做赌注抵押出去。

"营地最大的合作伙伴?"

"年年如此。"

"怕不是年年债务缠身。"

"……"

"所以跟营地交易并没有在财务方面减轻你们的负担。那去年你们不是还对外宣传,农场破天荒地实现收益正增长了吗?"

"我们说的是实话。"

"也没人不远万里就为了跟鬼话连篇的人做生意。"

"哦……"

"哦?"

"你们远道前来,理应是我们的客人,但抱歉照顾不周,我们如今手头上忙得真是无法在账本上填进新名字了。"

"哪能呢,既然刻岩家连自己的主都做不了,那为什么还要跟别人家做生意?"

"是因为今年已经跟老客户们签好合同了,如果临时变卦只会让麻烦接踵而来。"

"听我说,没人在乎你手里的那几个果子要分给谁,怎么分,切成条还瓣成块。担心粥少僧多,大可不必,你可以继续无忧无虑地跟他们做小本买卖。老客户能拿到好果子吃,新客户却能让你们的果子感受到多日以来沐浴不得的温暖。"

"……"

"是你们的坦诚相待使我们慕名而来。"

"那……我能做什么呢?"

"做你该做的,为你与营地的谈话负责。"

"简单一个?"

"是啊,多好呀,就是我们骗你你也不会吃亏。"

"我答应你。不论失败,抑或……"

"失败我们会收走你的家族农场。"

"……"

"连这么简单的要求都无法完成,最好让有能力的人来代替你。"

"别说了。"

"那咱们就算谈妥了? 赢了翻身把歌唱,输了农场就得改名换姓。你还是相信你能顺利完成任务吗?"

"我相信。"

她实在不敢相信,除了她,竟然没有人把货物当作一回事放在心上,他们全都如同雨中浮萍的作风,沉没后又升起,根本不知敬业为何物。

"十五只箱子,我保证能装多少是多少,它们会满满当当、完美无缺地进入营地大门。"

"那样最好不过了,但今年情况有些改变,我们开辟了一片红绿相间、横跨蓝色与白色的土地,急需环保的肥料,所以这次允许有烂果子出现,你看,总数不超过二十个怎么样。"

"如果不是去年的烂果子已经埋进朵枝园的话,三十个

也足足有余。朵枝园今年可以……"

"另准备就不必麻烦了。"

"可你们需要……"

"营地允许你们今年在忙得最不可开交的时候,用一些烂果子来凑凑数。"

"真的很抱歉,可真的不能,虽然我真的很想帮到你们的忙,但你不能一秒之间就让一个坚守岗位的人去打个轻盹。"

"你前几年做得已经够好了,今年你本可以休息的。"

"我发誓我不需要休息,在心满意足中把享受抛掷脑后是一件非常让人纠结的过程。"

"嗯。"

"我不仅仅是继承了一个农场那么简单,家训已经烫印在了我每一个心跳的瞬间。"

"嗯,总之营地仍然欢迎收到烂果子,毕竟人有旦夕祸福……"

想也是他们已经得手了,哪怕交货时箱子中惨遭不幸的果子超过二十个中的一个,绣满滚球的金线旗便会等晓色不到就立刻飘舞在农场空中,形形色色的人会入住农场,声势宏大一年一度的集会依旧如期举行,即使在谷仓里绘声绘色发表慷慨激昂演讲的主办人将不会再是她……

临阵脱逃的想法足以吓得她在发车之余沉寂下去,可剩下的箱子整整齐齐一个不少地在稻草飞扬的路边等待上路,她重新快速过了一遍,没数错,可为什么姗姗来临的自我安慰后她想到了惊吓匣。

……

苟曾因说过谎话后悔莫及，今个他开始对实话不寒而栗。他不想待在这儿了。

"我天，它可真沉，你怎么做到搬那么多的同时还欢蹦乱跳的。"

苟挑中了一个摆在上面最适合他的箱子，几块未经打磨的原木，结结实实被铁板拥挤成一个拥有独特尺寸的箱子，拿在手中并非徒有其表，沉甸甸的质感有使指尖滑落的迹象，苟用腰部力量撑住箱子，慢慢将手掌滑向箱子底面。

在走过壬子身边时，他将视线从她身上抬了起来。

毫无疑问，她脸上曾泛起的怒容烧到了尽头，此时不自觉的歉意接管了那儿。卑微如他，他可不想在壬子气头上顶撞她，但时间一分一秒在流逝，任谁也不想让沉默充盈了一切。

"快动起来，长大成人需要很久吗？"

苟本想彬彬有礼地呼唤，但走路也成问题的他只能硬生生地跺了几下脚。

如雷的脚步声将壬子自短暂的系念中惊醒，火车上惊醒之人发问的抱怨声与苟的道歉声通通使她心生愧意，即便这些声音，显得朦胧模糊。

她不动声色，不知道自己要在稍纵即逝的时间里等上多久才合适。转头看着走往农场方向的路人，她感觉自己是多么无所事事，多么无地自容。

头顶上几条枯枝上落下了几只乌鸦，不停地在头上嘎嘎叫唤，好奇它们竟然不在田地上空盘旋着去偷吃还未收割的谷物，那里人手短缺，动一动，是有的吃的。

壬子不理解它们为何无动于衷，是闻到了箱子中的果子，还是为了到她身边来回念叨黑色的玩笑。她百思不得其解，她甚至想到了所有她跟乌鸦们好的、坏的、有的没的的记忆，虽然作用不大，但她终于肯抬头正眼瞧它们了，当它们乌黑发亮熟悉的眼珠滴溜溜朝她发烫的脸不停转动时，答案已经明了。她一言不发，开始恨自以为是的自己仍然可以这么理直气壮。

谁都会有犯错的时候。万一犯错的不仅仅是她呢？

风吹草动，一只小小鸟拍拍翅膀，朝田地那边飞去，若在当前，壬子一定会恨恨抓狂，但此刻，它的经历让壬子感同身受。

动一动，还是有的吃的。

毕竟现在不是容许自己小宝宝般哭哭啼啼，从可怕的黑暗中逃之夭夭的时候。

壬子强迫自己满怀希望，开始心不在焉地跟在苟的身后，怀中的箱子仍然高出她的额头。

四周只剩下脚下碎石嘎吱作响的声音。

第五章　我选择，结伴同行

证据确凿，火车五分钟后发车了，两人中最没有事业心的那个立刻坐下寻找起不存在的安全带，两只惊骇的眼睛目不转睛地盯着另一个，好在女孩神情倦怠，目光明澈。

壬子在苟对面坐下，并非疲惫，仅此延续奇迹在预感下笼统的从容感。

"多谢相助，刚才我连喘气都不敢喘了。"

"举手之劳，你瞧，谁都会帮的，你帮我帮大家帮。"缘于自己始终没给予上它和蔼一笑，苟头一次承认自己的自信蓬头垢面。

"你也要去减压者营地吗？"

"对呀，没人在火车上照应的话，说不定货物什么时候就会不翼而飞的。你放心好了，我买过票的。"

苟故意看了看空荡荡的车厢，然后用特别平静的声调朝女孩说道。

"不出所料，包厢。"

女孩笑笑，断断续续感让苟察觉不出丝毫陌生。

苟听她张口说道："我恳请他们不要为我空出多余的座位，可营地还是年年将最方便卸货的车厢整节空出来留给我。其实根本用不着麻烦空那么多位置的。我们只能通过降低价格来回报他们的帮助。"

壬子虽然坚毅、诚实、可靠，脸上挂着微笑，此刻依旧掩饰不住忐忑倾向低下难为情的头。

"今年就好了呀，可以顺顺利利地进行一回只在生意上的合作了，难得我都快习惯空空如也的车厢了。"

"可喜可贺，小心别砸到头。"

"怎么啦，需要我帮忙吗？"

"现在嘛，没事。"

苟从行李架上掏出了手机，为了竭力不去逃避那双咖色的眼睛，他并没有记得听全壬子说过的话。

壬子不再说话，她在座位上，带着一丝半点忧虑过的痕迹，对其他人坐在同样的位置上会是何作何为浮想联翩。

而久，她对种种想法漠然视之。

"先得有人想换才行。"

"换了谁都不想中途换车厢，在没弄清怎么回事之前，我不能回去。"

电话一头的苟毫无必要地去心烦意乱，电话刚一接通，他就赶忙去满足他提防起来的心。

"你好——"

"哈罗，帮我看看短信，有没有提示我要换车厢的

信息。"

"你所拨打的电话暂时无法接通。"

"噢。"

"请稍后再拨。"

"谢谢,可我讨厌翻来覆去,没完没了。"

苟想都不用想就挂断了电话。

如果有希望,他真想回到上午,内心不平静地去亲眼看看苟德的手机中到底有没有多出来提醒换乘的短信,他眼下不得不承认,希望是现实与虚幻的混血,是能让人在理想与空谈中奔走相告、不求停歇的配菜,一旦看透它,恰恰相反,对它的讨厌会不求自增。

曾经相信希望这个奇迹的苟现在企图在自己身上找到孤零零呆若木鸡的那个,继而向腐烂在实事求是中的自己告饶。即使在不久的将来,他辛勤地又开始希望起希望来。

他向车厢的深处走去,也许那边会有人当众为他证明有个座位将为他而存在。

……

掠过一道道树影的窗外透进灰扑扑褪了色的月光,传来耳旁的只有泥土在铁轨上无休无止嚓嚓裂开的呓语,跟车行好的人们疲惫地趴在空空如也的桌子上与同行者四目相对。门迟迟不开,地板缝里隐隐存在的暗光驻足不前,透明的躯壳低回在铜质把手那闪金光的犄角间活像最凄凉的猫眼。吸进又吐出庄严冰冷空气的四周,没有幽灵徘徊依旧处处显露轮廓化为熄灭的灯。

他陷入了一种进退两难的局面，壮着胆跟人讲理还是问问自己要不要来个守株待兔。原本属于他的座位上被人占领，而在可见范围内寻找空余位置的小小祈求未应验后，他倒觉得这并不是毫无道理的折磨。

站在车厢连接处，熙来攘往、人马喧腾的地方更能让他有勇气清晰地分析自己的处境。半天，他得出第一条结论是，他的运气真是背到家了。

当某个乘客举个手机向他走来时，他得出了第二条结论，把生活搞复杂是白费力气，一切又都成了他一个人的错。于是当乘客放下手机看上去快快不乐时，他认为自己捡到了一个上好的时机去吸引那个人的注意力。

在跟苟打招呼的是一阵不比蚊子小的声音，如果不是声音的源头正努力挥手，他会认为他在把自己扮演成一具漂亮的尸体好给与勇气打得难解难分的自己引路。

多年以后，往往想起这位乘客，就跟最近一次见面一样，苟依旧承认他看到的是一位饥肠辘辘，温和并以白云充饥的露营者。在他脸上，唯一挣扎过的就是那过敏揉搓后红润的鼻子，眉毛和头发在上方保持它们一贯的作风，却不得不耗掉唯一一丁点生命力防止颜色越变越淡。

"打扰你一下，可不可以借我用一下你的手机？"

"差二十分钟二十点二十整，没有信号。"苟递上手机，同时歪头跳过乘客观察下一节车厢的情况。

"你要去那个车厢吗？可没有位置了。"乘客彬彬有礼地给苟让道。

苟摆摆手，他一点都不用知道一切关于座位不愉快的事。乘客屈腿倚在门上，把嘴里默念的号码拨进手机，苟在一旁一心一意静待时开始想象，如果此时门出故障自动打开，自己会不会及时拉住乘客，如果自己的手机成了另一个选项该怎么办？

……

"确实联系不上我的座位，只能等它来找我了。感谢你让我用你的手机。"乘客极为隆重地将手机归还，苟甚至不用伸手就拿到了手机。

拿到手机的苟或许成了车厢中最没有选择权的人，他已经没有再待下去的理由了，可走几步给他带不来固定的座位。仰望天空，倾听风声之前，他得一直在车厢游荡，成为目光底下牺牲品的同时还得折磨自己坚持认为急流上摇摇欲坠的工夫不会在一刹那间结束。

也许坐牢一样待下去，可能会比自由更自在。

他得出了第三条结论。

身临其境在无话可说的气氛中着实比回忆深刻的印象更辛苦。

他现在只想问起对面乘客的名字，对于他来说，不知道名字，就是两个人坐在那儿一个劲地瞧个没完也会让陌生和别扭占了上风。可他只会毫无把握地朝苟微笑，让苟看见笑容难以捉摸既而随意隐藏在略显忧郁的平静之中。

"你不走了吗？"

苟眯起双眼，注意到他。他认为自己如履薄冰。

"隆冬时节，大雪纷飞，现在得帮咱热情高涨的脑子送上一封或几封催它冬眠的信。"

他若有所思地点点头，轻快地问："之后万物复苏的时候呢？"

"我要准备换个座位。反正我的座位十有八九不再属于我了。"

"我也一样。"

他眼巴巴地朝站在墙角漫不经心将自己挤上那小旮旯的苟点了点头。他的表达千真万确，不然他会屏住呼吸，用手去剪他落在脑前又直又长的头发。

苟拍拍手，为眼前的黑暗找寻只手之声的灵感。

"广大的世界正呼唤着我们。"

他轻念。吓了乘客一跳。

"你可要讲故事？"

苟确实准备开口讲故事，可讲和讲完完完全全是两码事。

"如果与此同时它发生了那就有可能是事实。"苟不假思索地邀请他，"想加入吗？"

他半信半疑，脸庞挤出一丝尝试的笑容。

"洗耳恭听。"

"你是一位落魄的名门望族，跟一同北上的兄弟姐妹走散了，也可能是他们故意把你丢下了，谁叫你才十岁呢。瑟瑟发抖、裹紧毛毯的你，在走到一条叫作杂草道的三岔口处时，迷失了方向。我驾着自己的轮车，脸上挂着疲惫而机警

的神情,百年一遇的大风雪让我在这条年年跑商的路上找不着北。你得为你自己选条路才行。"苟小声提醒。

"呃……我要走左边,中间看上去也不错。怎么走能遇上你?"乘客同样小声问道。

苟往右指了指,从这里看,一位乘客推开厕所门走了进去。

"最终,命运推搡着我们,让我们深入林区,在此相遇。"

"行行好,大人,可否搭我一程。"

孩子跳过落在潮湿小路上的枝条,避开冷风擦来的边边角角,点进太阳勾勒出的阴影,拽了拽商人的手。

"按理说我的货车只运货,可我喜欢听你叫我大人。上来吧,小孩。"

"我钻进盖了篷布的马车,里面竟是出奇地温暖,四周全是翠绿的萝卜与甜苹果的香气。"

"你见到的就是一个商人仅有的家当,希望老天派来的不是一只披着狼皮的羊。"

"什么叫披着狼皮的羊,狼不就是狼,羊不也就是羊吗?"

苟一时语塞,他只想着商人放不下戒备心,却没想到孩子正是好奇心旺盛的年纪。

"不如你说,小孩不大,问得倒挺多。"

路人朝苟眨眨眼睛,并不是苟相信好运的缘故,他只是心安理得地点点头,并没有直接采用。

"于是大人说,如果你再问东问西,我就把你扔在这儿,

让狼群跟你慢慢想什么叫作披着狼皮的羊。"

"我哥哥姐姐是不会允许你这么做的。"

"钱也不会。他们很有钱吗?"

"他们有的是钱。"

"啧啧,少蒙我了,兔毛毯子的话正适合炉火旁打盹,但不太适合在雪中漫步。"

"我没说谎!我姐姐说,说谎的人会表现得碍手碍脚,可我看你的小马并没有因为我的缘故而束手束脚,它走得很优雅。你给你的小马起名字了吗?"

"'够了',它的名字叫'够了'。"

"为什么要叫它'够了',我能叫它黑蹄墨墨吗?看,它打响鼻了,相中这个名字了吗,小马。"

"够了。它不叫小灰,也不叫黑蹄墨墨,更不是匹小马,继续走,够了,你把它惯坏了。"

"它为什么看上去不喜欢你起的名字呀。"

"因为够了就是够了,从出生起它就叫够了,够了,别爬过来,你给我老实待在后面。"

"晚了,我能握一会缰绳吗?"

"为啥?我才刚捂热。别靠我那么近。"

"请让我靠你那么近,我自己对付冷空气不太行。"

商人听见孩子爬过来的动静,本想面向旁边不理睬他,无奈孤单是旅行商人的悲伤通病。

"你随意吧,反正缰绳不能给你。"

"就一小会。"

"一小会，够狼冲下山咬咱了吧，马一受惊你连缰绳都拉不住的。"

苟小声地模仿狼嚎，带悲怆情感的嚎叫令他头皮发麻。

"有狼？松手吧，狼来了，你该回去了。"

"狼！它们冬天真的会主动伤人吗？"

"虽说冬天是饥不择食的季节，可我也没见有狼在其他季节温顺过。"

"我害怕没有证据，我不希望那样。"

"那你希望哪样？"

孩子慢吞吞地摇了摇头。

"真希望一转眼就能走出林子，真希望我仍身处乡下，身边还是庆祝谷物丰收的百姓，眼睛里的光芒不会被无情熄灭，欢歌笑语是真实存在而不靠美梦怜悯，阳光更会永远普照大地。"

"他们随时随地都有萝卜吃吗？"

可乘客早就用手缓缓遮住自己的脸庞，表示自己重新钻进车篷了。

"风不知疲倦地踏进森林，大吼大叫地带走刚刚还浸沐在翡翠色日光的积雪。此前噼啪作响的树木此刻弯下腰迎着风，带着宁静沉默的夷愉狂舞着，下挂银条的枯枝徒劳无益地晃着败叶，叶子倏忽即逝的于冰晶玉尘中一去不复返，冰水一样打在人脸上的狂风也很快折上了胜利者的手。

在了无生气的雪地里还能欣赏到精力过剩的对抗实属荣幸，而直到缓缓坠下的浓雾将这片茫茫的沉寂吞没为止，积雪就压断了数根适合筑巢的树枝,并蛮不讲理地给一动不动窝在巢中的小鸟盖上一层一派光灿的毯子。

当孩子钻出来时,私人世界里的迷人之处已经远在天边了。"

"天崩地裂了吗?我探出头,脸马上冻如红焰。"

"我就当你在问是不是日落西山了。"苟装模作样地拉下脸,"是的,你错过了落日。而我这张脸久经风霜,一点风雪使它更加闪闪发亮。"

"不知道为什么你不怕冷。"

"经常发火就好。"

孩子做了个鬼脸,权当是商人颈项上的血管跳动得快。

"那你是做什么的呢?为什么我闭上眼睛一许愿你就会出现在我身边?"

"明知故问,我乃是专门帮人解决问题的精灵,别介意我不会飞就好。"

"你?你才不是精灵呢,精灵才不会把孩子扔给狼呢。"

"言之有理,精灵才不会让小撒谎精留下来陪狼,狼会烦得脑袋都大了。见过大脑袋吗?比得上那块石头了。"

确实如此,窗外的大石头晃了晃便迅速消失在迷雾中。

"我才不烦。"

"嗯?"

后方传来孩子赌气般吸气的声音,吸气的声音持续很久,足以让商人落下视野,看见一副畏缩发抖的面孔炸裂在令人毛骨悚然的风声中变得心领神会。

"好吧,是有点。你果真是精灵。"

"如你所愿。"苟交叉双手,不过戴着商人厚大的皮手套并不能如他之想轻松实现。

"那你是不是经常完不成人们许下的愿望。"

孩子开始坐立不安,忧郁的眼神里尽是感激和忧伤。

"说不准,富人有追求,穷人有诉求,你有事相求时我没出现吗?"

路人一言不发地低下头,真像在思考麻烦事是否会烟消云散一样。

提到麻烦事,苟只想到一件事,他自己的事。

"咱们什么时候能到呢?"

"到哪儿去?叮咚小溪?汩汩泉?可我们都到欢乐谷了,现在要折回去?"

"不对,你听我说,我们真能走出森林吗?就是包括所有的,一草一木在内的。"

"那你很幸运了,孩子,没九成把握我是不会选这条道走的。"

"真的?"

"如假包换。"

孩子露出信赖的微笑,蘸点雪擦了擦太阳穴,即使他不晓得这个词的意思,也能猜到商人是在说他对这片森林了如指掌。

"你是怎么分辨出每一条道的,在树林里待着越久,它们长得就越来越一样了。"

"我一个人旅行，发呆的时候自然而然就下功夫记了。"

"你什么路都记吗？失足会掉下万丈深渊的险路也要记吗？"

大道上的北风贪得无厌，连一片叶子都不会留下时，小道上映入眼帘的便是定能踏过的万水千山，没有哪个商人不会走险路，可孩子不见得懂其中的道理，而且告诉真相只会徒增孩子对未来的担忧，他那个小脑袋瓜以后想的可能都是自己在悬崖勒马的画面，于是商人别无他意地摆摆手，立马改口。

"我也不是什么路都能记住的天才。"

"可你还是记住了大部分路，并带我们摆脱困境。"

夸奖使痛苦与舒服并行不悖，商人笑着给予回应。

"要我说，每个人都带点与生俱来的才能。"

"才能吗？真希望我也能找到我的……"

孩子沉醉在回忆里好一会儿再开口说话，脸上咧开的嘴角被怀念带来的寂寞叹入空气。

"如果真能找到我的家人！下次我许愿的时候你还会出现吗？"

"我可没你有时间，而且我完不成的事多了去了。"

"到时候你会成为我们家的座上宾，我也可以向你展示我的才能，说不定跟你一样，在森林里永远不会迷路，你可以见到我……"

商人咯咯笑了起来，他很想打断他喋喋不休的幻想立刻答应，可苟历久弥坚的尊严并不同意被马上说服。

"你也认得我,没准你可以来找我呢。"

"为什么?精灵,我甚至都不知道你住在哪儿。哦,你可以告诉我你住在哪儿,你离开后我会定期给你写信的。"

商人耸了耸肩头,为什么车上的篷布总是来不及换而是用针线缝缝补补?为什么路途颠簸,车轮却有大有小?为什么他不听听好心人的警告,等暴风雪小了再出城呢?所有的问题都指向一个答案——颠沛流离的旅行商人职业注定赶时间的他一生居无定所。

"我们不需要住在哪儿,精灵们都是住在每个孩子们心中的,孩子们心中有我们,我们才会活下去,我们活着,才可以报答孩子们。"

"所以……"

"所以你得先来找我,精灵们不能随意外出,也不能白吃饭不干活,可只要你许愿,精灵们包办百事,除非你先忘了我是精灵,把我当作造物主来呼唤。"

"我不会忘的,我保证,你也得保证你不会忘了我。"

"忘记还是铭记,谁也给不了我们答案。"

"你保证。"倔强不屈的神态恢复了孩子的活力。

苟对上坚毅的目光。

"……好吧,现在我保证,日升月落,我忘不掉你了。"

苟本想准备一个平平无奇的结局,现在发生此等莫名其妙的事,他心里暗暗叫苦,话不再多说,生怕上一个结局的蛛丝马迹心甘情愿透出来。

"四周的黑暗中不免有黄色、白色或是绿色的双眼在微光中闪耀，而红色的往往在光芒黯淡下去又从远处再度亮起时出现。树上的松鼠在头顶吱吱作响，安全又温暖地藏身于树洞里，千颗繁星装饰着夜空，可我们无从知晓。风挂着雪，发着银白的光，一圈一圈地扩展着，扰乱了视野，盖过了互相打气的话语。"

"前面有个山洞！"

"什么？"

"我说前面有一个……咳咳，山洞。"

"来，套上我的衣服，比你的那件厚多了，我一开始就应该叫你换上的，再坚持一下，马上就可以休息了，我不应该记错山洞的位置呀。看，就在那儿，驾……"

看似转眼就到的路实则走了半个小时。

……

"出来烤烤火吧，你的毯子可以晾在树枝架好的衣架上。"

孩子懂事地点点头，可一种在黑暗中降临的、快速蔓延的物质，重新塑造着他的身子。

"我不想起来。"

"再懒下去肉干可就要没了。"

又一次的尝试使孩子的睫毛被泪水沾湿。

"已经把坏胃口请到……"

"不吃的话不知道下一顿什么时候能吃上了。"

"……"

……

"你感觉好点了吗？还是感觉有小虫在身体里面爬吗？"

"我很好，就是不太饿。"

……

"下一个镇子有家马场，价钱合理，你可以要一匹属于你自己的小马。"

"够了，已经足够好了。"

"你可以叫它黑蹄墨墨，它不是喜欢你叫它黑蹄墨墨吗？"

"无所谓啦，反正它听不到啦。"

"好孩子，它不会恨你的，只会恨我。"

……

每个人唯一能盼望的事，就是看见对方改变闷闷不乐的心情。

地上铺着厚厚的地毯，是刚从车顶上拆下来的，孩子躺在上面，竖起耳朵用力盯着黑暗，颤抖在不断抽离他心中的沉静。

"知道吗？你是我见过的最好的大人。"

商人抬起手摸了一下孩子的额头，汗牢牢抓住了手掌。

"天不早了，你应该休息了。"

"在我昏昏沉沉半睡半醒之际，我一梦到它停了就醒来告诉你，你马上就可以出去了。"

"你忘了你自己，到时我们会一起出去。"

"跟着我做，到时忘了我。"

"不可能,你早在我心里面住下来了。"

"不会的。"

"是不会的,先吃药,明天你就能恢复得精神抖擞了。"

"我太过渺小,得藉着你的光芒赶跑使我束手无措的黑暗。"

想到此,孩子手指马上攥紧,咳嗽起来,干裂的嘴唇微张留下笑过的痕迹。

"总之先把药吃了,我去给你拿药。"

将药拿给孩子时,商人想着亲密无间的颂歌来对比握别的滋味。

"别板着脸了。"

"我没理由高兴。"

商人双手紧紧握在一起,心里难以言表得紧张。

"那就想想一切都会好起来吧。林地会越来越开阔,阳光会越来越明媚,一切的一切都会使你称心如意的,一切都是新的……"

孩子伸出一节节营养不良显得骨瘦如柴的手指,他想拉住商人的手,但商人把它压进了盖在孩子身上的兔毛毯子里。

"话留在明天再说吧。"

已经过了凌晨时分,地平线的熹微揭开了沉沉夜幕,白昼的蓝色天穹正在升起。

在山洞四仰八叉刚刚睡醒的商人离开山洞,去松弛一下压抑的呼吸,他的眼角刻着深深的皱纹,眼中闪着淡漠而平

静的光，凝望着褐黄色的草地。

"你让我想起了一个人，他无所畏惧、不现实而真诚，和你一样是位勇士。唯一残忍的就是他还活着，好端端地在家里安享晚年。也许留下你一个太过无情，但时不我待，我得……我得走了。愿围绕着你的记忆，遇见灿烂与尘埃，永不闭上你的眼睛，直到留恋漆黑的夜空，拂晓会把你召唤，它带你落叶归根。好好休息，咱们会很快再见的。"

商人拍了拍堆起的土地，把剩下的蜜糖留了下来。

孩子在此与世长眠，死因并非不解之谜，不知道商人碰见孩子时他形单影只在雪中待了多长时间，一阵阵痛苦的腹痛在折磨着他，无法摆脱。休养生息之际，山洞的空气也越来越稀薄，变得难以呼吸，使人无法视物，再旺盛的生命之火在此供养中也不可能创造再多奇迹。

孩子习惯于掩饰自己的痛苦，总是显出一种高于年龄的平静和表面的快乐。商人往往忆起旅程前面的小半段时总是愉快的。

商人顺利坐上了另一位商人的马车，同行毫无保留地叙述着与之前坐在后座上的那对姐弟俩发生的故事，商人并没有全神贯注地听，他注意到的是现在的风只是吹乱了他鬓角留白的黑发。在商人原先出发的镇子里，有几位帮工自愿去山洞拉回他的马车，商人也愉快地将车上的货物低价卖给了他们和镇民，不过不会对客人讲起他的车里拉过一个将死之人，何必呢，事情就这样发生着，他祈祷老天让他在这趟旅程中幸存下去，然后，他活下来了，走在康庄大道上，心中

住下了一个精灵。

接下来的几年里,财富来得非常非常迅速,商人置办家业,娶妻生子,儿孙满堂——据说如此。

在他六十岁寿宴当晚,他下定决心,准备在自己年轻时打拼的车中颐养天年,不算逃避生活,正是因为商人坚信谁都曾年轻过。几年来他过得还算舒服,但家里人中只有他的孙子每天去看他,他既想给他的爷爷分享每日所见,也想听爷爷一遍又一遍讲老掉牙的商旅故事。

"你是怎么出来的呢?爷爷,出口不是被堵上了吗?外面的雪也是那么大呀。"

"我和精灵被困在山洞将近一个月,吃光了能吃的所有东西,我差点都要把精灵的翅膀给拔下来吃了,反正他也用不到,可别觉得我不敢吃,在黑暗中,那么说那么做都很容易。"

商人的孙子发出嘻嘻的笑声。

"天无绝人之路,在我们除了对方之外什么都感觉不到的时候,太阳出来了,积雪也开了,我们捡了一条命出来,精灵喜洋洋地拍着我的肩膀,可我却厌倦了冒险,精灵尊重我的选择,将山洞中的拉曼宝珠还回曼拉人后,我们在第一次见面的三岔路口三叉路口解除了誓言,到现在,我们再也没见过面。"

"哦,我还以为上次登门拜访的陌生人就是精灵先生呢,那这么多年过去了,精灵先生还记得你吗?你们还会再见面吗?"

在商人那双超然、柔和的眼睛里闪动着往昔的光彩，薄暮之中响起公鸡的啼鸣。

"当然，我保证，我们会再见的。"

八十九岁高龄的商人待在自己的车中直到最后，他们才再度相见。

苟呆呆地望着车厢顶，一路上灵感如潮水般涌过，感觉和情绪还来不及接纳就已远去。

"托你的福，我找出问题所在了。"乘客往上提了提黑色挎包，重新出现在了苟的对面。

"怪就怪我第一次上火车，把最中间的那节当成了一号车厢。"乘客的声音抖动了一下，"我得去找我的座位了，不然它该着急了。很荣幸能跟你一起讲故事。"

"看来我们都有工作做了，再见。"

"再会。"

乘客转身后又微笑着转过身。

"你还会留在这儿吗？"

苟点点头，意犹未尽地站起身。

"你的故事讲完了吗？"

"怎么说呢，它完美无瑕。"

"看来我是错过故事结局了，我想这应该是个好故事，结局怎么样？"

"不难猜到，对你来说，更简单。"

乘客带着一丝无望的苦笑试着思索了一下，自信地摇了摇头。

"我找不到去一号车厢的路了,带我去好吗?"

"如你所愿。"苟兴趣盎然地交叉手指,念念有词向前走去。

乘客不明所以地跟在后面。

……

他们费尽千辛万苦,磕磕绊绊地来到目的地时,里面空荡荡,静悄悄地,跟一路听到生动活泼的哈哈大笑相比产生了强烈的对比,但在与世无争的苟眼里,这里有光又有趣。

他从没想到他会再次回到壬子的包厢。

苟为他们互相介绍:"这位是壬子,这位是……"

"不必麻烦,我们早就见过面了。"

望着天上的陌生月光,壬子不耐烦地撇了撇嘴。

第六章　很多事情需要荟萃

宴宴临火清楚得很，他的座位号告诉他他的座位在尽里面，可就算他使出吃奶的劲也不会拉动外座的壬子分毫，更不要试着一跃而过了，他生来就是瘦胳膊瘦腿。

"随便找个位置坐吧。"苟示范般坐在了之前的座位上。

宴火本来也想扮演不起眼的角色找一个素未谋面的朋友休息一下站得足够久的腿，可那么做让人感觉实在不太舒服，有种身后站了个人替你尽忠职守的感觉，他想要的是完美无缺而非随心所欲，在伸手不见五指的朦胧中贸然出击可是不对他胃口。

事实上倒是（在苟看来），宴火可以随便找个座位坐，因为这节车厢并不是一号车厢，至少不是宴火心中所想，苟只是顺道来拿自己的行李，起码要跟壬子告个别，但看见壬子依旧孤身一人，并且不知道要怀着紧张和闷闷不乐的情绪在车里待上多少岁月。苟想到了一个两全其美的方法，可那想法电光石火般掠过他的脑海时，就已经不见得有多管

用了。

"应当知道,我站着就好了。"宴火扯了扯他的挎包,倔强地凝视窗外像是黑沉沉的苍穹一样无声无息迎过来的森林,假装注意力涣散的自己有举足轻重的分量。

苟绞起了双手,随着他的双眼适应了壬子眼神中的纠结后,他决定要舒舒服服地坐着,没理由为了同样理由站起来的人而站,会让壬子觉得他们联合起来把她当成局外人看待。

"咱们多久不见了?"

壬子竭力随随便便地吸了口气,似乎只是不高兴宴火和她出现在同一节车厢。

"几年而已。"

"才几年吗?"

壬子平时一样摇了摇头,麻烦在于哀奋不言而喻。

"你去找阿姨的时候,庄园的花园里花团锦簇,群苞怒放,参观的游客络绎不绝。"

"是每年夏天咱们天天去那里玩吗?那我就没忘。"

想起童年往事,如同归家途中,欢声笑语仿佛治愈了他的一切不开心,直到壬子恶狠狠地瞪了他一眼。

"你以为的仅仅几年,不知名的杂草随意漫步其中,藤蔓茂盛地交叉垂落。灰尘落满了每一片叶子和花瓣上,即使它们中有亮丽的水蓝与浅丝绿,蒙尘还是使它们了无生气,色彩暗淡。才过了仅仅几年呀,统影花园就改变了那么多,当然,我不把它当朋友看待,但我能感觉到面目全非的它,

身在其中早就没了不由自主造梦的空间。"

"可时间没有改变我们呀,花园如果不成样子了,我们就重新拿起铲子打理它,努力就一定会有回报。"

"你还不知道吗?从起初的无人打理到后来的杂草丛生,它已经彻底荒废了。"

壬子毫不客气地嗤之以鼻,感觉怒气一点一点从体内渗漏而出。

"后来我们用风吹日晒的石头将它整个埋葬,大路标被我们扔进了用麦酒烧起的火里,成群的月季树、紫罗兰、兔子洞、像悬崖一样陡峭又凹凸的腐败树干一起陪葬其中。"

"天,你们确定火没烧到朵枝园去吗?"

"闭上嘴吧。"

壬子粗重的声音饱含怒火。

"直到粉笔在农场的地图上打个叉后,统影花园,那个呼之欲出的名字只能是时过境迁的假象了。如果你真是在刻岩农场待过几年的人,早就应该就知道,从朵枝园到烂得不成样子的统影花园,再从我们到刻岩农场,都是一回事,你什么问题也解决不了,怎么做都是无济于事。"

"可是我记得花儿以前的模样,有我帮你,花园一切都会慢慢……"

"变回原来的样子吗?不,是我没说明白,花园没事,腾出来的空间会被新的东西重新塞满,它依旧灿灿生辉,只是极目远眺,会让人深深畏惧着可能看到的景象。"

"你是说,花园什么都没有发生吗?"

"什么都没有发生并不代表希望犹存。你是把生生不息留给了花园,可到头来一直是我们在被你的贪婪挤到角落去生活前自作自受。"

四周一片寂静,苟想随便找个借口离开,奈何没人听只好作罢,使得从头到尾一直战战兢兢的只有他。

"还记得刻岩家族族语吗?"

谈到刻岩家,壬子一脸严厉的表情以肉眼可见的速度平静得如呼吸般自然。

"坦诚相待,才能并肩作战。"

宴火塌斜的肩膀鞠了一下,方才开口。

"说得好,那你来谈谈你是怎么做的,当着外人的面。"壬子语速飞快但又一字一顿地说道。

"请你告诉他,你是怎么做的。"

宴火哑然失笑,对壬子流露出尊重的神态,同时张开不时眯上的眼睛盯着苟,对他表示歉意,毫无差错的安慰希望他原谅自己这个脾气坏到家的姐姐。

他的尖鼻子哼了一下,回忆起来。

"一生中最值得忍受痛苦的一天,比过吹响丰收号角,或从外面领回来一群没了主人的野绵羊。"

太慢了。

"一封突来的信将我惊醒,让我追赶过去。"

太慢了。

"我趴在地上,借着门缝中漏出的光系上了扣子。"

太慢了,壬子心想。她已经等不及听结局了,可他还在咬紧嘴唇寻思怎么讲好下一句呢!

"哪怕你在路上踩了一丁点泥巴,我也能找到你,你一分钟也骗不到我,可我就这么让你杳无音信地走了,就这么两手空空,骑过几棵青棠,帽子中便多了扣不住的笑话。"

一眨不眨地看着宴火脸上多了若有所思的迟钝表情,壬子在双人位上往里坐了坐。

"接着我说的往下说,急着听呢。"

"我知道我离家出走后,给农场给你带来的麻烦多如牛毛,可我不后悔,如果换作是你,你一样不会觉得。你和我的差异,比你以为的还要小,我们都不会后悔。"

宴火背靠支架,聆听他所摒弃的反抗。

哪样?是盲目让自己穿越一丛杂乱的灌木,跃过一棵倒下的死树,面对无知的危险,还是抛下祖祖辈辈靠生命积攒下来的产业加入一个新家。让她心生恶气的到底是哪样。

"这可难说,"壬子竭力控制自己的情绪。她一发火就不由自主地开始说谎话,嘴巴说着说着就会无力又磕磕巴巴。"我跟那个家庭一点血缘关系都没有,是法律把我和你们强行拼凑在了一起。"

宴火警觉了起来,隔开幸福拘束起来。

"我承认是我不告而别,可他们是你的家人,在你看来毫不相关但一样爱你的家人,一纸阿姨在打扫日从来不会因为你的房间没人住而跳过,菲康姐弟也一直期待你的到来,所有人在看见你第一眼时就泄露了一切。谑脸岩上的家永远留有你的一席之地,我不知道,你不一定会,可……可要是你碰上了什么麻烦事,答应我回家好吗?我们都在等你回家。"

回家?怎么回?壬子每每骑马跃过用新原木制成的栅栏时,树旁那一堆焦黑的断木板总在重新提醒她对农场的守望至死方休,在她的弟弟,也就是农场的法定继承人趁夜逃走后,她只好将农场大旗一把接过,对她来言,那本是值得庆祝的一天,是小时候梦想实现了的,却长在一个分别而潮湿的夏夜中的一天,让她日日夜夜,对那本该不属于她的农场哭了又哭,其他人试图让她在意夜空中优雅的新月,而她自己则目光呆滞,坐在用枝条与花瓣敷成的待客席,看着树林中一束束移动的火把搜寻宴火的踪迹。

他此时在哪儿

奔驰在古城小巷

还是刚跳下那高高的乱石岗

不,都不是

都只是

听听

传闻在镇上的大户人家里

从夏月最亮的一天起

来了一位新成员

夫人视如己出

其他的家庭成员

致以最亲切的敬意

正好是万物复苏的季节

述说着许久以前的美景
好像
一路兴奋的她
同是刻岩农场来的
此行相当累人

她步履蹒跚地跨过燃尽的篝火,火焰升起晨露落进时的烟雾,满山翠绿万籁俱寂,鸟雀也跟着沉默,烧掉最后一块栅栏后她将不再提起此事。尊严已如精心雕刻的大理石雕像一般,打得七零八碎后无法拼凑成型。

可为什么听见谑脸镇她的心变得,变得荒诞可笑,想用大笑来掩饰应付不了任何事的自己。

谢天谢地,火车爬向树林深处的噪声中断了她思思念想时的紧张与疲倦。车外阴暗的黑灰森林慢慢呈现出金黄、绿红、褐色等各种色彩。

"我为什么要答应你。"

想想看,她见宴火的时间还没有家中用来盛情待客的盘子时间长。

"因为我们在家中出生,同样也会在家中逝去。没什么比无家可归更糟糕的了。"

"我多希望相信你的话,可记起来,你已经自行决定了你的骄傲,使我别无选择。"

"我们最好坐在一起聊聊,就像从前那样。"

你应该再次逃走,而不是见面就一门心思寄望能说服我。

壬子指尖触摸着桌面，一扫而过刚刚画出的温馨。

"从前吗？好，想想从前，从前除了有点发育不良，你从没有让我们不放心过，从前有你偷偷跑出去，让我们在火炉前边想边等的时候吗？没有。农场外的人们说过你不学无术吗？没有，就是谣言也不存在时时挂在嘴边的冷言冷语。你哭的时候也从来都不会出声，就好像你知道，释放自己内心的压力从来不是逢场作戏。"

"你不也一样。"

"不，我跟你比差远了，我比你多被惯坏了两年。农场是给你还是给我一直不是个艰难的选择。"

壬子看向宴火，迫使他的脸转出去。

"可你是怎么短短几年做到万夫所指的呢？让你不能分辨的话语带走了你的目光，直击你的心田，甚至我都不能坐在这儿，仅凭盐与水聚集在我周围，等待你迷途知返。"

"我从没想过……"

"痛苦会比你想象得更晚到来，非但不是刻岩农场发生的灾难与你无关，而是你察觉到不能分享我们的安逸与幸福时，飘荡在刻岩上的尘土会为你脸上的群星蒙上一层与树木河流不同的安排，知道我们叫它什么吗？"

"遗忘。"

是他俩的异口同声让她疲惫的嘴角上扬。

壬子将头低下，心想这不是服输。几年过去，巢中幼鸟破壳而出，又在黑夜中学会了展翅高飞，只是她万万没有想到，鸟儿第一次归巢竟选在了暴风雨来临前夕。她握紧双拳，主动找上门的先是宴火而不是她，证明自己让这件事情到此为止的决定权不在于她。

"正是你所不理解的痛苦，播种了痛苦的权力。"

宴火对她的态度并没有感到丝毫不满，他在壬子未察觉时非常轻地从她身旁坐下，把一路细节跟她侃侃而谈。

"在某一天，我收拾齐当。下一天，我是来找你的。可到了农场我才知道你已经上了去营地的火车，走的是货物线而不是观光线。我跟着也买了票，卸下包袱，等待中心里五味杂陈，临上火车我才发现了其中的误会，原来我们都有舒服的椅子坐，所以不需要为枕在木桩上的脑袋放垫子了。"宴火回头看向其中一个箱子，像在承受一场压抑的雨一样叹了口气，"所以是什么让沿途美景不值得你慢下脚步多看一眼呢？放下沉重的货物对身体有益无害，正如妈妈经常说的，你需要为满是灰尘的空气喷点清新剂。"

看见壬子不为所动，宴火连忙笨手笨脚地起身，慷慨得眼前发黑都一文不值。

"那堆箱子和箱子里的东西不管怎样都会归为黄土，你疲倦不堪的身体就是证据，它们令人憎恨的毒气会渐渐膨胀，渐渐蔓延到你的全身各处，当它们从你眼睛里渗出又把你的身子全都凝固之前，我不会让它们带上你一起扬长而去的。"

"你知道我为啥要守在这儿吗？"壬子猛地抬起头。

"生活……所迫。"

靠着以前壬子寄过来的信件，宴火在错综复杂的情况中

拼凑道。

"生活所迫？真是那样就好了。"

仿佛其他情感人间蒸发了一样，壬子只有一探究竟的欲望。

"你是不是从来都没有真正注意过我们的真实处境？没有在意过农场是不是已经被逼到绝境了。是不是满脑袋想着都是农场的人们纷纷在长满苔藓的石头上跳舞而不是寸步难行。"

入口的亮光依旧看上去是遥远的余光。

"我知道，可前几年我做不了什么。"

宴火向下俯视，脸火辣辣地烫。住在继母家里，是他的快乐，是他的无奈。

外面灰蒙蒙的，马上转黑为暗。

"然而过不了多久，我就会结束这一切了。"壬子看向窗户，挑战似的向自己扬起下巴，发现宴火同样在看她。"倒时你回来也好，不回来也罢，回看长长的道路，我们会庆祝其中的艰辛，你一定会参与其中，却为踩在浸泡过雨水的草地上而为内心筑起一道墙开开合合。"

宴火怀疑地皱起眉头。

"你不想我一个人孤零零漂泊在外吧。我们流着同一种血脉。"

"倒时你想去哪儿就去哪儿，只要别跟我们在一起。"

壬子黯然起身，继续走了下去。

下次想好再来，盘子都比你靠着住。

……

"没什么,她需要静一静。"

苟在壬子离开车厢后以争辩口气说道。

"不止她,我们都要。"

宴火站得笔直,纹丝不动。

"那边那个最小的箱子,是我亲手做的,姐说过永远不会用它。"

"看着很好,挺实用的,不用实在可惜了。"

"它确实派上了用场,我多希望我也能。"宴火目光柔顺得同夜晚独立出去的那层薄雾,干净得深不可测。

"直到今天,我仍然像一个无可救药的胆小……"

夜色渐浓,没有时间思考、紧张、害怕,有汤有水的一顿在隆起的小腹间野马般奔腾,枯燥无味的'唇'文学也从地下水般沸涌的想象力中泵出来找碴。

门被轰然撞开又合上。

带着诡异的沉默,进来的人身体已转过去一半。

一位青年,厚厚头发肿胀得仿佛一层层树叶堆积而起,红嫩脸颊有一小痕伤疤,嘴角两侧都凝成了旋,与抬头纹纠缠在了一起,老态里没有叫嚣的心事,对两人的恭维只是草草几句,徒留快乐与内容感人至深的物响无人问津。

"你是谁。"

宴火挡在了他和箱子中间。

"欢欣的人仰起殷勤的脸,做千万朵迎接你的花束。"

他的鼻子紧紧贴在门窗上,偷览着外面的一切。

第六章 很多事情需要荟萃

"我终于到达了目的地,那天晚上,当我踏出冒险的第一步时,我就知道,唯有心脏扑通扑通跳动,任何语言都不能形容我的激动。"

新车厢中扑面而来的新鲜空气让他感觉神清气爽。

"看见眼前无价的宝物,这足以勇士燃尽白丝守护的玉帛,是恶龙歌颂的宝山。当太阳从波光之东升起,光看宝藏影子就知道它价值连城,拥有者富可敌国,影子下面继承了好天气的风调雨顺,长出的树都比别的地方丰饶,用大托盘装好的果子也长出一种超越闪耀盔甲的硕骑光辉。哦,再来看看宝座。"

与前几个相比,现在得到的相形见绌,更有一个喜忧参半的真相,现在得到的才是他真正的宝座。

"好极了。"他嘴唇周到挪动。"怖徕,奇光之名,是你们召唤了我?"

"据我所知不是。"

自己的声音传了出去,苟听得清清楚楚。

很自然的,怖徕微微点头,不看人地向后方伸出手,手掌却独自上下晃动。

没人上前握手。

怖徕不解地回过头,古怪地扬起眉毛。

"嘿,别这样,大伙儿,你们不想让我先跟这列火车握手吧。"

"哦吼,对不起了,让你久等了,"宴火略微尬笑了一下,抿着嘴唇大踏步走上去,"你不是本地人对吗?"

"看。"怖徕缩回手,拉开外套拉链,露出了里面的半袖图案,木头眼镜如爪子样抓向褐色的马头。

"才马队。"

宴火不予理会,发现他突然收手后转为点头致意。从队标到粉丝,果然叫你们木马队不是平白无故的。

"你说你叫怖徕,是姓怖吗?"

"开什么玩笑,"怖徕咧嘴一笑,盘腿坐在了地板上,"你们不知道吗?"

"知道什么?"宴火努力回忆起什么可疑的细节,今天的他失望于一无所获。

"营地不会立刻让我们用名字各自称呼,如果正确,他们会支持我们自己做决定,让我们可以另外取一个在营地期间伴随我们的名字。正有工作人员沿着车厢收集名字。"

"收集名字?这工作听上去不怎么轻松呀。"

宴火抱起胳膊,不再为自己的手晾在空中耿耿于怀,焦点与紧绷绷的脑袋转向名字,之后,他懊悔没有时间把所有名字都想一遍。

"那是,人们在下定决心干事前,脚步声时常戛然而止。我改名前还有许多人连自己想不想改名都没弄清楚,而交上名字的又太愿意把目光停留于名字本身,会让我觉得他们有意透露出的闪光点稍纵即逝,所以可以说我是第一个想好名字的人。"

"他们走到哪儿了?"

苟无声无息地将膝盖跪在座椅上,可能有人来过,问壬

子就清楚了，不过不能光明正大地问。

"哦，不清楚，我早就不清楚了，本来我不应该出现在那里，等下去只是希望会出现协妥的契机。"

怖徕拍拍自己的裤子，潇洒而小心地坐在了苟让开的座位上。这时苟才看见怖徕一头被什么颜料弄得分不清颜色的头发。

你到底在等什么？莫名的不安在苟的心中朝四面摇晃。

"几位同车旅客需要一点帮助，一些对起名方面的独到见解，他需要某个人可以教他如何做到浮想联翩、天花乱坠。所以我暂停下来，自告奋勇加入他们的计划。"

怖徕从兜里掏出一打宣传册，大方地将它分给苟和宴火。宴火此时也坐到了座位上。

宴火接过后顿时面无表情，看着怖徕不自然的表情赶忙抚平自己胳膊上那层新起的鸡皮疙瘩。

"竟然是你，是你偷的？"

他小心翼翼地放下手中重新折好的纸，苟跟着也不再碰入营指南。

"知道我听见人们管你叫什么吗？流动杂志车的飞贼。你应该不知道，那钱可是用来捐给窝洞铺的，看来你真是天真地把无价当成无价了。"

"被抓的可是我，谈何飞贼。而且初来乍到，我哪知道要收费呀，它就好端端地停在那儿，没有人看管，没有提示语，只有一片阴影和一个无法避免的绝望之境，我要去管未来该何去何从吗？况且我也尽力弥补了我当时冲动的过失。

嘿，反正闲着也是闲着，想听听我的经历吗？"

"嗯。"

事情就这么凑巧，宴火本不想卷入个人的纷争，可几分钟前的窒闷实在让他想不出该如何做到安逸。

"没人明说，其实不用想也明白，一丁点的劳动是不足以偿还债务的，领班们也应该让我用实际行动证明，而非顺从于营规，执意让我继续扫一遍我一遍又一遍扫过的地板。"

"所以说，此时你不应该着急挤压地上的泥垢，随带回想一下你的'风光岁月'解解闷吗？"

宴火那对和他的姐姐一样的褐色眼珠打量了怖徕一会儿，淡淡地指出。

怖徕耸了耸肩，没有立即回答，但是在微笑，想着一件十分愉快的事。

"多亏一位乘客把他的眼镜掉在地上，好让我的扫帚不合时宜地出现在那儿。他穿着松垮的大衣，趴在地上瞅底座的时候，我不自觉地感到欢愉，视线根本无法从他的身上移开半米，或许我在等失败的他给我一个大显身手的机会，又或许我是故意想看他的笑话，那种感觉就像小孩忍不住不笑一样，以至于想把一切都置之度外。"

"不以为耻，反以为荣。"

宴火丈量着怖徕垂在面前的头发，听不出语气的声音从嘴里传出。

"我也够讨厌我自己的了，可要不是接下来发生了连我自己都不敢相信的事，我保证我会带着两倍的真诚道歉。"

怖徕低下脑袋，为羞愧为棘手低声说。

"只是抬头擦擦眼角兴奋的眼泪，再低头一看，趴在地上的人竟然是我自己，即使衣角已经看起来脏得与破布无异，也在不停用衣角反复擦拭着地面，而轻轻上下浮动的地面，出现了风起水涌的波纹，涟漪四散而开，淅淅沥沥，胜过灿烂星辰，倒影下的月光化成花朵，落于水面时，如羽毛般轻盈透亮，我沉吟这种舞姿如石子般痛击我的眼睛，想到以后再也看不见自得其乐的笑颜时，我开始后悔，照理说，这应该会让我更加沮丧，可半睡半醒就在一刹那间结束，快得我感觉它就在大门后等着甩脱旧梦的我。身体忽冷忽热，出神的表情依旧挂在脸上，突然我就左手拿着眼镜站在了那位乘客身前，耳边也是，听着他感谢的话语递过眼镜。领班们谁都没有看见此前之幕，谁都不知道我是怎么趴在地上的，当然也没能看见如镜子般透明的地面下面那乘客圆圆敞开的黑眼珠，他们试图安慰我，除了相信他们看见的，其余都是我的大脑制造的幻觉。后来我就离开了。"怖徕一口气说完后喘着粗气，但在其他人说话前又抢先说道。

"听起来可能像疯子在胡言乱语，企图骗取你们的信任。"

苟和宴火交换眼神，后者往常一样无声地笑着。

"我有一种可怕的感觉，你们相信我。"

怖徕向前俯身，停下时以不可思议的角度维持着。

"也许你是对的。"

苟若有所思地弹弹自己单薄的外衣，想起苟德临别时说过的话。

"除了魔法，那里应有尽有。"

看来不是。

"我也不是很清楚，"宴火顿了顿，像在找话说，"有时，钥匙能打开各种各样的锁，仅仅取决于它的样子千奇百怪。如果你找到了那扇门，没有任何吸引力的你没有立刻被赶出来，说明不是你硬闯进去的，而是他们邀请你进去的。"

"钥匙……钥匙吗？"怖徕翻遍自己的口袋，上衣口袋内绣了一个大大的字母。

"不用着急，既然他们主动给你了，何时何地，你都会拿着他们给你的钥匙。当务之急是解决门的问题。"

"好的。门，我要想想，现在我的脑海里有无数嫌疑门。啊，这种事谁会晓得呀，一想到有无数门一开一合围着我转圈脑子就疼，你们能陪我一起找吗？"

宴火皱起眉头，仿佛忙着记起什么。

"你为什么想着回到一个靠演出来恢复思想的世界呢？其他人想闪人还来不及呢！"

怖徕急迫地想抓住他们将信将疑的信任。

"出来时，有那么一阵工夫，我忘了我要干什么了，世界是那么熟悉又那么陌生，不知怎的，我确信应该是把什么留在了那个世界，是我把生命中所有的不对劲丢在那儿了，我很害怕，很迷茫，唯恐我的生活只剩现实和一堆帮助无以为报了。"

低头看着还扎着扫把木刺的手掌,答应吧!

心脏愣愣地滑过喉咙,答应吧!

苍蝇耳边嘶嘶地说,答应吧!

在呼喊的间隙,宴火沉默许久才开口。

"我们可以陪你一起找。"

"我们之间也算是有些交情了,不能放下你不管,但我们没法百分百保证能帮你找到。"

"能帮忙我就很感谢了。"

奇迹并未离我远去,他们并不打算袖手旁观。

"只为它,你付出了惨重代价。"

其实苟也把话说给自己,早知道不是包厢为何还要千里奔波。

怵徕甩掉其他念头点了点头,心中不免思考自己是不是已经接受快忘掉有第三个人的事实了。

"当时就你一个人受到惩罚了?"

看着其他两人,怵徕面色凝重,捍卫自己的话语卡在喉咙间,最后终于说道,"我应得的。他们没有资格与我共患难。"

"他们之后逃跑了对吧,把你当枪使之后只有你一个愿意知错就改。看,谁是懦夫一目了然。"

尽管是直截了当地讲明,苟仍旧想方设法把话中的无情变得柔和。

"我看不出有什么奇怪的。"宴火非常随便但带着赞同的眼神上下打量着苟,"你能从那些人身上指望什么呢?不管他们多有才，无疑属于让我们不堪忍受的那群人……"

怖徕听了一会儿，也许还担心了一会，但那是在采名者来之前很久了。

第七章　简短的一页不需要名字

火车畅通无阻地穿梭在辽阔森林中，车上来寻找答案的人生活在与它分道扬镳的两个世界里，尚且不知道它其实并不在北方，不用随无边的想象力摆布，一路向北。

"好呀，我叫嘶丝·我想大笑一整年·小轻笑，我今天的职责是帮忙记录新营员的新名字。"

采名者推门而进，不难发现，她的身上有种奇异的美，心形的脸镶嵌着神秘的瑰光眼睛，大把富有弹性的钱红头发夺目在额前。她蹦跳着走进，小铃铛绑在了肩膀上紫红相间的格子里，一起一伏如灵便的音符，似乎颔首之际就能指挥它们跳一整段芭蕾。

"幸会，我叫嘶~丝·我想大笑一整年·小轻笑。"

"你好，丝。"

"啊！你是在说……说丝吗？丝~嘶，嘿，真巧，丝刚好是我的中间名。"

丝高扬起了头，表现出极大的好奇，宴火却反射性地思

考成了她咬牙切齿的样子,他只好在无言的沉默中咽下了苦涩的笑,片刻之前那里有的是非确定性微笑。

我清楚她接下来要做什么,苟心想,在她推销痒痒挠之前他必须冒险争夺说话的主动权。

"你好,丝……丝丝,我想……笑笑,笑容真灿烂。"

"不可能!"女孩立刻惊叫起来,表情惊讶到像看到了只有自己在为了一件事在笑而别人却无动于衷的人。

"为……为什么?"苟问道,他比知道自己腹部多了一块扭曲滑稽的疤痕还蒙,但他得坚持下去,并得紧抓住裤子一角,生怕忘记自己刚刚失而复得的骄傲。作为前车之鉴的宴火在旁边一动不动,自省的目光浮现眼中。

"因为我叫嘶~丝·我想大笑一整年·小轻笑。"丝平静而自信地宣告。"也许我该把笑容不错加进去,这是一句赞美句还是陈述句,如果是反语就大错特错了。"

丝踌躇不定,一缕缕杂乱的头发丝无章地顺着她的额头爬下去。

"好吧,好吧,丝……丝女士,听我说,你有什么事吗?"苟问道。

"哦。"女孩缓过神,吐掉含进嘴里的头发,"作为一名志愿者,我来记录你们的名字,不过除非我先告诉你们我的名字。"她扬了扬手中的表,"以表诚意。"

"你刚刚告诉。"苟急不可耐地打断了她的话。

"什么时候?"

"就像我说过的,就在刚刚。"

"刚才吗？我一直在自娱自乐，你可以当我在胡言乱语。希望我没有碍到你们。"

"当然没有。"

掩饰的风暴让宴火微笑，他用纤褐色的眼睛凝视着丝。

"所有碍事的故事都发生在千百年前，现在没什么能害人的了，尤其是害我。"

"好，那就好，我们来言归正传。写……"

丝不慌不忙地将表格递了过去。

"写上你们的名字。"

苟接着点点头。果然不是销售传单，她在讲真话，不过是空空如也格纸一张。

"怎么写？我们的个人资料你们不是早就知道了吗？"

"营地不会立刻让你们用名字各自称呼，如果合适正确，他们会支持你们自己做决定，让你们可以另外取一个在营地期间伴随你们的名字。正有工作人员沿着车厢收集名字。我就是所谓的工作人员。"

"用先在另一个名字前写上真名，再连一条线吗？"

"不，不用，那么介意，也没人记得你。"女孩从口袋里拿出了一个彩绘球，对着墙壁踢起了这个小不点，"写完后叫我。"

她把全身心都放在了球上。

苟细致全面地观察着手中的纸，皱巴巴地，很白，但就是没有信息可以推断出丝与推销的关系。

或许被什么发现，一行行字从透明的纸背照出，投射出

排排充满灵净的光立。

"没想到你还会写诗。"

苟无奈地摇摇头,竟然是诗人与销售诗,他们比普通的销售组合更圆滑,更难捉摸,亦更危险。

"能给我看看吗?"

宴火用渴望的语调请求。

"小傻瓜,那可不只是诗,五十一,"女孩喘着气,"对于大家来说,五十八,这还是首歌。"

丝把球放下,说:"我会唱。"

"不,不……要唱。"苟阻止时语无伦次并混杂着结结巴巴,结果可想而知,唯一带给苟慰藉的就是双手举表的宴火同样没有多余的手堵耳朵了。

黑夜雨磅礴,你的坚持何处放

满满枯木燃起火,当日湖中塔上想

心脏跳动剧烈却把恐惧延长

窥视网中人

名字是否会激励你,给你这个机会

博得一片喝彩,打出一片天,让生活万里无云

它们是否可以代表勇敢、责任、与自信

还是与某位名人相同

新光闪耀,是否天降甘露

一张纸能留住什么?

没问题的是让另一个你轻而易举显现

不要欢迎疲惫,把握这一刻

驻足留意新的荣耀与使命，往日光辉让它消失在眼中

改个名，换个姓，漫游的双脚梦中游

可以只改名，也可以只改姓

规则看上去很简单，奇思妙想最重要

火光冲天（宴火手中的表格有红光闪烁，他不由得放下笔细细思考），嘘——你有机会做到越古怪越好

绿草如茵（宴火手中的表格再次亮起，绿光让他的脸舒展开，转着笔开始哼歌词），明晨阳光照，你的名字已归入

接下来

升起自己的舞台，看什么东西向着光，直到闪闪发亮

是与非，今与明

河流经历曲折重回云海，将带有怎样光辉色彩

踏足返乡大道，旧友重见，是否再见旧事重现

你们是否会看到你

曾与曾经与众不同

你会不会今非昔比

"啊——"

旁边的乘客打了个哈欠，黑色的兜帽，里面是分不清颜色的头发。

丝环顾四周才找到他。

"你怎么了？别闷闷不乐了，"她慵懒地在他头顶上方的空气拍打，"你们干了什么？怎么任他一个人藏进了遗忘的角落。"

"我们不认识彼此。"

宴火提醒她。

"实际上,他一进门就窝进了拐角的座位呼呼大睡起来。看了我一眼,多看他一眼。"

苟斜倚着身子,将手中表格递给了丝。

"他看上去需要好好休息,让他睡吧。"

丝却冒着让这位乘客尖叫的风险将脸凑近,用指甲盖接住了从他的头发上滴下的如水一般丝滑的颜料。

大大的眼睛盯着颜料入空的烟雾只等笑脸慢慢到位。

"找到了。"

"什么?"

"没什么,反正不是眼中闪耀着熊熊火焰的受害者。"

丝将积雾一吹而尽。

"那就好。"

苟确认从没跟他说话后放缓语调。

"你是志愿者对吧,那应该知道我们什么时候能到营地吧。现在我们连一点准信都没有。"

以为丝在弯腰凝视自己,没想到她在翻转窗帘,突来的寒意让一切陷入了沉寂。月亮越升越高,隐隐约约出现在阴暗的天边,犹如黑雾中的灰影,周围清风吹动的星群在空中浮动,化为千万道绚丽多姿的彩练。

"当晨雾代替了星星,即可看见目的地。"

"我没看见有星星当空挂,是意味着连这点期盼都消失了吗?"

"看看它们,好一场壮观的仪式。"宴火凑过来,他一边告诉自己，一边帮苟指正位置。"作为习以为常的指路灯与理想乡，星星们的故事不比任何一首史诗宏大，不比任何一曲歌谣动听，但它们不会因为不能跟你在史诗与歌谣中不期而遇而使你大失所望。"

"咳咳……星星可没故事，想想我们脚踩的地球，永远处在乞求者的位置，谦卑地恭候靠在椅子上松弛肉质的人们彻底改变自己的决定。"

几位乘客正好慢跑穿过车厢。

"我这位兄弟说得不太对但也不差，如果你是因为火车还不到地方脑袋木滞的话，我们欢迎你加入我们一起跑个半小时。你好，丝。再见，丝。"

他们向她打招呼。

这么多人同时向苟打招呼会让他应接不暇，丝却做到了，得心应手。

"同你们交谈一直都令人如此愉快。"

她回敬他们，话留在了他们走后。

"他们说得不对，星星是有故事的。其中一个故事的名字我叫它尽若星辰。"

丝哈出雾使窗户凝结，星星与冰晶融为一体，在火车颠簸间散发着七彩虹光。

"每次我们觉得行程过慢的时候，我们给星星画上微笑，流下的水痕自为鼻子。我们彼此不说话，脸上只有笑盘旋，眼中只有乐照耀，燃烧的夜搭伴我们一路淡淡开怀唱，目睹孑然的沉默请它随心中雀跃的火星一起涌向薰衣草的夜。水雾如白昼前的温存在玻璃表面无垠展开，摇曳的笑容加上纵声的欢笑便成了我们自己的晨雾，两者业已合为一体，皆为晨雾。减压者营地自然而然出现在我们周围，只是比那时更加确定它作为了我们一种与生俱来的情感出现。笑声如海浪般打来，下潜，我们告诉自己，下潜，我们喜欢我们现在的样子，不顾一切地冲进海中的样子，热情四溢。汪洋彼端，看每一颗星星当为朝日，我们就是我们自己的晨光。"

丝突然止住，闭紧眼睛，在幻想当时光景？

她只是将球打向睡觉的乘客，乘客接住后又扔了回来。

"嘿，反正闲着也是闲着，不如加入我们分享一下你的经历吧。"

真是好心。

在梦中和其他人无休无止的议论中，他软绵绵的身躯苏醒了，睁开惺忪的眼睛，无力地点头，左顾右盼，朝他们微笑，压下打招呼的手，深呼吸，止住梦中梦带来的微颤。看到梦中走出的人物时，隐约的惊怕大于纷乱的思绪，惊奇占了上风，理智在嘲笑梦到的一切，之前像公鸡那样骄傲地挺起胸膛不是他真实的情感流露，自己才是脚底抹油，溜之大吉的那个。

梦仍旧在说真话，他坐在了苟的旁边，而丝坐在了他之前的位置。

"怖徕。奇光之名。"

将不堪一击的谎言说出口的只有他，他不止一次宽慰自己骗到了信任，到头来他什么都没做。他走过一节又一节车厢，所有朝他微笑的陌生人理应知道他做错的事，可他没有一丝一毫的想法，对紧闭的嘴讲出的笑话含笑默默总好过让自己的谎话言犹在耳，发青的脸庞塞进了头顶灯对蹒跚欲倒的思思爱慕，被夺走了想象活力的臃肿大脑，在没有反应过来的情况下擅自超越了忍耐的临界点。腿只顾自己摆动，一扇又一扇门在身后关住，他不敢去看框镜中的身后，突然出现在身后的脚步声不过是心跳在耳边的回响，直到两个膝盖再次冲向对方时，他终于承受不住，下一次推开门，一天没睡的他迷迷糊糊坐在了一片黑沉中，梦里他一样害怕答案。

丝别过头，在表格上写下怖徕二字。

绿色的荧光萦绕笔尖。

……

"呃。"

在听完怖徕简短的介绍后，苟发表了一段短得不能再短的感言。

"呃……"宴火跟着表了态，但远不及苟的话简短。"你将注入染色剂的水气球扔向副营长。你竟然还知道谁是副营长。"

"我说是就是。"

他终究说了真话。之前的偏执立刻变得可有可无。

"可为什么我们能在你的头上看见颜料。"

怖徕嘴角抽搐了一下。

"可以说是我忍受记忆缩回黑暗的代价。一个女孩，身手灵敏得像刚从雨燕窝里破壳出生的一样，轻而易举就接住了它，让我的头发与脸几不可辨，她高高在上，眼神中充满疑惑又茫然的同情，用海风般顺耳的嗓音向世界宣告'还给你，你的恶作剧到此为止'。我学不来她的声音，总之想一下你们为之倾注感情却深陷其中的陷阱。"

"是呀。"

丝跟道。

"应该先给你们看这个。只是我一个人从后往前盘算太久了。"

怖徕掏出一张纸，递给苟。

"我是个坐不住的主，曾想过宁静度过火车上的每一秒，一时冲动使我变了卦。"

苟打开纸条，轻念道。

"要想不一样，仍旧不一样。是怎么个不一样法？"

怖徕指了指自己的头发，如今仍然没有人递过一张纸叫他擦干净。

"你相信它！它可能是任何一个人写的。"

苟顿时觉得有些头疼。

"我只相信它是写给任何一个人的。"

"所以你认为每个人手中都有一个附加信条的水气球。你只是想活跃气氛，对吗？"宴火显得很冷淡，他很少好心办坏事，所有遇到的事加起来也不能帮他达到一种新的情感共鸣。

怖徕没点头也没反对，身上难以察觉的细微变化也感受不到他的态度。

第七章　简短的一页不需要名字

"总得有一个人开头，如果我们都装没事人，活动可能就会白白错失，跨年的钟声不敲不响。"

小傻瓜。营地不干蠢事，等你们干蠢事还不够吗？

丝抬起了眼皮。

"她还给我，我用脸接过，只当是命运开的一个蠢玩笑，我闭眼等着人们扔来第二个水气球，假如我人缘好的话会等到第三个，"怖徕的笑容十分生硬，"没有人注意到，对我而言只听到了有人发出的一阵愤怒的低语。睁开眼才知道，满车厢还是熟悉闪烁不定的眼光，空气中凝重的气氛比烟雾更浓，如若我真让我的呆傻溅到了人这份武断只会更易染而非减轻。我的脸色变得像石头一样阴沉，视线分秒不离我的救星，此刻被副营长挑东挑西的她笨拙地站稳脚跟，唯唯诺诺让她显得柔弱而孤单，在尖刻的人身后，她的热情变得不如云层后淡淡的太阳，不过并不妨碍无可救药的我傻乎乎地看她。我相信她之所以拦下我是因为她早就看透，按我冲动的速度来看，日后我一定会寻求悔悟的同情，终至渐寂。但愿她永远不会知道，在那双摇曳闪烁的大眼中我甚至看不出我自己的悲伤与疲惫。我知道，继续待下去并不明智，不论对她还是我，可我还是等着她看了我一眼，她似乎有对我说，一路顺风。"

"那你知道女侠的模样吗？在营地里，你有大把时间找到她，余下的时间，也能考虑是向她道歉还是道谢。"

苟感到讨论不下去得无趣，不太显眼地改变话题。

"记不清了，大部分时间我只在乎她的声音和她眼睛中独一无二的我。"

何其好。

他干脆的回答让苟默默不语,除非怖徕主动找上他,不然他想不到日后自己会和他有什么交集。

"副营长。"

丝站了起来,某人闯进了视线,她那件从不离身的格子衣围在腰间,袖口沉甸甸地被盘踞绵延的颜料压着微微点头。

宴火心头一沉,身子不自在地扭动了一下,他在掩盖受伤的情感,徒劳无益去面对无法唤醒的麻木风姿。

"剩下的表格都在这儿了。"

无人应答。

"副营长。"

壬子提醒身后的男人,苟才注意到后面倒腾的双腿上飘着的一束白发。

他身材矮小,体态并未发福,皮肤松弛的脖子上仍能看出双下巴的痕迹。

"听见了。"

副营长没好气地答应,苍白臃肿的脸显得更加严厉。

丝不由自主地做了一个鬼脸。

"不几张?预料之中,有谁敢跟我说他们没有将纸冲进厕所吗?"

副营长的脸毫无血色,但不妨碍他精力充沛地给放在过道边的箱子一脚。

"小心!"

一个临时冒出的,极其重要的理由使宴火脱口而出。怖徕别过头,神色苍白的脸半隐于兜帽中。

"什么?换纸了。哦对,关于这一点,应该怨我,我投的是唯一一记反对票。"

副营长只是踮起脚,将手扩在耳边听丝汇报结果。

从头到尾,他从未看另外三人一眼,仿佛他们生活在一片遥远的土地上,嘴里吐出的是怪异陌生的语言。

"那就是全部都交齐喽。"

死板的神态又回到了副营长身上,他毫不激动地转向壬子。

"你是谁都骗不了的。三周之前,我就解开了这个谜题。"

"没问题,我愿意拭目以待。"

壬子面无难色的同样在副营长踢的地方用力踢了五下,在众人惊讶车厢不该有的嘈杂后,箱子外框露出的缝隙依旧只够让初春的细雪不受打扰地在昨日孤冬中唤醒暗香。

副营长转着深沉的黑眼睛,冰冷的眼角微皱。

"你所做的这些事到底是为了什么,不是件能让人在缅怀往事时感到愉快的事情,倘若安静下来想一会儿,你的冲动值得怀疑,是什么让你如此自信。"

"我曾是榆木脑袋,启发我的是我们家祖传的麻烦。"

壬子淡淡一笑。

"真是一个奇迹。"

副营长一人沉闷无趣地推门出去，路过洗手间的时候没忘将丝交过的纸冲下厕所。

"同样劳而无功。"

……

壬子闭上眼睛，睁开之间显得冷淡。

"进去。"

她只有淡淡的怨恨，将厌倦藏在单板的词后。

宴火离开外座，通情达理地让步了。

壬子拉开窗帘，盯着仅有的一丝光亮，明月下的嶙峋巨石风声呼啸，连反射在眼中的月光也显得有几分寒意。

"阿——嚏——"

从头上留下的颜料使怖徕的鼻腔抑制不住地颤抖。

壬子毫不起眼的褐色眼睛低垂，目光从未离开跟随的目标，隔着窗帘再看，最后一缕星尘在夜霭中移动着，夹着沿树梢滴落下来的月光柔和额前燃烧的惦念，抒发的旧情已无法再和本就存在的美分开。

群山之中最远最模糊不清的孤山，当白昼的边际顺着陡峭的崖壁匍匐在山顶独有的暮色中，也渐次与其他山一道前进，一并近在眼前。

最后一站了。

第八章　晨临雾逝

咚，一小簇尘埃飘到空中，女孩伸手接住。

咚咚咚，她欢欢然注视墙壁，多等了十七秒。

咚，砸在车厢的声音充满对昏睡人群的奚落，一声又一声的激进只有丝不厌其烦。

伴随清脆的笑语，她面颊酒窝绽开。

"七十一。"

咚。低语放大了打击声中的枯燥，即使不经意刻进心中的笑容也没法保持清醒。

"七十二。"

丝停手，让略大硬币一圈的球溜过指尖，耍个杂技，再用手掌停稳后抓住。

"做得不错，姐们。"

壬子面带微笑，心中愧疚应告诉丝笑容背后的某些成分正是无法直面球戏的华而不实。

"谢谢，这是向标球。这是壬子。"

丝向她们互相介绍，怀中放着的球闪着黑光，模糊的犹如荒凉小岛上夜的眼睛。

不用非得告诉，从她那跟鹰媲美的视力第一次看到上面的图案消失得无影无踪时，早已得知。

"向标球，我头一次听闻此名时身在一处事故现场，我和一个农场的伙计像往常一样驾车送货，出城不久便看到一个倒霉蛋晕在地上，脑袋肿的好比鸡蛋大，我们将他移上马车，改变目的地去医院，他的同伴随行。"

壬子环顾四周，苟在黎明前的黑暗中沉沉睡去，怖徕脸不红心不跳地翻着不属于他的相机，丝单指扶稳向标球，感受微风带来的轻盈与平衡，而宴火……有人听也不能让她避免难堪，或许她真的不适合讲故事，可一切跟马上要表明的道理来讲，立刻显得微不足道。

"他是一名云游各处的林中魔术师，本想琢磨新的表演，可只为它却进了医院。"

球在指尖旋转，穿过风别个弯后跳到了另一只手上。

"他用全力扔出了它，却接不住同样速度回来的它，他自以为了解向标球的历史，它的文化，它的结构。他把它当成了自己，即他相信了他所书写的故事，从头上翩翩降临的神看上去就是他，可所谓一切，统统都是他大脑关于事实的剪补。"

壬子顿了顿，脸色看上去比刚才沉默寡言许多。

"真幸运他能听见有人在十公里之外抓住了他丢的向标球，它直直飞到了另一个城市，那儿的人管它叫魔球，我们

两天后送货上门时，仍能听见身份不明的人在不停魔球魔球的叫。刊登此事的报纸附着的照片上，无辜被砸的人一个接一个露相，农民瘫坐在破碎的庐屋前，小孩子拿着弹力球互相吓唬对方。大大的标题写着'无人幸免'。报纸出来后，连消息最闭塞的地方都由于开窗通风的好习惯，也习惯管它叫魔球了。"

随着风气默然偏向傲慢，壬子成了脆叶福地少数几个叫它向标球的人，不同于另外用乐观预测局势，或因某件事与家人赌气的人，她对魔球无感觉的缘故则是曾动手瓦解过一个的她见过真相，知道为什么这么叫，每次经过撞击时球表面一闪而过的图片都是由大千世界各种可以做标语的物品替换，鱼骨有，熨斗有，真的路标也有，它们统统指着球即将弹起的反方向，里面装的电灯远超她的期待，引发轰隆隆震动的发动机自然靠电来为恶魔服务。

在村口架起裹果锅，盛井水洁花涤柳，她早鸟的身影即使忙碌在大街小巷，也从未见她影响过其他人对向标球的认知，拥有话题并不多的他们会对自己的看法过度解读，不仅作过的恶也是事实。

"它已经销声匿迹很多年了，不管玩具店五金店还是刻岩农场，一经买卖就会被立刻查收，人们到时会像避雨的鸟儿挤在一起位列道边，用看奇珍异宝的眼光观看你手里的向标球。我不知道你是怎么拿到它的，我也无权干涉你，你可以扔上上百上千次，可不管假设你成功多少次，真正的问题仍在于下一次你是否能接住它。球脱手之际，你可能身处小小的世界满不在乎，可你身边的人呢？整列火车上的乘客呢？球速之快，那些命令自己勇敢的乘客的英勇行为徒劳无益还很可笑，跟跟跄跄逃离并带来恐慌的乘客同样可笑，一石激起千层浪，周围环境不发生翻天覆地的变化才怪。我们本可以安静地度过这段旅程，对吧？"

见丝低下头，壬子听见自己的声音。

"我能先……"

"你想先替我保管它吗？"

丝把话先说出口，她笑着抬起头，将刚系上蝴蝶结的向标球递过。

壬子机械般点了点头，过重的农活让她长久感受不到肩膀酸痛，但暖意的感觉握在手上时，它们难受得如同被生生撕裂。

我是不是不讲理又太爱管闲事了，她下一球可能就会停手，又或者她从不会失手。

壬子这样想到，将想说的最后一句话边藏边穿扰心中。

你管它叫向标球，我没听错吧。

……

凌晨一点，苟被突如其来的吵闹声惊醒一脸睡意地揉搓眼睛时，宴火被催促着快点念完手中的纸条。

苟醒醒神，提醒自己一同听宴火总结出重要的几点。

"一点十分，我是指凌晨一点十分，所有人都要来向我们扔水气球了。"

没人问为什么。

"他们几小时前也在扔,遍地都是腐烂的气息,好好的车厢得有好一段日子不曾见到艳阳了。"

壬子叹了口气,有意无意地说道。

"少条失教的人债存了太多来历不明的风。"

"也是少数几个,这次是谁组织的呢?肯定有人带头,我们连身在何处都不知道,彼此陌生到互让三步都做不到。"

宴火正视苟,给了他一个像样的答案。

"上面说是营地举办的新活动。无人看管,所有人按意愿参加,可比起扔的人,谁都可能是被扔到的人。"

"确定不是骗人的。"

即使怖徕忙到正将壬子的话拧下来,让它们浮在脑中努力想明白的空洞下,他仍未脱离被骗的阴影。

"丝亲手交给我的。"

纸被宴火叠得漂漂亮亮地放在其他人伸手就能碰到的桌子中心。

没人要重新看。

……

想法在脑中搁置了足够久,不急切倾诉出去就由不得自己再往下想。

"我们可以挂一个拒绝参加的牌子,两边都挂上。"

"不仅为我们,还为其他不想一丝不挂就被赶到人群中的人。"

心有灵犀一般,壬子和宴火两人像演双簧一样一唱一和。

"可我们上哪儿找能让所有人停下脚步的牌子呢？即使找到作用也不会太大，很多人最大的敌人就是缺乏想象力，他们怎么忍心放过这么一个大好机会不去看别人的窝囊样。"

怖徕介意地说道。

"人就是最好的警示物。"苟站身起来，"如果我拦不住他们的话，你们可以把外套放进我的书包，它防水。"

凌晨一点半，门被冲进来的第一个人开到了最大化，接下来一群狂欢的跺着脚放宽心的人涌了进来，许多人的脸、头发、衣服上全溅满了五颜六色的涂料，他们欢呼雀跃着，手卷成了喇叭，呜啦啦地叫喊着，屋里的空气开始随他们沸腾起来。本来疏松透气的座椅、光滑如镜的内部墙留下了轻轻抖动的红色液体。随着人们为跳舞的乘客围上圈，几位颇有艺术造诣的乘客开始拿指头在箱子上描画理想中的营地模样。

宴火缩在窗帘后面，静静地探出头。

他比他的姐姐谦卑温顺，也更容易接受面对人们所作所为无能为力的事实。

人们聚而行之，却没有刻意将水气球砸向其他人的脸，只将水气球扔向天花板、地板，连窗户也不曾起舞陶醉。

这是件新鲜事。

……

凌晨一点三十五。

第八章 晨临雾逝

朔风一滴一滴牵动壬子头发里盈满的溶息，前几秒，她的面前炸开了一个头颅大小的气球，从里飘出的一丝雾气于身边围绕，浓浓的寒意冰冷刺骨，心中暖意顺势告熄。

不知谁喊了一声砸到人了，四周顿时安静，所有人齐刷刷盯着她，脸上看不见笑，只有从废墟的死寂中褪下的空壳。

她果断朝他们微笑。

担惊受怕烘托出前所未有的气氛，人群立刻用呐喊与吼叫招待她，不加掩饰的昂扬中水气球如热浪般起伏，某处隐约的乐声奏在指尖表面，月光照洒在人们脸上的花纹，自有其色彩姿悠。

淡淡的微笑转为环臂贴胸，希望脸红不会暴露她的想法。

常言道过度放松有害于健康，过度狂欢更是让孩童时期父母的谆谆教导服膺于红里透白的厚脸皮底下。

从回忆中得到的宁静封住了她的嘴巴，夜歌唱给了藏在浮云后的太阳。

黎明悄然降临，狂欢后晃荡着袖口，将歪名斜理挂在嘴边的人们，成群结队来到谑脸镇的最高处，表演性地将锐利的石子呼啸着风声扔向谑脸岩，石头如大雨淋下，在屋子四周遍地开花，有几颗甚至划到你借住的卧室前，把你印在玻璃上碧玉般无声摇头的动作切了个破烂，你当时就听见隔壁屋被菲康小弟吓坏了的宴火笨拙而稚嫩的哭喊声。

"你若害怕，不必在此久留。"菲康大姐头也不抬地缩在被窝里。

"我不怕。"你口上虽说,内心却在徒劳地挣扎。

"鬼才信。"

一颗紫李般大的鹅卵石将遮雨板当作了落脚点,重重砸在了你的窗台上,将花盆玫瑰叶子震得哗哗响。

你扑在了她身上,她静静地躺在床上,掂量着使你突然依偎的吓飒。

"你最好早点适应,他们每周三、日都会过来,那是他们发薪的日子。"

"不能和他们好好谈谈吗?"

菲康的眼睛直直地盯着你的脸,你牙痛般哼哼了一声。

"政府的主意,无处狂想的石头不然会端端正正击中……算了,反正他们向我们扔石头已经成了一件正确的事。"

"怎么会有这样的政府。"

"他们已经够有所作为的了。"

"什么?"

"你已经见识过了。"

你脸上汪出一层专注但可能未意识到自己所了解了什么的笑容。

山后面,一轮耀眼的月亮亲近着、感悟着、强劲着、信手拈来地拨开外围那圈冻僵了的林柘,轻轻飘飘的风首先沙沙地掠过,戏弄着混着伏草味的叶之呼吸。不过青绿,三丈高的树杈上新长的点点嫩枝,愉快地掩起笑脸去完成被周围

带来的折磨冻醒的使命，它们荡漾进河中，春暖花开之际，为下游人民盛上冰雪消融的秋芳。北边旷野吹起了深沉苍凉的号角，无礼地撼动着经仲夏舞者嘴含着的，由和煦慵懒渲染的大地，天空中的云朵姗姗走过将所有的寒冷徜徉于金黄的天地时，只剩墙角的枯草瑟瑟发抖，逐渐凋零在万里晴空下的一片新明亮中。

人群从来时的路上散去，踩着结满雾凇的雪树银花，呼出的气体凝集在了脱离花体只剩与泥土相映成趣的花骨朵上。

你仍感觉到脖子上的汗毛直竖，紧抠进被褥里可能触疼她皮肤的指甲迟迟不肯放松，前几秒恍如幻境的勇敢，蚕咬着你的心，完全吞噬了你妈妈教你的，出门在外不要失礼。

她慢慢地、体面地拍拍你因紧张而益发不自然鼓成条棱的歪歪脸颊，嘴里浮出灵芒的音谣。

逝孤宵

崎宁簌

流转繁星

周遭的天光

梦越在黑暗脚步的树中

斟满的酒杯不可对碰起舞

那是美梦给的失望出真知

知道后的真相

眼睛总是张得太酷烈

不让我睡去

去深深地嗅上一朵

开在沉默的夜

群星中间，可否倾听着闪闪耀眼的歌

记起风雪以静卧的姿态，弯曲成白霜

安息在天空之重

一如爱，峰顶落红一片

她的眼睛眺望那静谧的光辉，仿佛从袅袅上升的云端，沁纳出悠长低回的晨曦。

是雨，是夜

共享彼此的连绵不绝

抒息住了被借用的温柔

高高抛离叶的双翼

在山峦高处拍打海浪的悄声碎语

蜡烛摇掷着沾着野花花粉如丝如华的萤火，和着隐藏自己偎香偎暖黑暗的音符，飞舞进你的耳朵，让你紧绷的面孔充满敬意，也让终于记起礼遇在外的你不禁一缩。

该她紧抓你不放了。

屋里，视野如海上看到的陆地渐渐开阔，素朴的被子被慷慨的月光印透里面油腻的棉绒，各种颜色倒影在荒芜的大理石地板中，竟鬼鬼祟祟成小小的静场，乐曲从死气沉沉、谜一般黑的不和谐中闪闪发光。不修边幅疯狂生长的月亮圈进一山一水一草一木你的——宛若她分久必合的眼睑的——拇指与食指。窗外，悬灯又结彩的栅栏废缀瓣语，绵绵细雨渗进皮肤，万物生灵陶醉在这片沉甸甸的空气中，轻飘飘失去了重量。

"太阳身披着浮云,听不到我们唱的夜歌,唱的夜夜对抗逢场作戏的歌。"

邻屋致以足以歌声嘹亮着的,宽敞的安逸。

……

尽管如此,她仍乐此不疲响应善意谎言的号召。

残存在昂首挺立中的骄傲下,壬子的头发上结出了蓝青、闪呦呦的图块,一丁点白天降落的尘埃,犹如黯澹在深海中的波光。

凌晨一点十分,苟踏出门。

一个女孩,剪得极短的头发,脸上带到的气氛幽静,穿得很素,独自坐在上一节车厢里。

苟还来不及聊些什么,对方问道:"是来要气球的吗?"

"不,谢谢。"

苟拿鼻子嗅嗅:"其他人呢?"

"都被领着去吧台拿气球了,现在可能正往里灌特制的花露水呢。"

"花露水?"

女孩放缓坐姿,微微倾着头。

"剪碎的鲜花瓣,混及去汁的林客、寒附火、王梨,酒精中浸染,赋薄荷静置。"

"有用吗?"除此之外,苟也不知道自己要说些什么。

"怎么会知道,大部分材料听都没听说过。"女孩说。

苟飞快看了女孩一眼。

"是吗？"

凌晨一点四十，人群散尽，重回薄雾月下的沉寂将车厢团团围住。

苟回来坐下，守在对面的怖徕选择跟着人群前进。

松退在人群的他将展示"现在故作严肃实在没有自知之明"。

他注意到了箱画，深浅不一的金色描绘了收割中的农田，光秃秃的褐色丛林布满七转八弯的道路，成群河鱼跳过淡绿底色，并入乳白色的一澜蓝天。

壬子正将箱子搬出，只有拼在一起才能让心中的狼狈纤尘不染。

"画的是咱家农场。"

上下底壁不由自主地碰撞，最后一块拼图严丝合缝地拼进栩栩如生的阳光中。

盘桓在木箱的颜料未干，每当链轴开始晃动车体，小小的壬子也在整间农场之中摇摆，至少苟觉得在田间播种两眼总是红红的小人，很像此刻双颊沾满蓝水的壬子。

他从裤兜里拿出纸，幸好十有八九挂在上面的裤线这时没有出现。壬子只是拿纸巾一头擦了擦鼻子尖，取一点沉默的绛紫色闪电，点亮了层层叠叠的纸峦。

宴火回绝后的连连道谢如鼓点节律般打击苟越感不自在的脑袋，他默然观望，重塑着此前吹开虫茧送出里面流臻异彩的微风，人们的声音时强时弱，但从不间断，上方空气散发着咄咄逼人的热量，伟大且絮凝才显高贵的五彩神水天上

翻卷，在那些并不存在的优越中抖擞出无限幸福，一位嗓子堪比喷泉后花园的小百灵迈着方步，唱出跟倏忽而来的风兜圈子的歌时，星光追月，人群膝行腾跳，围圈开始跳舞，锦带带着婀娜多姿的身姿洒下最心跳不已的一刻，光与影的匆匆变化在舞动的享受中开始凑趣，气氛显得融洽而和谐，除了壬子脸庞中冷冰冰的成熟光芒跌宕进微启的嘴唇，让人群交换眼神，互相安慰外，再无宏大的冷场。

一点不冲动，一点不怅然若失，想起什么的他努力调动四肢，左手嗒嗒敲在座椅的铁护手上，恍惚如昨日的记忆抵在脑门，感受着思维凉凉的温柔，坠下腰，冷汗兼梨子汁渐渐湿透了靠在座椅的衣裳。

"你不舒服？"壬子询问。

"有点，刚才着凉了。"

苟假意微笑，省去了斩钉截铁的气势。

"铺上，快点。"

壬子解开即使被水球砸中也一直束在腰上的格子衣，利落地抖掉上面水点的同时，发现自己的脸很容易绷起来，并投以少啰嗦的眼神。

"我就不了……"

"相信我，犹豫也没用，最好听她的话，不然会被折腾整整半个月。"

宴火的话在苟耳边响起，只有深有体会他才敢大胆发言。

苟把书包抵在腿上才拿过衣服盖在身上，顿时有一种怅

然若失的感觉席卷而来，不过，苟知道这种使他像泄了气的皮球的情感是什么。

不是寒冷与饥饿在煎熬他，而是坏事后的逃避将此前弄巧成拙的不甘心一倾而出，他闭上眼睛缓缓做了个深呼吸，一层轻薄的衣服盖在身上，却比装满东西的书包压在肚子上还要重，左手握握右手，衣服怎么还回去又成了一个用叹息形容的问题。

"辛苦了。"

壬子的视线慢了一步，但缓缓张开的双唇喊着是苟的名字。

或许真有其事。

苟恭敬地深深垂下头，脸上不知所措的笑容若隐若现。

是我扔的你。

他真想这么说，努力开朗地说，而不是牵强地不能再牵强地一笑了之。

好在壬子不愉快的气氛没有延续至此，以刻岩为傲的壬子并没有在意用石头的那层冷酷来唤醒心头的沉重。

众人身体像冻僵了似的动弹不得时，她挺直背脊，脸上的番茄青慢慢成熟。一场话题的开头就这么被提起。

……

"疼，疼，疼，好痛。"怖徕的哀号声从人群之上传来，人们专心于让其他乘客将举起的怖徕看得一清二楚，并没有完全在意他，在意他的人也只是不想被无意击中而略微理睬一下怖徕晃动的胳膊肘。

第八章　晨临雾逝

"你们都认识一下，这位是怖徕，火车上的第一枪就是由他打响的。"

那句话过后，不断有乘客从海角天涯冲过来掐他一下或薅他头发一把，他的声音完完全全盖不住并淹没在人们的欢呼声中，人们互相靠着对方身体跳起，而又和其他海浪旋风撞在一起落入盛典的海洋，这场盛典包含着喧哗的声调以及祈祷时坚韧不拔的信仰，这种钢做的信仰之声足可以持续到人们在寒风中第一次感到瑟瑟发抖时才会安静下来，但凡事都有例外，直到——

怖徕被举得过高而头磕到了门框时，人们安静下来，围着不让开的道路瞬间开阔了许多，迟来的欢声没收住嘴，仍沉醉在欢乐时光的余韵之中。

之前还一副心旷神怡模样的怖徕，挣脱了一直被握住的手腕，看勒出的红印之前先漂移视线看了一眼手掌，正当他激动难消，带着懊悔的神情去摸摸撞疼的部位时，一股不可思议热气的呼声顿时随着知觉化为乌有，也就是刚刚过了平静的几秒钟后，人们把他放低，用力扔给了门外聚集待命的人群，鞋子声又在窄窄的过道上响起。

怖徕随着人流一间车厢涌入另一间车厢，每次灰头土脸地出来时，衣服绚烂平常无法拟，表情惊惧来时从未显。人们早已经忘记为什么要扛着他，因为他们一出门就碰上了另一拨人，相逢而喜悦的精气神一股脑冲上了头顶，他们痛快地响亮地笑着，动弹不得的怖徕仰着面庞，只知道自己是在别人身上走来走去，他厚厚的头发在一阵阵爆炸声中纷纷一飞冲天，像是被风吹动的树叶那样可怜巴巴。

……

　　生活安办着家，正如多疮多孔的

　　它自一样，只能装作敝帚自珍

　　却无比担心，困惑这个家比天先降落

　　哦，玻璃无痕，旅石途砾来雕梁画栋

　　叩不响的门里，告别还流连的窗外

　　灼热的墙上

　　火似雪霜，得用心融化

　　屋顶上的雪哪还有能力一洁如羽，砖瓦在那里摇动于一束漂泊的闪电

　　街巷以阴影支撑起来的天兽般围困，大地依然饱含丰满的一穗

　　那里是我的王国，我的存在是此刻赤条条地淋湿星夜，你是否滞留倦意注目骤然翻飞的门牌号安寝

　　"别找我茬，我的耳朵刚刚听见了扫帚，直接听见的。"

　　"是该等一下了。"

　　又有来者，宴火没出声地摇摇头。

　　两位年龄身高都相仿的中年人停在了门口，他们各自一边的肩膀探进了门里，其中一个人手还压着上衣被风鼓吹起来的部分，加上他弓着背，这些动作使他看起来像极了在做谈不上难看的鞠躬。

　　他旁边的那个穿着巴西雨林蛙纹衬领毛衫和时尚阔绰裤，身材有些发福的人按着门框拱了进来，又回头用亲切慈

祥的目光望着他的同伴，看着那个胳膊被狠狠挤了一下后又被挤飞出去的同伴。

"快进来呀，安羽斯士，你怎么做事一向拖泥带水的呀。"

他的同伴毫无怨言地稳了一下，也进了门。

灯光照在来客唇上的笑意，滑溜溜地丧失了泊在遍体凉意中敛容屏气的能力。

"看来，这种情况得需要一些妥善的清理。"安羽斯士瞪大了眼睛打量着四周，一只手转着衣服下角一颗掉了纽扣帽的扣芯，一只手马上将一尘不染的下巴托起，假装抓那把千万个侦探身上长过和用过的胡子。他会故意这么做，是因为接下来他要沉稳地问一句："方便打扰一下吗，这里发生了什么？"

"别跟墙壁过不去了，你我都心知肚明，一群在异常兴奋下还能守规矩的娃儿们刚涌过去。"

"我当然记得。"

"那太好不过了，省得我帮你回忆一下了。"他用胳膊肘捅了捅安羽斯士的腰。

"免了，洛斯伯贾，你只字不提的话我会万分感谢。"

"哎，遇到这种事先别灰心，在有限的空间寻找东西，理所应当早晚会映入眼帘。"

安羽斯士脸上应和着他同伴不慌不忙的样子出现焦躁神情。

"等你鞋子被踩掉了的。"

他满怀戒心地将鼻子下的胡子抽动。

这一举动让洛斯伯贾像接到密令一样点点头,神秘兮兮地凑过来。

"何止呀,你忘了说都踩掉。"

"如你所说没错。"

安羽斯士佯装随意的意味回了他一句,便随意安置自己下一步的计划。

"当务之急是找到你说的扫帚,现在你可以打听了。"

壬子一直抱着有朋自远方来的心态朝来者面带笑容,安羽斯士首先注意到她的笑,可你来我往的交际实在提不起他的兴趣,便又转过身继续和洛斯伯贾的谈话。

"方便再打扰一下吗,你们有没有看见一对会唱歌的鞋子飞过去?"

洛斯伯贾露出憨态的笑容说罢与安羽斯士四目相对。

听出对安羽斯士打趣的宴火虽是轻笑,但看见壬子的目光移向自己急忙把笑意藏进心底。

见没人说话,洛斯伯贾便拍打着安羽斯士的后背将他推到三人面前。

"我这位朋友也喜欢唱歌,对歌曲的热爱常常胜过他自己本身,如果有一段乡间小调从窗外哼起,更是让他不惧生命危险夺窗而走吧。刚才……"

"喂。"

安羽斯士却是一副不觉得是怎么好的一段回忆笑笑,随后抱着唠家常话的心情轻描淡写地拆穿谎言。

"不用在意他,他只是对你们唱的某句歌词非常感兴趣,并希望你们能重新唱一遍,这方面更不要在意。而跳车那回事,视情况而定,如果响起的是熄灯号,会是有这样的打算。"

"到了那时候,请务必告诉我。"

"不了,逃亡中的旅人同伴我会另请高明的。"

在洛斯伯贾举高双手投降后,壬子露出同情的笑容看向他。

"你为何这么在意歌词。"

"得解释一下,鄙人并不像这位仁兄说的那样,多么在意歌词,我只是隐约听见了隐藏在歌词里的某些透露出的决心。"

"什么呢?"

"鄙人不才,没记在心里,不过呢,我可以告诉你,唱出那样的歌曲,说明此时歌手心情不太好哦,我可不敢现在寻找话题向她搭腔呀。"

"这样啊……也是啊……"

壬子不再追问,当然有其原因。

"从刻岩农场运来的?"

安羽斯士自己一个人溜达到了箱子前,苦大仇深的脸得不到一丝舒展,看上去并不像因为欣赏箱子上的画而停下脚步。

"对哦,一路过来,确实还没见过专厢呢!"

洛斯伯贾也被吸引到了箱子前,他粗沃的大拇指将发现的细节指给安羽斯士。

"看呀，他们还特意装饰了箱子，让表面的木刺插进手里也不会吓到小朋友了，就是不知道里面有没有我喜欢的果子。"

"肯定会有的。"

壬子不希望任何人对农场感到失望，便伸出手，想接住奄奄一息的夕阳。

"比泉果也有的?"

比泉果，听着闻所未闻的名字，宴火抹了抹鼻子。

"啊，那种果子现在还没到成熟期呢。"

"方便说一下生的果子是什么味道吗？下一次有幸碰到，我想尝试尝食新鲜'事物'的大脑就不会那么干了。"

"很苦的。"

"多苦，不用怕我知道。"

"苦得令人作呕，比成果还苦。那个，比泉果，镇子上很少人……喜欢，你是怎么喜欢上那种水果的?"

是说苦谏果吗？真是在说刻岩农场仅有的苦味作物，还是说又引进了离开那天仍未见过的植物。

哑然失笑走过了洛斯伯贾的脸，各处的皱纹席卷一空。

"有些东西不苦涩就不好吃。比如苦谏果，还记得叫这个名字的果子吗？"

"记……"壬子刚要开口，有人抢在了她前头。

"什么样子早忘了，但没成熟前甜得掉牙，成熟后却苦得不把五脏六腑吐出来不罢休的特点不可能忘。"

从旁插嘴说完后，安羽斯士继续围着箱子转圈。

洛斯伯贾看看他，又看向皱起眉的壬子，以为她听了几声苦就想起了苦物在市场上的惨淡，便咳嗽似的开口。

"哎呀，小镇上的人，他们对苦的东西，甚至带苦字的东西都……该怎么说呢，一言难尽。"

"是的，不仅比泉果，任何苦得可怕的作物在镇子上都不受好评。"

"还好你们土地上没有苦谏果那种苦中称王的种子。"

"真有倒也不是问题，可以改名卖成熟前的果子。"

"不会的。"壬子回答。

"也可以为成熟后的果儿改个好名再卖。能从名字上获得被骗后的慰藉，再苦也不可能有之前的名字苦，新品种的果子也能在市场上卖个好价钱，你说是不是呢？"

"不……不是的。"

话说出来从容不迫就没了，眼神慌张通过犹豫的空气，生与死只差一个动作。

"别出馊主意了。一提到苦谏果，我倒是想起件事，在我小时候，苦谏果树还属于珍稀植物，传说有人曾亲眼见过成群的苦谏果树开遍原野，可直到我长大成人，那片树林还只存在于爱想象之人的梦里，倒是头一次出现在市面上的苦谏果吸引了人们的注意力，奇怪的是，如此猝不及防的售卖并未引起镇长的注意，还是闻名而来的学者远道过来，避免在果子全烂前辨别果子的真假。得知是真的后，在架上的苦谏果立刻被抢购一空。"

洛斯伯贾像看戏剧一样交叉双手，最初的牵强在笑容里转瞬即逝。

"我清楚地记得，当时有多少人因为地上的烂果子撕破脸皮，又有多少人排到队后抢了一大把就塞进嘴里，那么干的人太多了，多到我都没办法认为是我的错觉，全是大人在做，也全是小孩在看。橘子皮里没有橘子啊，当他们觉得它没有想象中的好吃后，像炫耀战利品一样比着将手头的果子扔在地上，让它在地上想清楚为什么它在地上而太阳在空中。发生的一切迅速而可悲，祈祷未应验后便踩上渴求人的那张脸，忘了自己名字里也有其实非常贴切但实现不了的欲望。等第二天剩下的果子在炎热中枯萎后，喜欢看热闹的人再见它也要恍惚出神了。"

此前正用涂在手指上的颜料画画的安羽斯士趁对话间隙开口。

"不知道什么原因，来年市场里就再也见不到它了，那次大乱后，我们和它的缘分轻描淡写地结束了。"

"没错，几十年前它销声匿迹了，没准几十年以后再次上市的时候，人们另一套眼花缭乱的动作会又一次惊呆我。"

"咳……咳咳，你们有没有听过——"

见所有人安静下来聆听他说话，宴火乖乖地点点头，他想说说他知道的。

"你们有没有听过这么件事，说是老镇长曾经联合众农场主，试图规模化繁殖已经从小镇上消失的古树种，每位农场主分得了不同的任务，可只有种苦谏果的那位农场主完成了任务。"

洛斯伯贾当时保持着沉默，倒是安羽斯士那夹杂猜疑的叹息声在赶跑一个盯在画作上的好奇目光后又继续响在了他的话后。

"如果真是那样，很难想象那位农场主看见历经千难万苦却惨遭人糟蹋的辛勤成果的心情。"

"并非一点也想不到。你们说的，第二年没看见苦谏果了。"

安羽斯士从上而下盯着壬子的脑顶，赞同她用挺直的脊梁散发自己感受重量的模样。

"确实，想想确实，烦恼的一瞬间会演变成相当沉重的负担。"

"是吗？人们总是莫名深信能够理解别人的心情。"

"那到底是怎么回事？"

壬子做出分不清摇头还是点头的动作，没有让别人下不了台的地步前，也总算将信赖与感情纠葛交给了窗外的世界。

洛斯伯贾上前拍拍安羽斯士的后背，他感觉他想岔了，但并未当场表明。

"走吧，打扰人家的时间够久的了。"

"那就走，怎么感觉不穿鞋我没你高了呢？"

"感谢你们费心解答。"

"啊，慢走。"

……

来客离开后，壬子仍然别着视野，动也不动。

叫得亲切，精神上才能感染人，尚不知他这声姐怎么以无数种形式围绕壬子心中的天空起落，终羞于回忆，下落不明。

"你把苦谏果改叫什么了。"

壬子先看了眼苟，然后像在确认他不把此事放在心上似的一字一句地慢慢说："你听见了，比泉果。"

"真是因为卖不出去吗？"

"是因为卖不出去。"

壬子故意不懂装懂地摇了摇头，不等宴火在思考中游走的眼神收回，下一句话很干脆地说出口。

"我记得给你讲完那个故事后，你缠着我要我带你去看苦谏果。"

"我好奇受过人们特别的眼光，惨淡退场的果子到底是何方神圣。"

……

一片阴森在心头形成怪异恐怖的回声，垂死树木的合唱在缥缈的平静中逐渐放大。

"全是枯树，苦谏果到底在哪儿？"

"见苦谏树前先看看它们，它们是计划的牺牲品，是我们刻岩家的先驱者，要尊重它们，不要乱喊，不要试着与它们交流，不要让你的思维与它们的思维纠缠在一起，就这么静静地保持现状。"

敬畏的变化是如此极端，为周边破烂的悲境谴责着壬子，有时炙热得无法呼吸，有时为冰冷停止颤抖，热与冷的光芒无序中循环，停停又走，无法端正心态前任何一种突发状况都能划破心中的茫然空白。

"跟着我，不要乱跑，好吗？"

也许，一点光亮伴着虚影从转角暗处流泻而出，也许，一触即发的紧张气氛里的喃喃触碰，就能让一遍又一遍忘我的点头屈服于再次逼近的恐惧。

宴火实在太害怕了，他完全不顾后方响起的壬子严肃的声音，向前大步跑起来，前方的景象仿佛一张被掀翻的桌子，各种曾经鲜活的色彩消逝在苦谏果扎根发芽的土地上，倒下的身影填平了条条沟壑，使其更无法逾越。

道路蜿蜒曲折，修理用的农具、过冬的储粮随意丢弃在枯草丛生的坡面，仿佛一场战斗发生过一样，失败者留意着微弱的烛光，落下了无法带走的咯咯笑声。

森林从正面不断延伸，眼前景色不断出现突出地面的岩石及蔓生着高度不低的茂密草丛，黑压压的森林里泛起朦胧白光，遮住了丰茂的矮树和野草。

跑着跑着，葱郁的树木放开了月光，眼前的视野立刻开阔了许多，那片果园的伟岸在天空下脱颖而出。

他停下脚步，努力停止颤抖，壬子追上前，若无其事地擦去了猎住他的眼泪。

两人倚靠在一起，脸上笼罩着阴霾，观望着继承下即将赋予的使命。

"五年一结果，我已经为它换三个名字了，第一次我叫它哎捣蛋，第二次……"

"该是说出口的荣耀吗？你才不管它叫什么，赚钱才是你的目的吧，只要向外宣传做到位，什么难吃的果子都不愁卖不出去呢！"

宴火下意识地挺直腰板，用充满戒心的目光瞪着壬子。

"不要藏在别人看不见的阴影里想事了，苦谏果在世上那么稀少，我完全可以将果子抬高价拍卖给各地需要的人，即可以缓解财政压力，更不用因骗人负担莫大的无力和郁闷。"

壬子按住额头，不知看向何方。

"它干枯了刻岩农场的大部分土地才开花结果，我们倾尽所有，几乎倾家荡产才打赢这场战争，人们却那么对待它，践踏轻视，可想而知当时的世界是属于谁的，大概是悲伤的吧。他们不应忘得一干二净。"

"可世界并非属于他们，你也清楚这个道理，我们又何尝没做过更残忍的。在树叶凋落、土悲石怅的果园前，我的忍受已经超越了害怕的境界，你又说过只要我还在农场，还在你身边，就不会有不如意的事发生在我周围。"

在苟什么理由没找就离开车厢后，壬子开始慢慢放松着保持僵硬的身子。

"抱歉了，弟，世上就是有些事情无法如愿，你的事，我的事。"

"所以我更不相信你只是单纯地让小镇人民上当受骗。"

壬子别过头去避那视线,视线滑过身体所带来的寒冷一丝也不曾减少

"你是在逃避那一时刻对吗?你怕父辈的那个时刻重新在你身上上演,你怕他们还会如此失礼待人,你就再也找不到机会来感觉故乡的安心了,因为它再也不值得你怀念了。"

"不跟你解释,随你怎么说好了。"

宴火一脸疲惫地叹了口气。

"你肩负着整个刻岩农场的未来,在继承意志的仪式上也比我喊得更大声更骄傲,我当然不敢怎么说。"

"那未必,你也没到被完全否定的地步。"

"咦?"

"知道我为什么几小时前要问你族语吗?"

"怕我忘了?"

壬子当场做出摇头的回应,宴火被吓得缩了一下脖子。

"忘掉的人是我,而向来只有顾全大局的农场主才能留在最后。"

"所以你才问我族语,但……不,我当不了的,你是在开玩笑对吧,之前的来客都是你下的圈套。对,你不可能忘的,我记得你当时的声音伴随着飘舞的细雨传进了……"

壬子比了个嘘的手势,脸上纯洁同时却又冷漠的笑容一闪而过。

"我曾像你一样顽固。"

这话谁都明白。

"所以苦谏果的事,你是故意的。"

宴火察觉到她对这个想法些许不快的表情,便赶忙转开话题。

"要我当家也不是不可以,但你可要想明白了,我不可能像你一样,放任错误骗我自己。我会告诉小镇的人们,刻岩农场的真相。"

壬子倒抽了一口气。

"不着急,请慢来。"

不过宴火缓缓抚摸自己的脸颊,毫不含糊地摇摇头。

"实非明智之举,我要是实际去做了,人们会保持一段时间沉默,接着要里三层外三层把农场围个水泄不通,你不给个说法之前他们绝不让步,不仅如此,还会让刻岩农场陷入深深的信誉危机,前程似火啊,所以我不能乱讲话。"

"那你要怎么做。"

见宴火认识到事情的危机性,壬子自然放松已轻盈许多的身体,轻轻擦拭了眼角。

"我会给予你全面性的协助,至少你不用背井离乡。"

壬子心情好转似的笑了笑,却是一瞬间的自欺欺人。

"瞒下去。"

"哎,怎么可能。"

"帮帮我,瞒下去。"

咖啡色的眼瞳之中没有一点迷惘和动摇。

"没工夫听你讲故事,你给我评评理,他们说我是先驱者,可你看着我胳膊上这片淤青说,他们眼里有我吗?"

恰逢此时，门被打开了，门后传来了人争斗的气息。

哎，怎么可能，如果让别人知道他知道刻岩农场耍手段却未阻止，那就相当于被动承认忘记族语，后续带来的结果也只有一个，会让他在本来就丧失优势的农场继承权上带来毁灭性的打击。他并不想席卷刻岩农场的中心，刻岩农场在她心目中的重量，在宴火眼中已经是一目了然的事情了，可为何唯独刻岩农场来的消息会如此闭塞，就连从路人口中听见的也要比，哎，相比之下姐弟间的亲情就连一丁点意义都没有了吗？以为她不计前嫌地主动交谈会是修复姐弟裂缝的一大步，没想到自己会连同涌向脸庞的血色一起被拉下水。族语不还是坦诚相待，才能并肩作战吗？

描述为搂，不如说是怖徕用胳膊肘夹着苟的脖子控制着他前进。

"我是说要你把你的怒火释放进故事里，故事中你会享有另外一种结局。"

接受的迎词早在他的脑海里背得滚瓜烂熟，想说也早就说出来了吧。来的路上终究还是听见了从别人脑中传来的脚步声，农场即将破产的流言漫天飞舞，不仅连一块石头都会担心在自己的管理下风化殆尽，更别提天天诚惶诚恐的宴火了。的确这些流言不是单纯的空穴来风，疑心也总在干无孔不入的事，然而就算保持这份怀疑也没有用，现实并没有任何混乱的场面促使农场在他心目中落下个坏印象，况且他，他知道的……心中突然出现了焦躁感觉，特别是感觉不久后农场内部如果再次出现无法一团和气的局面，不知道会导致

什么许久不曾出现的无法收拾的结局。

"多幼稚呀,今天谁还听故事啊,我要的又不是主角的待遇,我要讨个公理。"

一番自言自语后,宴火不动声色地点了点头,微微带点岩黑的咖啡色眼睛里没有了违背的理由。

壬子稍稍有点吃惊地顿了一顿,微微眯上了眼睛,不知道是不是庆幸,看样子心情似乎不错。

"老兄,你是不是也觉得我说得没错。"

麻烦的是,刚才点头的动作一并被怖徕算入了与他互动的动作中。宴火自然而然地露出了一副营业性笑容,明明月牙弯弯,里面却不见月兔捣药的身影。

"嗯,原本也是这么发展的,现在正是时机。"

"不懂你说什么。"

不过怖徕丝毫没有在意的意思,把苟稳稳安进了里座后,露出一脸小孩摆弄稀奇物品的表情。

"我听说营地里有的是被漫长岁月洗礼的感觉。"

"闻所未闻,不过你进去了可千万别对号入座。"

壬子头微微侧着,说着声音突然变得低沉。

"不用你提醒,我有的是这方面的智慧和经验。等到了营地,我不用劳心劳力,每天就能过得优哉游哉。至于你们呢,别看现在我们坐在一起去营地,可到时候你们的忍耐力会比我差上一大截。"

宴火小声地在喉咙中笑了起来。

"那瞧,你本可以不用来。"

"当然是为了防患于未然。你们又是为什么?"

壬子没有回答,仿佛要阻止什么消失了似的握紧了手中的向标球。

被逼无奈,千万要记住,我是被逼无奈。苟同样没有回答,答案被放在了远去的心上。

"我清楚我为什么来,可以我的经验,一定说不明白我为什么……"

"哎,不是我说你们呀,忽视别人的问题可是很没礼貌的。"

怖徕的表情既不是生气也不是惊讶,而是怀有消除不礼貌的决心,好像在说他懂礼貌是一目了然的事一样。

"……所以我们从中学到了什么呢?"

就像等待从糖罐子底下掉出糖渣的孩子似的,怖徕一动不动地注视着他们,眼巴巴地希望自己的行为能被别人发现存有价值而赏歌一曲。

很遗憾,每个人都像抱着一堆笨重又庞大的石像,继续听下去的原因仅仅是因为怕砸到脚而腾不出手来捂住耳朵。

好吧,他们可能对于表面符合道理的事情暂不理解,可那到底意味着什么,接受还是不接受,我没有插嘴的余地。他们也一定不想让我看见他们敷衍地说'啊啊,正确的是什么什么'的样子。

怖徕带着这种期待,持续了一段时间的沉默。

他们表面看上去更严肃,也和之前游行的人一样,没把我放在眼里,我还期待个什么劲呢。

他意气风发的脸上，反而露出了无奈的神色。

"喂，别杵着了。过来坐。"

这时有人说。

怖徕听了这句话，不禁"呜"地呻吟了一下，半期待半失望地说道。

"有一个令我有所踌躇的问题，不然我当然不会站着受累。"

"噢？"

壬子饶有兴趣地抬起了脸，催促着他往下说。

"不管是怎样先是很想笑。"怖徕面带苦笑。

"后又怎样？"话说多沙哑的声音仿佛毫无兴趣似的。

"没事了，我想开了。"

"那就请坐。"

怖徕听完这句话变得有些害羞胆怯，但没等他分辨是错觉还是心中所想，脚下地面随着木箱的吱呀声开始震颤，头上灯光发麻般的滋滋嗡嗡声也混入其中。

"嘘——"看到怖徕率先显露的困惑表情，壬子机警地站了起来，吱呀声顿时戛然而止，伴随而来的是配合着齿轮碰撞在一起，问起令下颚打战，系紧扎牢了心的机械运转声。

只要注意细听，便不由得多想什么，一切又归于静谧之中，整列火车上的人不约而同地停止了说话，接着当大部分人站起来环顾四周，以为什么都不会发生为当时想入非非的想法感到纳闷时。

"乓""乓""咚",三声奇特异别的巨响,所有人都看清了分离的实质。

窗户最多的那一面墙壁已然倒下,投射而下的银纱拍打着窗户里那满是属于尽情欢喜的小径,万家灯火落下的碎片在幽暗的角落里蜿蜒响起,声声提醒让这美好的时光驻足。喉结外细微的线条,仿佛正将四周的生命迭唱吮吸,忘记默然无语,每扇窗户还未隔绝的纷扰,一呼一吸铺展在天际,唯独让风脱身而去。

此刻寒气更加咄咄逼人,苟把脸埋进衣领,眺望着车厢外的一幕幕景象。

哦,是从一个没有光的世界,燃烧了色彩,车厢里的灯也只能丈量绿茵里飘来的石子大的哨声,背后,远离耳畔萦绕的耐心,置你于茫茫人海中,绝口不提追赶过的时光在惆怅。

"草丛中有东西在动。"

一阵呼声。

"像是人。"

"就是人吧。"

一阵呼声。

"他在干什么。"

"像是……他要跳舞。"

"不要因此骗人,他明显要唱歌的。"

"他要过来了。"

一阵连绵不绝的惊呼声。

"我们接下来要做什——么？"

实在是所在的车厢位置极偏，光是听从别的车厢传来的窃窃私语就已经够费力了，所以当眼前窜出个人来时，苟故意停顿了一下，好让同样受到惊吓的人插嘴。

"静观其变好了。"

壬子起身靠在箱子上，脸抵在寂静的四周，时间里沉睡着。

走下火车是不是意味着旅程就要开始了，那么这么唐突地开始旅程，岂不是跟大街上出洋相没什么不同，一定是包含着什么意义才对吧，不过不会包含任何积极向前的因素吧，也就不是错开人们跳舞的节奏这个道理？而是让昼夜的分割线明显一点，介乎于愚蠢活动与愚蠢故事之间的节点，赋予具体含义也是常有的事，还是说，那道通往营地的阶梯不一定会永远存在。一瞬间，有完全无法抵抗身体绷紧起来的冲动。

"既然这样……"

怖徕正要开口，看见早早守在外面的人朝他无言地摇了摇头，心想等等也好。

面对一动不动地站在那里，径直注视着这边的乘客，并未表现出不由自主的紧张，相反，他看上去很轻松，笑声自然而然地脱口而出，想必已经对此种场景司空见惯了吧。

嘴唇上被遗忘的舒畅皱干在条条裂瘪中，干巴巴的样子几年不曾打开过。

女士们，先生们

如此评价
他们都点头称赞
营地不乏好地方
热情的红
青春的橙
健康的绿
蓝天白云好天气
你们一定会
一个劲儿地盘问我
为何
营地为何如此好
是呀，为何
听我嘻细诉说
肯定
来龙去脉说得通
让你
一睹营地风光采
为何蝴蝶飞进相亲相爱的山谷
带来云缝飕飕
跌下彩石之歌将你唤醒
为何象征连绵的秋雨
用来指引一草之生的终局
为何爱冒险的老天爷在上
此处却不是最后的相聚之地

为何

为何要听一个老头的

在潮湿的隐晦气氛中，感觉思维会变得越来越灰暗，而静寂长得足够久，同样感觉兴趣会变得俗不可耐，认为会有烟花或者灯光秀这些理所当然的事情发生一样，有些人开始翘首以盼，渴望复杂装饰如一场及时雨下进一贫如洗的目光中。

但全部都是空欢喜，我们只能祝愿他们脸上的期待幻化成风后依旧歌声飞扬吧。

起身看吧

把抱怨声当作耳旁风似的，他又唱起来

怎知前路如何行

唯有勇者留其名

一同加入进来吧

（抱歉这么生硬地邀请大家，因为）

这也是我的一次伟大尝试

"这位老先生。"

呼朋唤友

不费力气

"歌唱得很动听。"

评价谈不上中肯，歌曲本身没有足够吸引所有人的魅力，唯一出彩的地方在于老人发出了本不该他这种年龄和身材发出的吼声。

不能看见太阳或者月亮

也不会迷路

察觉到苟的视线,壬子反过来盯着他。

"我会更想近距离听听它。"

她的声音不急不迫,也没包含催促的意味。

"也对,对美好不应该保持沉默。"

苟点头对壬子的话表示肯定。

"等下?你们真要听张嘴结舌老公公的话。"

苟和壬子对望一下,彼此都散发出无言的气势,用神情向怖徕清清楚楚地说了出来。

……

"哎,他们就这么走了?"

怖徕向外迈起大步,忍不住又慢下来。

"你来看看,外面真的好黑呀。"

"这样就好了,至少对营地少许期待的白日梦无赖不成面目全非的梦想了。"

"那你也要出去吗?"

宴火侧脸望向外面,脸上明确地写着拭目以待,当看见身穿老愚服的老人逗着外观看者哈哈大笑时,他心满意足地深呼吸了一下。

"对。"

关于上次跟壬子一起笑过的记忆谈不上遥远,却出奇地难以回忆,他不敢对自己说,倒是哭泣的记忆,一遍又一遍堆积起想保护她不受伤害的决心。

淡红色的眼睛,正以视力不佳眯起的眼神目送着宴火。

等会火车就开了,还得再走回来,多费事啊,我还是舒舒服服地坐在这儿吧。

虽然怖徕心里这么想,可听到宴火的呼唤,他从车厢中探出头,并非很不情愿地注视着在草地上席地而坐的两个人的背影,优哉游哉地回答了一句。

"懒得想任何事了。"

之后的发展便在瞬间开始。

第九章 拉拉钩，雨后初霁透着光

苟从木屋的床上坐起，烦透了'美梦被打断了'似的抖了抖肩膀。

昨晚睡得够晚，脑中搁置不下的喧闹让个性的表现像下水面条一样软绵绵地，被带到住处后，才连衣服都没换就躺在了床上。

感到肚中传来逐渐强烈的饥饿感，苟便不准备像以往一样在床上磨蹭挣扎一会，马上打理起床铺来。

幸好没穿鞋上床，不然一定会给营地和其他住在一起的营员带来不必要的麻烦吧。

不对，想起与营长昨晚的对话，那才让苟像刚从睡眠中醒来一样。

"我来带他介绍吧。"

"对的，我就是营长。"

"你是说你的朋友们吧？他们中的绝大多数会住在公共宿舍里，有的会像你一样，有单独的木屋住，但很容易就可

以看出来，其他人并没有这么好的房子住。"

"不是我们区别对待，是你继承了你家人的木屋，据说他们为了买下木屋，制定一个很长远的计划，至于计划内容，你直接问他们吧，他们知道的比我多。"

"我就不进去了，在外面说一下营规就走。"

"……以上是营规。"

"先前交的费用，除去车费，会换算成营地独有的货币重新回到你们手上，见笑了，我们是拿花朵做货币的，买木屋也是用这个买的。看，就是这朵，你们在营地的衣食住行都会用到它。"

"花光了怎么办？不会的，有工作给你们做，营地总会想办法让花朵重新回到你们手上的。"

"可以给你看看。"

"被你发现了，所以可得好好保存它，缺一角就会使它大大贬值，这朵还完好无缺，就当作礼物送给你了。"

"你还有什么想问的尽管问，不是什么时候都能在营地碰见我的。"

"多少钱能买一个木屋？直白点说吧，五个季度以来，你是你们家第一个住上木屋的。难以置信就对了，你也可以选择住公共宿舍。对，继续选择住木屋的话我们会扣除你相应的管理费用。"

"既然你选择了，那你在营地剩余的时光不免会拜托它了，放心当自己家住。对了，扣除完今年木屋的管理费，你的花朵就放在床边柜子旁的袋子里。"

眼下只能回忆起这些了，想不到的事，应该跟别的一起在深处潜藏着。

露出坏笑的回忆在脑中一闪而过，身体却自然而然地变得轻松许多。

苟铺好床铺，拿出放在床头柜里的袋子，轻飘飘地晃了晃，把沉醉在未知世界的气氛一扫而空。

"剩得好少，不过精打细算应该可以撑到回家吧。对了，我记着放这儿了。"

昨天营长送的花朵，被苟重新找到，作为最低限度的安慰，装进了一个空相框中。

"先去食堂吃上一口热乎饭，再去拿我的……"

"您好，邻居，在家吗？"

随着传来仿佛天外流星掉下的啪啦啪啦声。

苟蹲在门边，向触手可及的安静日子投去了怠倦的视线，他慢慢移动，迎着窗户外刺目的阳光向外望去。

有着棕瞳棕发，和一个满面笑容的女孩正捧着盘子等在外面。

"您好。"

没有立刻回应兴奋的她，苟不由自主地小声嘀咕。

"让客人等在外面极其不礼貌，可过了这么长时间又把门打开，不论是谁都觉得被怠慢了吧。"

剩下的手段只有沉默了，苟下定决心要等她回去。

没过几分钟，可能察觉到被毫不动摇的双眸默默盯着，她感到一阵发怵，慌了手脚，把手上的盘子放在地上，似乎不怎么喜欢这寂静似的，甩了甩马尾，从白屋的注视下躲躲离开。

打开门，看见闪闪发光的天空，才发觉草地上之所以清澈闪耀，是因为刚经受过露珠洗礼的花浪带过一阵阵白云的温热而致。

有点小冷，但并没有风，如果在平常，会是一个踏青的好天气，可现在苟不得不关好窗，使整个房间沉寂，保持着不去打扰他计划的原样。

出来看才发现，屋子背临着悬崖，咫尺之距，明早的清晨就会脱离大地的怀抱，更新在别人长途跋涉才敢涉事的落脚过夜之处。

盘子里的饼干数量不少，是用注进模具的原浆来做成的爱心见面礼，拿到的时候太晚，不少散发蒸汽的小孔已经住进了今早在路上散步时遇到的阳光。

拿出人手一份的地图，适应着踩在新的土地上的凝涩，向森林深处的小径走去。

他出现在苍翠的森林中，一切来过了一样的熟悉，年轻的夏日，却像失声的假期，光收敛于掌心，吮吸着同手指一起镀上莹白薄纱的露珠，在头顶飘飘洒洒掉落的木屑似停未停，一丝丝穿过漂浮在穿林斜阳的灰尘，细碎地洒满树林，似火燃烧的风声中，越来越旺。

脑子中敏感的热情，正以他想要的方式，体会到货真价实的惊喜。

风潮吹过，杂草紧贴石板耸立着，茂密的青草掩盖了脚

下的小路，他停下，把全神贯注的视线投向远方，度草茸茸山的那面，颊上的晨光随着暮霭悄悄褪去，在鲜花环绕的高原，袅袅不绝的旖旎春光曾盛极一时。清泉微风中摇曳，迸涌出蔚蓝的独行云。

地上碧水一阵阵涟漪，不可掉以轻心的脸在吹拂过它的脉搏中变成毫无防备的样子。等风潮退了，跟地上的小道又是一次多么美丽的相会。

路到尽头，便迎着花蕊间洒向苍茫的清香，等待喉咙中受大自然接受的深深扰动，去往不管走多远也全是相似的风景。

……

火车边上人山人海，吵闹声、行李箱轱辘嘎吱的声音不绝于耳。不断有身着营地工作服的工作人员从门口搬出行李箱，大声向外询问着归属，也有不少志愿者忙进忙出，虽然他们干劲十足地帮着忙，可工作时间一旦过长，体力见低后就一见便知地丧失了热情。

苟来到无人认领的行李箱中间，希望能不用麻烦工作人员便找到自己的书包，一眼望完，还是免不了在望不到边的人群中找寻像样的排队队伍。

正以稍微有点茫然的表情注视着一号车厢，一位工作人员提出个书包，出现在苟的跟前。

"是你的吧。"

"是吧。"

看见苟一脸疑惑的表情，便用粗鲁的动作把书包塞进了

苟的怀里。

"真是的,叫你多少遍了。"

不明白什么情况,苟只有先一脸抱歉地连连点头。

"可我并没有向你证明过这是我的书包?"

那位工作人员的心情似乎并没有因为还得回去工作而变得更坏,他立刻解释道。

"有个认识你的人碰巧和我一起整理车厢,他说这是你的东西。"

"原来是这样。实在是麻烦你亲自来送一趟。"

"多大点事,行,是你的话我就回去了。"

思来想去也只能是被自己带错路的宴火小伙子,不知道他是出于什么原因有了工作的理由,过早地开始工作倒不能说明日常生活花钱大手大脚,也可能是到了最后,所有人都开始找起工作,有些人会怕占不到先机,才更早地开始努力吧。

以少于预期不短的时间拿到书包后,苟认为他还有时间在周围逛逛,下一次来的时候说不定会在很久以后了。

苟想溜达到来时乘坐的车厢,即使只能远远地看着,他还是想知道车厢里的木箱是否被卸下,同行的女乘客一路上不自然的异常开朗,让苟看上去她总是隐瞒自己不甘至极的表情于在意的什么,会是木箱里的东西吗?

眼睛望向被一圈又一圈围上来,吵吵嚷嚷不知道在说些什么的营员包围的火车,十分确定这个时候是不能指望自己知道木箱里有什么了。

不过往好处想，人既然都聚集在这儿了，那这时候去的食堂应该就会变得冷冷清清了吧，正当苟这么想着的时候，取行李的中心处传来了类似争斗的声音，苟赶忙把视线移开，不去瞅那些像听到什么有趣的事情，哄的一声笑起的人们。

在无限漫长的几秒钟之间，苟的步频明显升高，响起口哨声和此起彼伏的嘘声中，他的背影消失在了远处。

……

靠近看的话，在越过小山丘的地方，平坦的草地上停好了一辆餐车，旁边的野餐区早已摆上了就餐的桌位，想在充满柔软的草香的空气中吃饭的旅客肯定会不由自主地停下脚步吧。

如果不是白花开尽在道路两侧，可能苟就会伴随着猫头鹰咕咕叫的余音容入黑暗的瞬间中了。

过了一段时间苟才察觉到自己已经坐在了餐桌前。

"要点点什么，好不辜负今早的阳光吗？"

无视于站在一旁向店主露出已经问了三次手势的服务生，终于苟脸上露出了歉意的表情，瞪大眼睛扫视着周围。

"抱歉，我走神走了好久。"

"确实呀，选这儿当餐点真是容易走神，既然回过神了，不妨看看菜单吧。"

菜单上一丝不苟的字迹未干，顺着阳光丝丝滑滑地在手指间残留上了墨水薄薄的气息，比起打量这个菜单是不是店主精打细算生活的一部分，倒是更为在意上面叫得顺口的名

字。虽然同为清秀深情的字体，可目前为止其他的菜名看上去还是那么奇怪。

"蛋花汤吧，第一排的蛋花汤就好。"

"紫菜蛋花汤？"

服务员露出了扫兴的眼神，接着回车里报了菜名。

"为什么不把菜的名字改正常一点呢，客人都要一种也是理所当然的。"

站在锅碗瓢盆前的店主兼厨师，没听见似的自顾自准备手中的活，等大功告成后，才冲门口发闲的服务员耳边大喊一声：

"蛋花汤一份。"

"不至于吧，我听得见。"

服务员抹去不知是被吓到还是因为太闲而困倦的眼泪，端着盘子来到客人面前，尝试似的说道。

"祝你好胃口的记忆宛如奇光般复苏。"

苟用不知是否有兴趣的态度点了点头。

"我试试。"

汤匙放进口中的一瞬间，代替胃的重压下而背负沉重行李的大脑听见了味蕾的足音，它感受到了内心的宁和与满足，就那样注视着声音的远方一动也不动。

虽然苟捧碗的侧脸看上去很安稳，但在他的心中却涌出某种平静的感动。

"我好奇其他的菜尝起来什么样，会不会永远没这个机会了？"

不自觉就将胳膊放在门框上的怖徕有一句没一句地闲聊着。

"胳膊，拿下去，不然扣工钱。"

店主怀恨似的哼着鼻子，像驱赶虫子似的在马上想起什么而举手反思的怖徕面前挥舞着洗碗布。

"您不用当面做出具体步骤，反而我会觉得很难吃。"

"反而我会觉得你像那只狐狸。"店主反唇相讥。

"狐假虎威的那只？我得提一嘴，确实有好几位客人因为您高贵的气质四散而逃。"

"真是对不起呀，没办法让你也乐在其中，不过我说的是那只吃不到葡萄的狐狸。"

"我不过在基于……"

突然察觉到了什么，怖徕停止了说话，他转过身像是在说'马上来'似的向苟招着手。

"你们支持赊账吗？"

"遇到什么问题了吗？"

"我看你们的菜单上标价是四分之一的花朵。"

"不是这个道理，四分之一指的是，呃，就是你交完钱后，之后的三次你什么时候来都行。当初我就是撕碎了花朵，才被店主扣下来还债的，你到底出了什么事？"

苟把已经碎成碎片的花朵摊在手上展示出来。

"能收下吗？"

之前还沉默的怖徕突然转过身去捧腹大笑，口齿不清地喊着。

"你撕得比我撕的还彻底,哈……说不定你也要留下来接受训练了。哎呀。"

"咚咚"地被敲了头而抬起头的怖徕看见店主露出无趣的表情这样说道。

"你跟他回去取。"

"不行啊,不知道路上会耽搁在哪里呢!您知道的,夫人,我下工后还得找住处呢!我可不想过风餐露宿的生活。"

虽然取花朵并非难事,可怖徕还是面露难色。

"你的事你自己解决,我的事你也得解决。就是你了。"

店主像是总结似的说道,便不由分说地回到车中拉下了休息中的告牌。

"好吧,那么,走吧。"

怖徕无奈地拍了拍苟的肩膀,两人突然就像好朋友似的互相露出笑容点起头。

"以奇光挥洒在你饭后散步之道。"

"不必麻烦,我自己取就行。"

"不,你不懂,远远地躲开她的视野胜于一切。"

"既然——"

"快走吧。"

送完制服和碗筷的怖徕刚对着店主的方向像是在说"没问题"似的点了点头,马上又立刻催促着苟跟上自己的脚步。

也许出去看看说不定能找到住的地方,就是能将不安从大脑中赶出去也好。

"你的"素奢"号是多少。"

怖徕开始忍不住行动起来。

"004吧,记不清了。"

"里面满人了吧?"

"是啊。"

这个问题完全是按苟自己的处境来回答的,自己既然完全没有找舍友的心意,何必在意住的木屋够几个人住呢?

怖徕稍微眯起眼睛后歪着脖子又一次问道:"旁边的宿舍也满人了。"

"啊,是,是的。"

并不清楚宿舍情况的怖徕虽然稍微感到有些不安,但转念一想,世界不会因为几个单纯的问题就不再保持原先云谲波诡的模样,各种各样的人在营地里擦肩而过,总会有人望向道路的前方静静地说'有人的地方肯定有住处',总之先看看再说吧。

就像被谁从后面推出去似的,怖徕一扇又一扇地行动了起来。

"这屋人满了,问问下一家吧,不,你不用问了,他说下一家也满了。"

"我们人满了,不过我们今晚准备开联欢晚会,欢迎你们过来花钱买吃买喝。"

"并没有出租床位的打算。那东西不是分好的吗?怎么有例外。"

"外卖这么快就到了?"

"……"

"知道了……打扰了。"

最后一扇门连同最后一点希望关上后,怖徕仍带着无畏的笑容走向等在一旁反思'论开门,谁都比你有魄力'的苟的身旁。

"拿到花了吗?"

"什么?"

"你没回去拿花吗?"

"早就说过了,我住在另外一边。"

"我当时怎么说的?"

"你说不要紧。"

"我那时真是了不得呢。"

对于什么都没再问的怖徕,苟老实地点了点头。

意味着晚回去将要迎接老板轻蔑眼神的斥责与扣工钱的命运,就连下下计'借宿在餐车地板上'也可能受到波及无法成功实行。

旁边公共宿舍传来充满活力的喧闹,洞开的木窗一如既往地任温暖的阳光闯入其中。

在一瞬间的发呆之后,怖徕装作若无其事地把拳头打进右掌中。

"事不宜迟,快快领路。"

……

是内心什么都听不进去时所特有的不协调的安静,一想

到要在下雨的森林中安营扎寨内心就不寒而栗起来，各种各样的思虑在感到疲劳的时候从不幸中奔涌而出。

就像是被那沉默催促似的，怖徕前进的速度渐渐地快了起来，将要超过同行的苟时，脚被什么东西绊了一下差点摔倒。

半截埋进土里的账本，边角卷起泛黄的褶皱，书皮带着无法擦洗的残渍，曾经被线紧紧缝在一起的页数，变得宽松没了边，翻开一页，早已看不出原色的少见文字，隐隐有旧日的痕迹……

怖徕并非出于自愿而被束缚在白屋前，他一个连住的地方都快没得住的家伙，得知有人竟住在单独的房间里后，悄悄用手遮住的眼睛才显得那么苍凉。

"拿到了。"

"我也拿到了。"

怖徕掂量着手中完整的花朵，对着无限宽广的天空看去竟无比地清澈。

"有破损的地方吗？"

从天空收回视线，不用看自己的脸就知道在苦笑，店主曾主动教他怎么分辨花的价值，可不管对谁来说，身无分文的人知道怎么辨别花的价值是为了了解自己跟别人的区别有多大是吗？

"应该可以了，你不用再跟过来了，之后出什么问题的话算我的。"

实际上怖徕也不太有把握确定花的价值，以轻松的口气

回答苟不如说是对之前耽误他时间的一点补偿。

"我太需要把握住自己热诚的心来好好研究一下这本土账本了。"

怖徕不甘心地抿紧了嘴唇扭过头。

我则浪费一个适合睡午觉的平和而又安稳的时光呀。

……

"中你的意吗?"

从他气喘吁吁的样子可以看出,他是跑着回来的。

老板一脸不置可否的表情,比起花的好坏,她多花了点时间打量起同伴的脸庞,可能很明显感受到怖徕的心惊肉跳,便无视他的天真软弱留意起多加掩饰的抵触情绪。

"一朵花能买的东西很多,你想要点点什么?"

她既没无视也不曾威吓,露出待客一般的微笑。

"要我的工钱。"

"买东西的话我是热烈欢迎,若是推销自己的话,恐怕来错地方了。"

店主瞥了他一眼,怖徕有些不好意思地抖了抖肩,无声地叹息。

"要我放在哪儿?"

"还弄不清收银台的位置,不如放我头上吧。"

露出架子十足的唇角,重新把脸埋进胳膊枕头里的店主不怀好意地讪笑道。

"那里面是吧。"

怖徕的目光寻找了一阵,最后对着挂在车门外的布袋点

了点头。

看上去里面没有什么完整的花朵，刚放进去的花朵乍一看上去，和碎花骨朵并无二样。

在营地里收集了一大堆不能用的花朵，不由得引起反思。

"看上去大部分都达不到之前理想的价格了，不得不承认，你做亏本生意太在行了。"

将胳膊撑在桌上支着下巴的她静静地注视着怖徕，随后自叹不如地闭上了眼。

"有你在我永远不亏本。"

简单来说，应该是他的工钱被扣光了吧。

"哎。"

没有理会在一边不悦地靠车叹气的怖徕，店主站起身伸了个懒腰，之后一边收拾锅与盆子一边说道。

"晚上不上工，明天早点过来。哦，对了，你的工钱被扣光了，还不够，我就另外扣了点别的，看上去那位顾客和你关系不错是吧。"

刚想感叹自己的行为没有达到罚钱的程度，不想该来的还是来了，他嘴角自然上扬，遮掩着自嘲。

"您可真是一不做二不休的主呀，那我就期待明天点的份数不要超过刚刚客人预付的就好了。"

不怕目光对视的笑容让店主将险些说出口的话咽了下去，垂下眼眸的她脸上尽是寂寞。

对比前几个季度，同样营地生活未开始就两手空空的营员，他的处境不算好，也不算糟糕，不过难得是少数几个她纯粹感到有意思的人。在见过营长们围成一圈，对花朵的话题无聊而各执一词的争论之后，她才带着一丝惊讶，更加满意自己享受到的乐趣。

不能从一直闭口不言的营长身上得出什么，可根据谈话谈崩了不下十次分析，说不准哪天真的会成为用花朵支付的过往，那时，本该获得用花之人深厚信赖的她，会很容易被大家所厌恶吧，不用说，他也会得到解放吧。

瞧她像老太婆一样扑哧地笑，肯定有些事情瞒着怖徕。

一旦花朵在手上消失，营地就会立刻派人下发救济单，没出什么意外的话，他马上就会被通知了吧，到时你的名字要多久才会被写在上面呢？是马上见分晓，还是非要打破营地的记录才肯罢休。

对他的看法暂时不会改变。

她一面若有所思地笑着，一面维持着注视前方路况的样子，驾车离去。

在即寒冷又令人恐惧的冷淡中，怖徕平静地，但同样也是郁悒地笑着，早把借车留宿的事情忘得一干二净。

看看他无端自信的样子，像是已经为解决问题指明了道路，但最后，他认输地耸了耸肩，看着自己车辙中积水里的眼神，带着很深的歉意。

不解地摸摸鼻头，开始思考得等到多久才能煎熬出自己所谓的随机应变。正当他被心中这种荒唐的玩笑肿大脑袋时，有人悄悄来到了他的身后。

"啊！你们要吓死我吗？"

被触碰而吓了一激灵的怖徕严肃地咳嗽了一声。

"不，我们只是找你随便聊两句。"

被人用盯住猎物般的眼神看着，怖徕虽然有点喘不过气，可他还是对他们询问的做法感到失礼。

"往好处想，安羽斯士，你要问的人不像你一样是个闷葫芦，所以你们可能很合得来。"

"言归正传，有人说你用了一种高深莫测的法术骗得自己资产归零，是否有此事？"

怖徕神情异样地点了点头。

"你们是来把我赶出去的吗？"

"恰好相反，我们是来跟你签协议的，就是这一份来自营地馈赠的接济单。"

洛斯伯贾从一叠厚厚的白纸中随便撕下来一张。

"签了我能得到什么？"

"我们会把你失去的花朵定数全都还给你，要是说出在营地生活太难的理由的话加价也不是不可能。"

就算这些话是开玩笑，可看安羽斯士的表情绝不像在演戏。

"哦，原来写上名字这张白纸就会变成一个小点的我替我打工还债。我的床位呢？"

"听说了，你的床位是被抵押给窝洞铺了吧，我们立刻去办理入住手续，最快今天下午就让你回归到你喜爱的世俗中去。"

"听到有救济,对我来说固然是好事,可心头却头一次感觉我要与这个营地脱节似的。"

怖徕稍有犹豫地摇了摇头,似有隐藏地回答了他们。

"很难说,我的生活免不了冲突,索性把它们抛空了固然轻松,反正也不是什么大惊小怪的事,可是只做未经思索的行动,令人感觉会有一种毫无同情的余地。在刚才我还在跟时间赛跑,可惜跑输了,如果我签了字,恰好证明,我以后还会在意时间这种东西吗?是不是就连重在参与这种奖也懒得去给自己颁了。我的意思是,我不想就此否决我珍视的东西,它们会一文不值,就跟我一样。啊……让我不开心的情绪在我脸上并不那么完美,却更能让我承担得起自由。谢谢你们的好意,不过我只能心领了。"

"要先收下一张吗?"

"我不需要考虑了。"

怖徕的表情变得如湖水般平静。

"不觉得以后生活会很麻烦吗?"

"既然哪里都一样麻烦,我能陷入自己向往的麻烦,有什么何乐而不为的呢?"

"当然,每个人都有选择不幸的权利,我们无权干涉。"

受命处理问题的人刚走,怖徕突然大笑起来。

"我真希望知道得越少越好。"

不知道说了这句话的他心情变好还是变坏。

……

"这么个道理啊。"

微光透过窗户照射进来，房间的每一隅都在薄薄尘埃覆着下细闪着浅浅光芒。

苟的脸朝向窗外，任凭微风翻阅桌旁做参考的账本，手中的笔马不停蹄地在写着什么。在他身后能看见，打理过的屋子，比入住时还要整齐。

"研究了大半天才研究出这个符号还有盈利的意思，那么这个反过来的符号就是付账的意思。"

才看出点门道，苟就激动地合上账本，理所应当地对站起放松手臂的自己刮目相看。

总算给白白浪费的一个中午再加上下午的午睡时间找回了点面子。

单看账本内容，有一方带着永远不变的称呼，会让人觉得捡到了一本不足为奇的个人手账，可直觉告诉苟，就出现在上面的文字跟工作人员制服之上的绣饰有异曲同工之妙来判断，里面的内容别有洞天。歪歪扭扭的字迹与随处可见的花绘，甚至之前还是写心得体会的本子，下一页马上挤满了密密麻麻的儿童歌谣，跟着感觉走不可能是一位谨慎严格的会计所干出的事。只需一眼，就可知道捡到的是一本匆忙记录的复本。

"不过啊，到底是什么意思呢。"

苟轻轻拍落指尖的灰尘，创造出疲惫没有余裕的状态，对他才称得上是一派怡然自得的模样。

只是在口中自言自语，语气淡漠得不带半点感情。

"五十营员翩翩来，六百花朵久归合。"

语毕又低声说了句原来如此，但望着还剩下的几句话，他疲惫地长吁了一口气。

几点找准光线的机关，从地板层迭而起，触目所及化为螺旋的回廊，像是穿越看不见的通路般，缚足于笔直延伸的痕迹，每一层楼梯被嵌入的文字，作为取代光怪陆离的点缀。

除了能从账本上找出解释第一层楼梯的文字，别的句子无一例外与他的知识储备遥遥陌对。

"手头上要是有本字典的话，就能解决挺多事了。外面怎么了，吵吵嚷嚷地，不会来人参观了吧？"

全神贯注盯住窗外的苟，不知不觉戳在照相机开关的手指更用了几分力。

即使茂密的树叶眼罩般遮住森林的大半面貌，依旧难掩四散纷飞的鸟禽，它们仿佛受到什么显而易见的惊吓似的，跟在林中小动物们的身后，纷纷逃窜出来。

莫非此路是林中猛兽捕猎的必经之路。

本来紧抓住账本的指关节憋着绛紫，突然苟瘫坐在椅子上，九死一生后轻松的笑容微微有些得意。

通往小屋的树荫下，格子衣的袖子飘扬着。

飞舞着黑泽的长发，缓缓现身的是从森林中钻出的少女。

鸟雀般细小的喉头，发出了虎啸山林的洪亮吼声。

"借我你的书包。"

壬子语气有着不容置疑的气势，苟虽手足无措地愣了一

下，不过还是依她所言，打开了门。

"你找到我了。"

一时不知道该怎么暖场才说出的玩笑话却让壬子的脸色发生了变化。

看似淡淡地接过递出的书包，其实藏满记忆深处的眼眸，透露出掩饰不住的厌恶。

"当时我还真是如他们所料自投罗网了。"

"你是指什么？"

"陈谷子烂芝麻的事不值一提，比起那个。"

书包被丢到一边，壬子手指缝间露出果子近似枯萎的枝叶。

"这样到底是为什么？"

苟疑惑地歪起头。

"从我书包里的？"

对面点点头表示没错。

"接下来你是不是要问谁给的？"

壬子嘴里叹了长长一口气，语调比平时略显沧桑。

"我不想听。"

压抑着感情的眼眸当中，注意到什么发生后护起拿着果子的手，摆出如临大敌的姿态。

"好吧，我不再靠近，只能求你帮我看看，它在我的书包里没受到什么欺负吧。"

壬子浮现出苦笑，若无其事地从最初的惊讶中醒了过来。

"不用担心,从刻岩农场长出来的都很结实。"

"经由你弟之手……"

"我都说了我不想听!"

"你看上去不就一般般吗?"

经过一段长长的沉默,痛苦全部消失在不含恨意的庄严肃穆中,壬子咬着下唇点了点头。

"是啊,也许就如你所说的一样,不过,事已至此已无法改变了。"

"这样,心情不好的话,我建议你去拜访一下这家餐厅。"

苟转身自顾自翻起衣兜里花一朵花购买的地图,她则带着悲伤的坚强微笑着,转身离去。

无声的关门声,却让苟受惊似的蹙起眉毛,感受着若游若息的风声,他的表情露出了些许关心。

……

过没多久,身后的木屋已经远去,她的眼神也已经恢复了往日的温和平稳。

听他断断续续地把话说完已经是忍耐怒火的极限了,谁也没想到一年精心准备的计划会在本打算伴随着农场解放的欢乐中宣告破产,实在拗不过营长邀请才同意参观营地的时间里,宴火就将果子送到了每一个遇到的营员手中,准确地说,是在对方不知情的情况下硬塞进手里的。

"好漂亮的果子,不应该让大家都尝尝吗?"

事后宴火诚实地说出了感想,不过受苦受累的人不是他

就是了。

小路两侧,绿色山坡绽放着不同种颜色的野花,干燥的风狂烈地吹拂着,乱窜在坡道的残阳毫无征兆地扩大了将土地映照得通红的宽广。

人们就在不远处,可没有一个人过来迎她,她两手空空一目了然。

她走进身披黑衣之人留给她的缺口,任他们填补豁口。葱郁森林围绕起了一个充满紧张的空间。

"我们给过你时间了,让你不再低着头,一动不动。"

"时间太紧,工作量太大,我无能为力。"

"要先知道,是因为你又哭又闹,我们才给你时间。"

"我并不为自己辩护,而且我也没有你们形容得那样充满戏剧性,我尤其认死理,所以一切努力都付诸东流了。"

壬子口气很随意地说完后,脸朝上盯着苍穹,压力之下,自由的感觉扑面而来,她能感受到身边交头接耳的窃窃细语,感受到自己用全部的毅力保持面无表情的样子,感受自己曾穿行在马上快明亮起来的黑暗里,多感受一会吧,他们像扇子一样摇摆的影子马上就会掩埋面颊上自然的律动,趁此就让我跟我的倔强多打几声招呼吧。

因为我怕忘了,刚刚指尖的天空,被鲜艳的果子映满朝霞绚丽的模样。

……

"你似乎变成因说谎而沾沾自喜的人了,算是营地的一个伟大之处吗?"

迫不及待摘下黑袍的洛斯伯贾半幽默地问道。

"还是我来跟这位小姐解释一下吧。"

看着与其说是惊讶，不如说是愕然的壬子，同样摘下遮帽的安羽斯士向她露出了一个并不特别警戒的微笑。

"我见过你们，在火车上，你们衣服上明明别着营地的徽章。"

壬子有些意外地说道。

"如果是以前的小女孩，应该能猜出我们隐藏了什么事情。但不知何时你对我们这些农场之外的人有了特别的警戒。"

"你说的是……"

"我们踩过的这片土地上，曾有位小姑娘为不能在营地多住一晚而掉过眼泪，好大的胆量，即使在众目睽睽之下。"

"一时间在别人眼里我确实把自己跟噩梦结结实实地捆在了一起。"

壬子的语气有些无可奈何。

"张牙舞爪是事实，我们当初答应你，总有一天让你来到营地住几天的事也是事实。"

"原来如此。我该为那番谈话做准备。"

壬子似乎终于想明白了，没有因放下心中的担子而感到时间的无限，她突然显得焦躁不安。

"那句话说得对，什么年代都有不识货的人，他们凑在一起总会把事情搞得一团糟，所以为了一个过期的承诺，你们就把我骗了过来。"

"不然呢？你之后好像突然变了一个人，对营地的邀请爱答不理，我们登门拜访时你就像人间蒸发了一样，可每年第一封收到的信不是你亲笔写的新年祝福就是你家的合作邀约，心情好坏，生活是不是一天一天暗淡下去，什么都没有向我们展露，就好像你在农场与营地的平衡之间，找了一个自认为可以拾级而上但其实只是按着逃避来行动的敷衍之说。"

一口气说了这么多，倒是听安羽斯士说话的壬子的脸憋着通红。

"我……我干了什么，我为什么要跟你们说？"

壬子脸色发青，忍住不发抖。

"那也没看你跟日记本说过，偷偷翻进你卧室多少回了。"

"什么？你们还干了什么？"

壬子皱起眉，在日记本里描述难以名状的狼狈样子早已成了不知把她引向何方的社交习惯。

"反正骗不骗你，你总是要来的，问题是怎么在几个星期里让你感到宾至如归。"

有微风吹过，才注意到洛斯伯贾移开一个小道，同通红的脸颊分享风吹过的潮湿空气，他的脸上浮现出甚至有些温柔的表情。

"问题是我不曾答应你们住上几星期。"

壬子故作镇定地给自己找理由。

"你可以先稍微放松点，想想你在营地的事。"

过去曾给她梦幻想法的营地在她的心里早跟着自我评判变了样。

身边气温似乎下降了一些，壬子清爽地点了点头。

于是她说什么也不可能把憋在心里多年注视她的成百上千个问题一吐为快。

……

那本该是思绪无法触及的遥远过去。

她坐了起来，小心翼翼地走向窗前。昨天，刮起了大风，下起了大雨，玻璃外满是被雾覆盖的夜晚，月光借着雨点的无瑕，摇曳草原。纯白的风景让人炫目，可听大人说，暴风雨会阻绝通往某处的道路，泥坑也会变成地裂一般巨大的峡谷，她能感觉自己清清楚楚地踩在无底深渊边上的峭壁，不是摔下立马能粉身碎骨的悬崖边，而是视线被遮掩，眺望不到星星时的悬崖顶。

那时，对着无言举起的右手，景色随着静静的叹息如碎片一般开始模糊不清。

用力推开窗户，玫瑰花的香气和欢声笑语充满了屋子，阳光刺眼的程度连不愿见到现实而遮住眼睛的手掌都挡不住。

"我们都以为你赖床不起了呢！"

"什么啊。"

"壬子是第一次去营地吧。"

"啊，哈……"

……

只有一瞬间，偶然经过眼睫毛上的阳光，漾出濡湿的泪一滴。

"哈哈……"

话是没说出来什么，她就先咯咯地笑出声。

"这个表情能不能解释我们说服你留下来了。"

听着安羽斯士冷冷的话语，她的表情绷紧了。

"如果我有不得不离开的理由，你们会放行吗？"

本来没想信以为真，出口的瞬间自己却毫不隐瞒。

"不管是像上次那样，还是发生别的什么样的事，我们总会继续邀请你，或许你什么时候又来了，来取存在这儿短暂的南柯一梦，诞生一朵重开的花。"

"如果我在这儿过得不如意，先赌气走了怎么办？"

"我们愿意跟上你赌气的步伐，与太阳，与蓝色的地平线，与营地存在的意义作对。"

洛斯伯贾保持着微笑，聊天般这样说道。

"你们会在意一切营地惹我不开心的事物吗？"

"会在意是理所当然的。"

此前她笑得已经有点疯了似的晕头转向了，听到答案还是欢快地抬高了声调。

"假若我如期归来，谁会见证传达出的心意曾伴随我频频忘忧。"

"你自己。"

最后一个摘下兜帽的人，此前与她默默相对，现在只有她跟她息息相通。

"我们从来没有分开过,重逢与告别的时候也没有。"

壬子的眼眸中映出的,是朝向她微微弯起,兴奋地抖着不成样子的小拇指。

"等到你了。"

小拇指碰在一起,指尖有了温度。

"哦,差点忘了,这是你托我保管的东西。"

两人隔着向标球对望,最终有一人会失去它。

"送你了,当作你的回归礼物。"

……

连怖徕自己都不知道要怎么才能体会到从天而降的惊喜的全部分量,他在解决了问题之后沉浸在放心似的满足感中呆呆地望着木屋。

"你真的,真的要借我住。"

"不用反复确认,不是已经拉过钩了吗?"

"真奇怪,我头一回觉得靠拉钩就能解决所有事了。"

虽然都是坐在花园椅上,苟选择盯着天空,怖徕则接受被桌子上的饼干诱惑的事实。

"可我还是不明白,为什么你会连住宿费都不肯要。"

"怎么没有?回答完我的问题,我们之间的债务才能一笔勾销。"

"什么问题?"

苟收回了视野,小心翼翼地将面前的饼干盘子往前推了推。

"你是火车上第一个扔水气球的人,可否给我签一

个名？"

……

苟甩了甩头将讨厌的想法从大脑里赶了出去，为鼓舞自己似的深深吸了口气。

至那群夏的黄昏，他敲响了整屋涂成红色的木门。

"您是？"

"我们是住在那边的营员，我们来还盘子。"

"噢。"

"饼干非常好吃，谢谢款待。"

站在一旁的怖徕插嘴道。

"能收到你们的夸奖我很高兴，不过饼干不是我一个人做的。"

她颤抖着肩膀无声地笑了，让开门的一侧。

"小砖，看看谁来了。"

火炉旁堆满的垫子里，一个纤细的身影蜷缩其中，齐腰的银色卷发铺散在地，灵敏的大额头罩着她那洁白的面颊说不来的娇嫩。

她抬起此前埋进书里的脑袋，深夜般的粉色眼瞳之下，不输星星般耀眼的光芒闪动着。

"愿赌服输。"

她以朗读书本时平淡的语气诉说着。

……

硬是被留在那儿吃了晚饭的两人回来时，天色已晚，但仍余有辉煌。

远看悬在半空的白屋背拖一抹夕阳,有一种不可思议的安全感。

"晚安。"

"晚……安,说好了你真的让我住在这儿?"

"晚安。"

有如太阳般明亮的灯具并未打开,他们已经狠狠踩着自己的影子,跟浑身疲惫的自己,描绘出另一个见闻。

第十章　光顾总在服务间

多少天，悬崖上空，风静静地吹着，勿扰今晨的阳光，安稳地注入屋内。

屋里的人孤零零地在床上盘腿坐起，跟昨天一样，他无精打采的神态肯定还在与昨天的回忆装腔作势。

看见地板上乱成一团的景象，苟故意装出被绑着的姿势挥挥手。

"不幸的私人空间，请你安息。"

匆忙收拾好给怖徕准备过夜的睡袋，便摸着记忆走向预留过花朵的餐车。

……

到底是出门没看皇历，他脸上带着拼命克制自己不要笑的古怪表情走了过去。

唯一一张桌子等餐的客人，其中一位老远就认出了苟，他一如既往地，挥动手臂向苟问好。

本想着微笑致意，却呆头呆脑地跟宴火同事一样点头示意后又握了手。

坐在一旁的壬子假装没注意到他，比起似笑非笑地眯起双眼，她更愿意更加自在地转过身观摩细心搭配餐点的店主。

看见苟迎面走来，怖徕正要张嘴打招呼，便被店主一把拉了过来。

"瞧我粗心大意地，用来做'一曲钢琴块'的食材我给落在食堂了，你现在去给我取回来。"

怖徕惊讶地看着她，皱着无法解释的眉头使劲打量着她。

"敢说有什么问题不成？"

"问题可大了，我怎么知道我会不会拿成'轻轻一声像粉笔折断'的食材，或者是'某一刻凝望春天之红晓'的地上洋葱，水晶表面'紫'滋作响的食材。拜夫人您所赐，我对您的菜现在可是一无所知。"

"……鱼，是鱼之类的吧，问我干什么，这么大人了还不知道去问问食堂厨师吗？"

怖徕扮了个鬼脸。

"好敷衍，说不定我应该先为您找来食谱。"

"那你不妨找找看？"

怖徕一看见店主变了脸色，突然转身，往相反的方向逃走了。

面无表情地把头转了过来，店主亲自上前招待。

"您要来点什么呢？"

"跟昨天的一样，紫菜汤就好。"

看着店主颤颤巍巍地把三个几乎装满的碗端到盘子上时，身为客人的苟实在于心不忍，上到这家店的负责人身边准备接手。

店主有些意外地挑起了眉毛。

"毕竟我们家是小本生意，为此别指望会拱手送上一张折扣券。"

露出一脸尴尬的笑，在和店主对视中仍接过盘子。

"瞧你说的，这么好的一个锻炼机会，你肯提供我就已经是走大运了。"

店主发现自己迟疑了三秒，然后十分愕然地摇摇头。

"我一向如此，如果中途汤洒了或者讨另外两位客人不满意的话也请你负起责任。"

"一定。"

"哎呀。"

呼吸变得磕磕绊绊，包裹着因慌乱而出神的隐秘心思的身体后，传来店主平坦的惊讶声。

"是我汤盛着太满了，还是你话说得太满了。"

短短几步路，却因为太在意碗的波动而忽视了脚下的问题。稳住身体上的失衡后，再怎么担心也无济于事的灾难已成定局，店主夸张地反反复复对怖徕讲述的铺天盖地的彩虹瀑布，也是他在这时候错过的。

万幸此前宴火和壬子主动分忧，可是即使将碗里的残汤一饮而尽，连止渴的作用都起不到。

"我看这样好了。"

宴火将另外两碗中的汤均匀分到最少的碗里,三只碗又恢复到同一水平线上。

"当当。"

大功告成的拟声词描绘着接下来苟显得生硬笨拙的声调。

"等一下,先等一下,哎呀,真的没问题吗?"

"我倒是没什么问题,反正花朵不出在我身上。"壬子说。

"什么?要拿花儿支付吗?"

面对着意想不到的处境,宴火一瞬间露出了不知所措的表情。

"我就说吧。"

并没有特别吃惊的表情,最引人注意的,反而是壬子像接受了一样点了点头。

"事情有点棘手,他们有没有给你什么特权?打折扣或者一切花销由营地负责。"

"当然有。"

壬子赞同食物味道似的点了点头。

"跟忽略特权的人相比,他们一而再再而三地提醒我要记住特权这个词。"

宴火没有想明白一样眨了眨眼睛。

"那我来请吧,我出的岔子,本来也该我请。"

迫不得已的悔过之举由苟这么个对自己言行毫不自信的

人来做，不过是抖抖身上的虚荣，将过去罪恶的一瞬间视为令人眼花缭乱的礼物，慷慨地分发下去。

"这样啊，那么就不为你领路了。"

虽然壬子带着稀疏感情的微笑回答，可端起碗喝汤时一脸不高兴地沉默着。

……

"你又来了呀。"

目光循环在头顶的阳光中，餐车的主人为来者打破身边长眠的空气叹了口气。

"好的，你说的我知道了，咱们算两清了，谢谢惠顾。"

小心避开店主不太情愿的目光，苟点了点头，坐回座位上享用他花了三倍价格得到的早餐。

……

"营地生活怎么样？"

一顿饭的工夫，宴火就夹在壬子和苟两张僵硬的脸中，成了一副疲惫而憔悴的模样，他坐立不安，左右张望着，千方百计寻找苦楚脸上的真相，在不存放任何秘密的保险柜里只找到由自己的轻薄织结已久的蜘蛛网。

"有趣，这里多待一秒，越觉得心里透亮起来，你们怎么样，跟之前比发现有什么不一样的地方吗？"

他再也坐不住了。

"我吗？除了不饿了，还没感到跟之前有什么区别。"

壬子试图混过去的回答引起宴火的不满，他在壬子不感兴趣的目光转移前，继续问了下去。

"怎么不一样法?"

"非要硬找一个的话，营地看起来缩小了一半，可能跟变得鼠目寸光的我有一定原因吧。"

"想着你以前总是着急回去赶工，这次要答应住下来，我有点分不清是借口还是真的。"

"我可不记得开过玩笑，你到底想要我说多少遍你才信。"

"啊啊，是这样。"

"你到底要打听什么?"壬子问，没有看他。

"不……没什么。"

"好吧。"身旁像墓地一样孤寂无援，壬子和宴火之间再没有对话，只是露出失眠时稍微挖苦步入狡兔洞的人迷失在床上的表情，这一直是她把谎话当作令人无法忍受的事实忍受了的表情。

宴火叹了口气，那是泄露心声的一小声短叹。

"只是我以为回到营地，你脸上就会容光焕发，胸膛也会自以为很了不起地抬起。我想知道，到底营地哪块出错了?还是你……"

"安静吃饭吧，等会你又抱着肚子喊疼了。"

无视宴火恳切地呼喊这样回答，壬子一脸严肃地看着他。

"你们慢慢吃。我吃完了。"苟学着潜伏在眼泪中的坷石打乱了两人的方寸，使得两人只能慢慢流泪。

"诶，就要走了? 不等怖徕回来了? 他之前好像有话跟你说，碗放在这儿就行，我们等会给你端下去。"

同样想先行一步的壬子，面对慢条斯理进餐的宴火，哑口无言。

"也是啊，怖徕不知道被安排去干什么了，回来迟了的话肯定又会被扣工钱的，挣不到钱又得在我这儿白吃白喝，一来二去我又被拉进火坑了。"

苟整理了一下满是皱纹的衣坠，站起时带着意志模糊的笑容，一脸别扭着，他可没有深藏事不关己的外表。

"如果愿意的话，我现在代他为你们服务好了。"

"哈——哈。"

腹中遏制不住的笑声，冲到嗓子和鼻子，断断续续地从她嘴角的漩涡里溢出，最终没忍住，一个冷冷清清的声音响了起来。

令人感到意外的摩擦声响起，同样站起的壬子毫不客气地推开身后的椅子，她轻轻扬起眉头盯着苟。

"可不可以也算我一个。"

"你也想当服务生？可要想好了，下次我轮休得在三天之后了。"

宴火赌气一样托着下巴，无奈地嘟囔着。

"所以才要好好为你服务才对。"

壬子满脸被幸福围绕过度窒息的笑意，同情他才回复道。

"你可算了吧，不留在这儿当麻烦了，我自己的碗我自己拿下去了。还有，不要从外面玩得太晚。"

一副无所谓的样子说完后，便转身背对着壬子，就这样离开了。

"欢迎下次光银。"

"下次我很乐意花光我的银子。"

"算了，当我没说。"

苟一同收拾着碗盘，跟宴火一起离去。

在他身后，壬子也终于意识到了玩笑开过头这点，不负责任地笑着摇了摇头，感慨地自语道。

"什么时候你要为我操那份心了。"

"我可听见了。"

"是谁？"

刹那间，壬子诧异地弯起脖子，不该被人听到的感叹，变成一种炽热的凉意在脑中一闪而过。

"你还在怀疑什么？当然是你的老板。"

店主冷不丁地从后方探出头，不爽地吐了口气，出奇地拉着长调对着她说道。

"你是谁的老板，与我何干。"

露出严峻的表情，也难怪她会变得这么个脸色，本来准备为了满足自己自私的期待，说完就会揭秘的玩笑话，没想到会被人信以为真，有可能还被当作害怕与某人同行而表现出的怯懦。

"刻岩家的？你们难道就是那么做生意的吗，都天天口头上承诺，不身体力行的吗？真是白对你们家抱有好感了。你们族语是什么来着？"

"怎么？你不知道。"

"坦，诚，相，待。"

一字一蹦地说完，店主呼呼地笑起来，这样还难不倒她。

"说全了。"

经过紫菜汤浸润的光滑双唇，倾吐出特意去反驳冷酷无情的话语。

"坦诚相待……"

使我们并肩作战。

苟低声重复道，话题外的他，不可能老实地接受作为不知道它的存在。不能识破对方相对峙时闷声不响的严重意义，他面无表情地盯着她们，头一回打量起餐车里铲勺空中舞的店主。

店主是一位留着不长不短的头发，身材小巧，皮肤白皙，既漂亮又秀丽的年轻女孩。光看两人的身高，会认为壬子才是这家姐妹店的店主，修长睫毛因与姐姐意见相左而轻轻颤动着，妹妹则在用撒娇的方式跟姐姐谈着涨工资的事。

"跟你这种喜欢看热闹的人直说好了，族语从来不是我们家的生意经，只是老祖宗打仗时传下来关心后辈关心后背用的。"

"呐，我问你，那你是怎么想的。"

店主耷拉下脑袋，不抱有任何期盼地点了点头。

"我的想法？"

听着店主出人意料的提问，壬子惊异地回应道。

"重要吗？"

"也对，反正是个愚蠢的话题，就跟你家无可救药的农场一样。"

壬子点了点头，不可思议地认同了。

店主略显惊讶地扬起了眉毛，确定壬子不会修正她说的话后缓缓拉近与她的距离。

"看来没什么牵挂的人住在农场里面。"

"本意上我们欢迎任何愿意参观农场的游客。"

壬子声音令人意外地透露着坚强，脸上露出未经训练，冷静而毫无妄想的表情。

"不对等的对象除外。"

与之对应的，店主脸上出现了因为有些害怕警戒起来的表情。

"有那么大个经济窟窿要补，还以为你多有上进心呢！"

"反正在你看来也无可救药了不是吗？其他人眼里可能更是如此。还有……"

壬子和店主对了下眼神，率先败下阵来的她一脸疲惫地叹了口气，一副早已失去兴趣的模样，有气无力地说着。

"为什么我要遭那种罪？"

"你在说什么呢！"

店主心存怨恨地抬起了头，恨不得把牙齿吞进肚子里。愤愤不平的她嘟囔不休，不能自已地攥住了壬子的手臂。

见到女孩变脸变得猝不及防，立马挣脱店主束缚的壬子，很是惊讶地扬起了眉毛。

"发什么癫呀,小鬼。"

"我怎么能容忍你打破了我对农场唯一的向往却若无其事。你以为我为什么度日如年也要熬在营地呀,这个破地方,前途渺茫,人又少,风景又差,房租高得离谱,好不容易回到家却连个谈心的人都没有,我就想,偌大的刻岩农场里,一尘不染的农场里,在里面工作的我,此时此刻会发生什么呢?一定是拜托你那亲切的态度让一天积累下来的烦恼烟消云散吧。"

躲闪着店主泄愤的目光,适当地假笑也有种不明不白的感觉。

"要小心别被发现了,说营地的坏话。"

没有明确的回答,用力跺着脚,发出像个被宠娇的小孩子似的闹别扭的声音,似乎随时会放声大哭,在她准备跳到草地上滚来滚去的时候,壬子无可奈何地一本正经起来。

"你这么想啊,我又不是活神仙。我说,给你干活你就不会闹脾气了吧。"

"不!为什么说要给我干活呀,你连这都没有弄清楚吗?我只是……只是在考验你。"

店主闻言皱起了眉头,装出的刁难表情因为面庞抽搐而剧烈扭曲着,一时无法收回。

"按理说你糟糕的表现,排在他们前面是不够格的。"

壬子仔细观察着店主飘忽不定的目光,转身面向身后的空气伸出手。

"祝贺你了。"

"你脑袋不想事的吗？我都说了是一场考验，那就是同样来应聘的人呀。虽然心里说过不去。"

看似饱含怨恨的挥拳动作，其实连思考的空隙都没留，嘴角边就挂起了得意的笑容。

"你被破格录用了。"

"如今为止，你能满意就好。"

听见自己的叹息声，那就再忍耐一下。

"既然是双方都决定好的事，多仓促也没有什么可抱怨的，说了那么多话早就口干舌燥了，你就先给我接杯水吧，我要喝能够浸泡香甜果子的溪水，刚打上来可能有些镇牙，所以听好了，你要端着水杯让阳光不差一丝一秒地照在上面一小时，杯子也要记得用相同温度的水冲洗一遍。为什么还不动弹呀，我可没义务为你上发条呀，自己拧上吧，记得拧松点，不然每时每刻在耳边聒噪个没完我可受不了。"

听着店主不假思索的安排，壬子很客气地鞠了一躬，再用带刺的语气回答道。

"是什么时候的事，什么时候变成双方决定好的事了。"

"不是你说要白干的吗，再说鞠躬是怎么回事啊？"

壬子客客气气地用手臂环抱住店主的腰间，让她亲密地靠了过来。

"你干什么？"店主挣脱不开，霎时间吓坏了，露出直言不讳和幼稚冒失的一面。

"她说没有什么特别的含义，只是让我替代旁若无人的少女，把求人办事的恭敬态度补上。失礼了。"

"什么……什么意思?"

店主好像有点害羞似的,声音越说越小。

"她只说要你离她近一点,哦,你们两个不是第一次见面吧,怪不得她那么着急想撕碎你。"

壬子紧逼的眼神中,发出了慑人的视线,店主努力挣扎着,似乎被支撑她活下去的唯一理由震撼到了。

"你笨蛋吗?知道为什么不早说,她接下来要干什么?"

"其实,我也不太清楚。"

壬子像在脑中对话似的低下头,过了一会,用冷峻的声音回复道。

"她问能不能跟你当面谈?"

用力咬着嘴唇的勇气驱使店主点点头。

"我们能重新谈条件了吗?"

"还……还不行,你……你不准再靠过来"

"你应该看明白了吧,你的员工,和你并不很合得来。"

店主的表情稍微认真了一点,不悦感重新油然而生。

"竟然当着她的面,说她的坏话。不过,你的意思我算是明白了。"

她轻轻叹了口气,感觉享有主动权的自己复活无望,无力地摇了摇头。

"你说吧。"

"首先第一点,我们只是临时工,在你的店员回来之后,我们随时可以提出离开的要求。"

"哦。"

谈起条件，店主好像显得特别无精打采，看来当时她肯定铁了心要想方设法留住免费的劳动力。

"第二点，我们才不给你白干。"

"知道了，你爱钱如命的性格真是百闻不如一见。"

店主小声抱怨着。

"最后也是最重要的一点，请记住是我们，不是我。"

"刚才就想问了，难道那个我们也要包括他？"

店主一脸不情愿的表情，用脑袋磨磨蹭蹭地指向身后偷听的苟。

壬子的笑容在空中荡来荡去，拒绝的言辞即使能找空插进去，也会被抛开理智失去控制的意志甩飞。

"好好好，我答应你，这下满意了吧。"

丢了面子的店主只能一脸怨气地把火招呼在苟的头上。

"喂，你，叫你呢。看够了吗？你就别配合刻岩小姐的喜好了，赶紧咧开嘴笑啊，我还不想让这家店因为难以亲近的原因位列仙班。"

本以为店主会毫无察觉，可一切行为尽收眼底。

"一个人都没来，现在头顶着大太阳笑不是白白浪费精力吗？"

"你怎么跟之前的伙计一样犟，难道坐在你眼前的是死人吗？"

……

距太阳落山还有九个钟头的时候，有人出现在了苍茫森林里的一段斜坡上，要是谁想现在感受落日余晖的威力，恐怕还不太容易，但是排练夕阳西下从两侧泛滥而去时心中的柔情泛滥，对于这张阴沉严肃的面孔还是完全明了的。

不仅远风会记住花香，原本这里安静的氛围也曾为一座花园带来守护。砖砖瓦瓦围成的长方形或圆形的花圃里，花朵早已两手临空，语不成声地埋葬了自己，只是其中熟透了的果实香气，在曾此唱彼应的阳光下，留下空气中静静体会也难再寻出的馨香。

中央喷泉？毫无疑问已经毁灭了，出水口从内部紧紧封闭着，铁锈斑斑的雕像已是爬满了遮天蔽日的藤蔓。灰尘和日照的痕迹衬着脚下的石板路愈发地昏暗，不仔细观察的话，会把它身上大大小小的伤痕认作卷剑折枪的佳作。

青年注视着面前的景色，焦躁不安地用鞋跟不停敲打起地面。

怎么看都是已经逝去的生命，曾经存在的气息。

"大路标被我们扔进了用麦酒烧起的火里，直到粉笔在农场的地图上打个叉后，那个呼之欲出的名字只能是假象了。"

他取下来时领路的路标，上面画着的花园已经随着木板腐蚀开始扭曲荒凉。尽力往下插严实点，好让未来得及开花的种子，"根"它做个伴。

"是宴火对吧，有什么东西丢了吗？"

惊讶在脸上扩散开，帮着飘忽不定的眼神慢慢找回了意识的光芒。

"啊，没有。"

"哦,我看你绕过来绕过去的,还以为你有东西急着找回来呢。"

宴火十分无奈地耸了耸肩。

"并不是,就是觉得此处风景宜人放松心情。"

"真羡慕你,没事干真好,我前面是老板的魔影,后面是累得喘不过气也走不出的黑暗。在我找不到食材之前,我永远放不下这颗被恶魔注过水后又扎个千疮百孔的心。"

"没找到吗?"

"别提了,还差点在餐厅做了一次反向宣传。诶,你这是什么表情?"

"可能是被风冻木了吧。"

宴火意识到自己一脸阴郁,慌慌张张地挤出了一副笑脸。

"图书馆找过了吗?"

"哪有时间去呀,怕人手不够回来了,这边她是不是已经忙得快焦头烂额了。"

"她呀,似乎无处不在凑着我姐的亮光。"

宴火满怀感叹,拍了拍怖徕的肩膀让他别把这件事放在心上。

"那么说我还有时间去图书馆。"

"如果这么说你能安心一点的话,对的。我也乐意陪同。我一向喜欢图书馆。"

"请。"

"你知道到图书馆的路。"

"再容易不过了。"

……

"请进。"

房间沉寂无声。宴火环顾四周，本来头发被静电退到了发际线最上端，心里却有种说不出来的信赖与真实感。是一间紧凑的破屋子，紧凑到日子过得紧巴那种程度的破。除了钥匙串和沙发等等生活必备的家具之外，几乎是家徒四壁。旧箩筐、柳条篮子、露出棉花的褥子、灰尘、一张桌子和几把椅子，屋子里的一切都是所谓的书架，书架里堆满了与屋子毫不相衬的海量藏书，到处飘逸着墨水与发潮报纸的味道。

远远地在火炉旁的黑暗角落，拖着一长条惨白的阳光，她胸前抱着一本古老的书在读。

"赞，如此袖珍的图书馆有这么多本书实在少见。"

宴火小声耳语。

"仅仅靠我的微薄之力是组不成图书馆的，暂时没有外借的打算。"

视线依然优雅地低垂，女孩目不转睛地读着书。

"闯进个人家里了吗？是我们弄错了，真是万分失礼，我们现在就走。"

"没说你们不可以留下来看。"

女孩瞧了宴火一眼，摇了摇头，明明有着一副受过良好教育正经八百的面孔，却在举手投足之间多少以有点悲哀的语气露出破绽。她显出无比阴沉的神情。

"今天到底怎么了？以前我可不常显摆先见之明。"

宴火懂书本看到兴头上的乐趣，身临其境中看他一眼实在太感人，不打算麻烦人家自己找起书来。

怖徕没有不好意思，直说来由。

"我要一本记载'一曲钢琴块'的食谱，越快越好。"

女孩摸摸身后，宴火看懂了那个动作，暗暗叫苦。

"名字叫'黑白围裙'。"

女孩降临身边，宴火视线纹丝不动地停留在书本上，也彬彬有礼地报上了自己的名字。

"宴宴临火。"

"我说的是书名，沼泽美食家所著。这边找过了吗？"

宴火攥着自己的头发，一本正经地点了点头。

……

两人找书的工夫，怖徕自然不可能闲着，去拂去尘封在书皮上的灰尘时，四处飘散的尘埃顿时让他口渴难耐，他不由自主地浑身发了一阵抖，嗓子哑了，手中找了块抹布率先捂在了自己嘴上，当然，抹布里的油脂味重得令他喘不过气来，越想越糊涂的神气快要把他的血吸尽时，出于礼貌，他一声也没出，装作抖掉毛刷上的灰尘离开屋子，来到空旷的地面，看见蓝天后，才放心地灌上一口清新的空气。

"真是罪孽深重的一所屋子。"

拍打完衣服上的边边角角后，自己那张雄赳赳的脸示意他继续回去干活。

每本书都是那么破旧，颜色也褪尽了，灰都除尽更不怎

么明亮的晃眼了，正中央那张桌子倒是从桌面到桌脚散发出保养很好的一尘不染。

……

看到了最后一本书的面纱。

"不，没有了。"

"再找一遍吧，书上说精卫第一遍飞过大海时，在海中央投下一颗石子，第二遍飞过时那个地方已经变成了相当伟大的小岛。"

无力地趴在桌子上，怖徕已经放下手头所有的工作，抱着看着入迷的书籍不撒手。

"你的朋友从来都是这么个自问自答的人吗？"

"不。"

宴火抬起褐色的眼睛向着女孩，两人的目光碰在一起，他窥她幽闲安靖的长睫毛，背后用深不可测的眸子，微微伴送出一种恩威并施的氛围，遮护住了什么不为人知的地窖的入口。他的勇气乐于做一番努力，还是不小心，一阵从窖里吹出的冷风，跟壬子带给他的感受截然不同，他全身寒毛竖立，有那么一瞬间变得不会说话了。

"我们……只是一见如故，朋友还谈不上。"

"真让人大开眼界，你们知道不知道，精卫把大海当挚友，可大海却怎么做呢？打了它一个嘴巴。"

怖徕满足地伸了个懒腰，用坚定的语气大声说道。刚受过书本熏陶的他气度诚挚而稳重。

"好像听见你们说没找到对吧，真是没办法呀。"

他漫不经心地在房里四处张望，随机找了一列书架，不顾样子有多尴尬，从来不曾见过地把头埋进去翻云搅雾。

在那海量的藏书中，就是拍尽落在肩上的灰尘也很费一番工夫。

宴火不忍看见他的丑态，带着思忖的语气商量道。

"我想如果受累再找一遍，三人马上就会出结果了。"

"没用的，答案是明摆着的。"

女孩变得有些严肃地解释道，一点也没注意到怖俫，她径直朝着门口走去，打开门散去莫名活跃起来的灰尘。

"不出去吗？笨得无可救药的人的话现在也该出去了。"

女孩冷面一扬，从额头上下去的恼羞被骇人的光芒所放大，结果他和提心吊胆更投缘一点。

贴心的胸坎处立刻毫无戒备地燃烧了起来，听上去看上去统统像被人讨厌了，心中几乎就有了对女孩的恐惧，就跟她对他的厌恶一样，这一切丝毫没有流露出来，彼此似乎无法以诚相待，尤其当宴火想起，他没问起女孩的名字时，心里立刻凉了半截，被胸中石头压着喘不过气的岔气感觉，更上一层楼。

"我……"

他已看到自己被窘迫所困，渐渐难为情起来时。

"找到了。"

"骗人。"

女孩毫不犹豫地下了断言，可还是不自信地跺了下脚。

"给我看!"

"山海绘卷第二卷。就着你们找书的时间给我解闷用的。"

怖徕心满意足地翻开了书页,神气十分得意。

"你知道你们要走了吗?"

但怖徕完全不为所动,平静地说道。

"非要把真正的结局说出口吗?亏我还把书名告诉你。郁闷。"

"你……你干什么?"像是看到什么过分的事,女孩连忙后退,"不知道书上那么多灰,还往桌子上放。"

怖徕无视目瞪口呆的女孩,把他放在桌上的书拾了起来。

"桌子上有灰可以擦掉,书看上去就这么一文不值吗?"

好像印证着他的话一样,哗啦一下,没有得到良好保护的书籍,诉苦般地在手上扑腾了一秒,书线一根一根绷开,书页自然而然变为满头的白发,不动也不敢呼吸,胆战心惊顷刻,展开透明翅膀从天而降,倾诉满整间慷慨激昂的地板。

一阵短暂的沉默之后,宴火仰面朝天,遗憾地叹息着。怖徕面对着预料之外的冲突,有些手足无措。

屋子里唯一一位心情不低落的人当属她,见到她面无颜色,还以为她的心情会散乱沉重些,结果是她双手相握,发出幸福呐喊的前奏,她屏息静气向前探身,真如自己所看到的那样,内心激动,为了平复心情调整呼吸后,半紧张半固执地开口道。

"我们得面对事实,你们去拿门角的笤帚收拾收拾,我不想要这本书了,都沾上灰了。"

宴火刚才还向怖徕投去有些责备的眼神,但一听清楚了什么,立马一筹莫展地盯着女孩出神,已然不能从女孩隐去表情的脸上来判断她的所思所想。他已经是一副目瞪口呆的表情,但女孩仍然不为所动地继续说道。

"明摆着它是你们的了,快带它走,它的丛书兄弟也应该获此殊荣。"

"地上倒没有那么脏,而且手上有针线也是可以复原的。"

宴火显得难以理解一般不愿接受地摇摇头。

"即使那样,也还是会和其他书本格格不入的。"

"会后悔的,你重新想一下。"

"这本书吗?看完一遍之后就没有什么后悔的了。"

完全看不到悲伤在她脸上迅速扩散,有藏书的爱好却不爱书,宴火觉得自己非得摸清底细才行。

"这本书究竟有多乏味,只看一遍就已经不入你的法眼了。"

"我骄傲过目不忘是我本领。"

随着她的视线望向弯腰捡书页的两人,女孩点点头。

"真果断,至少也应该难过一下吧。"

"没看见我现在已经是食不知味,夜不能寐的状态了吗?"

嘴巴还是毫不留情，居然真的做出这么大意的事吗？

宴火抑制心中的苦闷，可就算再怎么重复也不可否认，女孩的固执无疑是想证明她言论的真实性，干脆在一文不值的纷扰变成无谓争吵前，承认自己不知不觉受气氛所左右。

"我以为你不到万不得已怎样都不会扔下你珍藏的东西，可到头来你也是个与事无关的旁人啊。跟我一样了。"

由着后背无情的眼瞳凝视，多少有点放松的语气，他克制住周围的寒气把话说完。

"在讲笑话？看我笑了吗？"

"还真是没听见你笑啊。"

宴火站起身，混杂着苦笑的细语后很遗憾地叹了口气，忍不住用平静的语气宣告道。

"我为把你带入烦人的气场中向你道歉。"

"没那么快感同身受。"

不用别人请他两次，宴火放弃了似的朝她的背影点了点头。

"您本来有一整面镜子，打碎后，怨言深重的灵魂朝向一轮又一轮无关的话题，扎下心安理得的根后，将再也看不见你用莫名自信满满的语气说话了。"

高耸松树的树影之下，五彩缤纷的花朵沾满了露珠，杂乱无章地盛开着。视线越过门口扬起的尘埃，遭日照明若薄薄灰絮的旧绒毯之上，女孩摆摆手，背对宴火漠然地立着。当然不能让人发现她的眼睛已经失去神采，她唇角噙着苦笑。

"知道你懂，所以才给你这家伙呀。给别人完全会被当作火种的。"

不过七步之遥，两人对目，面对优雅的笑容，宴火试探性的目光倒显得爱答不理。

"别让我失望。"

"什么？"

"不用太在意。"

女孩不再强颜欢笑，若无其事地摇了摇头，委婉地做出了否定，再说一遍远远超过偷偷摸摸的范畴。

"前头还要急着把书送出去，现在又是用嘴唇做出后悔的笑容，好麻烦的一个人呀。"

怖徕的耳朵好得惊人，就像一直留意着她的动作一样。

女孩本来不安的表情愤然作色，一把厌烦的抢过怖徕手中的书页。她的回答很简短。

"不想给你了。"

"啊？"

同大甩卖才仅仅打了九五折那样地被忽悠了一样，怖徕安静地叹了口气，一时失语。

"还是不绝情呀。"

"啊！"

女孩颤了一下，突然惊声尖叫道，透露心声的镜子被人打破，眼前的光景让人不明地感到别扭与不安。

听怖徕这么一说，宴火隐隐约约意识到了什么问题，他露出了无助的微笑，将已收好的书本递给了女孩。

"差点就被你骗了。"

惴惴不安的女孩不知为何松了一口气，随后显得有些怯弱的眼神如期而至。

"差不多……大概，还是让你们知道了，真是太大意了，确实，我应该更绝情点的。"

"我想你永远不会做到撕书那种绝情。"

面对宴火的理解，女孩略显惊讶的微微一笑，而后愉快地颔首。

"无法否认呢。"

"所以还是发生什么意外了吗？这地方要发洪水了吗？还是蝗虫要入侵森林了，不至于无差别地送走这么多书吧。"

"等等，直入主题吗？"

女孩不由得咬紧嘴唇，一副完全无法反驳的样子，但佯装逃开视线的她又好像盼了这个问题很久一样。

"着急得像把烫手的山芋扔出去一样，不会是你懒得不想收拾了吧？"

真是冲击性的事实。受到毁灭性的打击，女孩看怖徕的表情十分复杂，变相地表明他的话一语中的。

"着急说那么大声干什么？你说得一点也没有错，本姑娘就是懒得收拾了。"

女孩提高了声音，以责难般的眼神，瞪向桌边一页一页拼书的怖徕。

因为懒惰深化与周围环境的矛盾，这样的状况，也不可能完全说没有可能。

"瞧多大的事呀,我们可以一起收拾。"

那瞬间,宴火已经开始在脑海中策划出一场不亚于重塑统影花园的宏伟计划。

"来吧,怖徕。"

"嗯,不过帮了她,对于把书本放在桌上,就被凶了一顿的我没有任何意义吧。"

怖徕至此还是觉得把书放在腿上妥当。

"别这么小气。人家不还是让你看书了吗?"

对这么勉强笑着的宴火。

像是嘲笑之前的自己一样,怖徕无可奈何地表现出和蔼可亲的一面。

"我也没说不帮忙呀,对吧,但我也不能,你知道,我不能白干活呀。有个条件得得到满足。"

"稍等一下,那边的人,我不答应。"

女孩出于直觉突然插嘴阻止。

"宴宴引火对吧,我也不需要你的帮助。"

以有点不自信的声音,她故意挑高了眉毛,小声说道。

然而怖徕一派悠闲地接过话。

"白屋的清扫工作我就放心地交给你了,苟也会非常高兴的。"

"为什么变成这样?还是答应了。"

完全没有了表情,女孩冷冰冰地问道,眼睛睁着却不看人。

"你不也一样什么都没说就帮我们找,唉?我又忘了叫什么了,名字是?"

"粉砖缘咚。"

郁闷以及后悔渐渐地爬满了她的脸颊,沉默地俯下眼睛摇了摇头。这么正经八百地说完,粉砖病恹恹地撇起了嘴。

回望那样的她,宴火强打起精神面带微笑。

"宴宴临火。哦,扉页上写着的是,致同样失眠的人,我想作者当然不是让读者晚上失眠时看这本书,只是在床上脑海中胡思乱想的时候再多个好去处。"

毫无不自然之处,她的视线忽地移向窗外的景色,仿佛刻意遮掩笑容深深地叹了口气,用缺乏感情流露的声音说道。

"不像今天看到的,其实我的时间紧得很,只能请……你一个人打扫所有屋子。你仔细看看,如此大的工作量,会花掉你享福的时间。都这么说了……还是有,要帮我的意思。"

"在讲笑话,看我笑了吗?"

粉砖的眼神依然没有勇气看向宴火,带着不知是坏还是好的情绪,有手放在窗框上不敢掉以轻心的气息。

"我知道你没笑,而且我也不是在讲笑话。我只是,想帮到……你好心。我做不到才不想这么无动于衷!"

无法理解粉砖的意思,两人互换眼神,一时不知所措。

看向沉默不语的两人,她以为自己底气不足便说得更果断一些。

"你们不明白,我只有一个要求,可那种事是不可能被允许的,既然不论如何这里也不允许住下第二个人,说打扫得再干净也没有用。既然帮不到人,还号称什么图书馆呀,里面内容什么的根本就无关紧要。"

"什么意思?"

看似宴火轻描淡写地摇了摇头,女孩任意的独语还是让他满腹疑惑。

"你们快走吧……我已经累坏了。"

本来打算充满热忱地用扬眉吐气的动作展示自己不为人知的一面,但动作到了一半改变了心意似的停下了动作。

"哦呀,你的为所欲为真令人困扰啊,不过好在这里是图书馆,解决不了的问题在这里都能找到答案。"

从不觉得自己抢话,不厌其烦的怖徕无趣地说出了真心话。

"粉砖不是说这里不是图书馆吗?唉?你……你弄明白了什么?"

再次目瞪口呆而磕巴了一下的宴火也不太能理解怖徕在说什么。

"现在当然不是,不过总有一天,夜晚入睡想到这里时,你能在这里找到答案。"

寻找某人的身影而四处张望着,极近的距离感觉不到她的敌意,便用不肯定的口气喃喃说道。

"哎,奇光保佑我吧。昨天送饼干的女生,伊奕饰,她一直在称赞这里的图书馆是多么多么的好,来过还想不明

白，对图书馆构造了如指掌的她为什么要说谎，明明除了你，这里一点像样的东西都没有。现在我想明白了，反问你，你真的以为把这里毁了是最好的答案吗？"

女孩一个字还没来得及回答，孤寂的责问，马上又将她从众人间推出。

"她用整个灵魂来感谢，你为营地把她一人分在破旧的屋子打抱不平这一事，也理解你为了把图书馆改造成宿舍四处奔波的努力，但以后你要时时刻刻待在这儿，几乎感到身边的一切都要用漂亮形容的话，事就有点做得过了吧……累了一天后，眼皮垂下来了，脸还是苍白的，就跟你到营地的图书馆里小聚，吃饱灰后，再回到她的破屋子里吃灰。日复一日，枝头的阳光、草丛里的花朵、对自己的美，全错过了，为什么你要让她遭受这种罪啊，她每天过来的动力只是想看见你在来营地的某一天，挂上的那块显眼的招牌啊。"

怖徕这么说的，视线移向——

——沐浴在凉风拂下的光芒之中，她粗鲁地拍打着窗栏，扭曲的优美脸庞里传出了牙齿摩擦的嘎吱声，神情却并不见特别在意。

"你很清楚呢，小伊全跟你说了。"

"还不是我自己看出来的，故意放着不打扫到底是你的本性还是想讨喜呀。"

怖徕委婉地回嘴道。

"部分原因吧。你还能记得她跟你说了别的什么吗？"

"不知道你的心情能不能承受过去。"

"你别管。"

嘴上虽然如此说道，颤抖的肩膀上却绷着一张脸。

"她颇有深意地摇着手指，温和地说，你知不知道，人们的认知是如此简短，有些人仅仅停留在失败之前。"

眼睛滴溜溜地再认真不过地盯着怖徕的脸，什么异端都没发现后快快地吐出一口气。

"像是她说过的话呢？"

轻易地被人认同后，怖徕擦了擦额头的汗滴端正了姿势。

"这句话是不是只有一个原因——她猜到了什么，但并不确定发生在你身上的异样？比如说变得懒惰难耐，或是不经意地同意私自送出图书馆的财产。"

"我也是无法选择呀，已经到了穷途末路的境地，又有不能让她发现在跟营地对着干的原因。"

被人揭了老底，粉砖筋疲力尽地缓缓顺了口气，突然像看见未收的衣服一样想到了什么，她注视着满腹狐疑的宴火，纤细的手指嘘于嘴边阻止他唤起自己之名。

"你是不是也……不，请你什么都别回答，事到如今已经够事事不顺心了。"

沉默很短暂，一直到宴火挺直了腰板，深思熟虑似的点了点头。

"关于之前答应你的事，我还是会说到做到，毕竟其他的，你跟谁闹过矛盾，该怎么解决，我什么都帮不上你。"

她心里明白这是不可能的。

"你不知道我的所作所为,听过后,你一定会改变心意,死不回头。"

完全没察觉到女孩提不起劲似的板着脸,宴火伤脑筋般苦笑道。

"你刚刚的话,我可不会做出任何承诺。"

"为什么?"

"为什么?坦白讲没有理由,脑海中的事情天晓得。"

"没有为什么……那我知道了,没关系哈。呵——才怪!一定是有什么原因才对。你也因为过度关心弄巧成拙过吗?你也因为无处后悔陷入两难境地吗?你的脑袋也跟我一样,出什么差错了吗……"

后退间也停不住她碎碎念地大发牢骚。

"你这么认为也无可厚非呀,因为我也是一直这么想的,为什么我们会想到一块,原因我并不骄傲。"

"又提到我……跟你?真敢说,我哪有一样东西能跟你并齐呀。"

用着下定决心的高音大声说道,换来的却是女孩难为情的犹怯。

"我们都是,有直接把每一场偶遇的美好当作笑话看的愚蠢与烦恼呢。"

带着一脸麻烦死了的表情不服地沉默下来,不耐烦地晃来晃去,似乎总算是放弃争执的粉砖十分不开心地点头称是。

"那……那我真是有过之而无不及。既然你都这么想了,

就不需要看我脸色了吧，除了一脸愤慨不是一无所有了吗？还在等什么呢？做你一厢情愿的事吧。阿——嚏——"

稍秋的微风窗口传递着逐渐接近的凉意，靠穿在身上的衣物和自身的意志还是不足以抗衡哆嗦的光顾，逐渐被夺去肌肤的温度。

倒是对自己身边的风凉恍若未闻，习以为常从挎包里拿出一件女式上衣，缺少往日沉稳般直接扣在了反应慢一拍的女孩头上。

"今天真是不太暖和呢对吧？多添些衣物果然是对的，来，披上这件衣服，对你来说肯定过大了，觉得袖口耷拉着不容易穿的话可以挽起来。"

好不容易在眼前一片黑中隐隐约约看见亮光，又被同样的相望吓了一跳。

轻压自己胸口，可以那么威吓般在自己的脸上嫣然一笑，对别人关怀有加的笑脸反而不知如何招待。

"真是谢谢你啊，吓了我一跳。"

看着此前整齐地束在脑后的长长银发，现在随着弄乱的发饰而纠结着，不方便出手补救，他困扰着挠了挠头。

"总之呢，我坚持我所说的，愿意移步到外面的阳光下等候佳音吗？"

肩膀臂下敏感地带着几分无法认同，不情愿慢吞吞地抬起头，反而欢笑的身边脸上一亮，这就是最好的答案。

"没空讲些无聊的话了，事情不少呢？"怖徕代替她开口。"希望你别搞错了，我说的是我们两个傻小子，鉴于我

已经收拾了一部分，别把这些算在你头上。来，你来拿着这本书，既然不能放在你们相亲相爱吃饭的饭桌上，我们收拾你烂摊子的时候，你就代劳一下吧。"

无非表现出放松吐气的安心，眼下只好束手无措地望着怖徕把书塞进手里。

垂首看着静静横握于手上的书，脸上百无聊赖后开始失去血色而显得苍白。

"拿不相干的你们撒气，一定会让你们觉得我跟其他坏人没什么两样吧。"

不带感情的声音，缓缓问道。

"……"

一脸仿佛遇到救星般猛地回过头，夹杂书墨的风迎面涌过耳边，还有美丽的银发富有弹性地摇曳着。

"……"

还好啦，我可没有那么迟钝。

现在开始，会原谅我吧。

近几个月来她头一回带它走到它应得的阳光中，眯着忽明忽暗失焦的眼睛，放肆的热忱更胜于以往的抽泣，扬起迎接光芒的脸庞憔悴得好似老了十岁。

……

"这是您中意的书吗？"

"呦，从哪儿翻出来的？"

峰回路转的欣喜让怖徕感到激动而为此前的行为抱歉，他拿到那本书，紧紧握在手中，出自他对女孩的种种敬意，不用翻看也知道是他要找的食谱。

"不看看吗?"

"我相信你。"

"信任我可不是一件省心的事,你最好还是检查一下吧,每一次打开书总会有意外的收获,说不定那页食谱刚被虫虫啃过。"

女孩淡淡地叙述着。

翻开一页,怖徕慌忙摇了摇头一脸苦笑。

"一点也不错,此行不虚。"

她吃吃地笑后眉头紧锁。

"把你们牵扯进来真是抱歉,我明知道那本书就在身边,以为你们找不到答案就会离开,真是给各位添麻烦了。"

露出略显困扰的表情,对此前自己不合作的态度,托起细细的脸颊陷入沉思。

要有信心呀,憔悴后一声不响去感到羞人的样子让人心都揪在了一起,实实为为她尽力感到莫大的安慰。

看出她闷闷不乐的气息,宴火脸上先想到几分愉悦。

"那么,与你闹矛盾的她,对你来说是怎样的存在呢?"

女孩愣了一下,之后拼命地强调着。

"当然是个绝好的房东。"

"可你不才是……"

话没说完,被宴火拉住的怖徕看到她不知为何露出了满意的微笑。

"那她绝对会对你的行为感到骄傲,因为你今天绝对称

得上为我们做了件开心事。"

"不，倒是我变得安心了。"脸上似乎闪过一丝满意的表情，笑了出来。

忽地想到了什么似的，一双冒火星的眼睛盯在了宴火的脸上，唔着打直了身子。

"走吧，明天还是这个时间，我不容许你的失败，不见不散。"

"谁的失败？"

门关上后，女孩圆融一笑，打起精神望向前方，畅快的笑容带给寂静的黑暗一点声音。

"再见了。"

第十一章　洞里洞外

洞外

"哇哦，好大一个山洞，真像是童话书里龙的巢穴呢。不知道里面有没有什么从来没见过的东西。"

"最好有，不能让我们辛辛苦苦的努力全都付诸东流。"

说话的他两只眼睛藏在树荫下，黑暗中雄心勃勃那种照人的光亮加重了这句话的分量，面对前途未知的处境斗志昂扬已是和呼吸一样重要。

"进去一看，就什么都在了。"

同路人看上去脸色煞白，热血却频频汇喳在他的太阳穴周围，他现在也不是一个完全清醒的人。

"既然你这么主动，把这本书先交给我拿着。"

战栗而实在的阴森顿时让两人脑子一凉，提心吊胆地开始为自己忧虑起来。

"上回是我敲的门，这次怎么着也轮到你了。"

"我想我们不是同车赶路的吗？"

"那我也是坐在你后面。"

两人争执不休，与此同时洞穴深处传来了像怪兽的嚎叫声，那种被人用力吹起，撕心裂肺的声音格外惊心动魄。黑漆漆的洞内好像更加危机重重。

"我再问你一遍，你愿意吗？"

看着怖徕递过的书，毫不犹豫一把握住，唯恐落在人后。

"好主意，我们快逃——"

高举起的书朝向阳面，嘴唇发抖，却喊着奇光保佑，不撒手的宴火立刻被拽着向昏暗处跑得看不见了。

洞里

一闪而过美好自由的残像在眼中瞬间化为一片黑暗，反应过来时已经到了人迹罕至的洞内，阵阵凉风不遗余力自怪石嶙峋中呼啸而过，石壁的筋纹间隙沾满了绿青苔，迎着头上的洞口，光丝丝缕缕洒下了无垠般延伸着的一池远驰的先头光景。缩长在密不透光的角落里，蘑菇搀扶着身上的黑污泥，在周围荒芜景象当中自然堆积着。放眼望去，身边充斥着，与浓密黑暗融为一体的令人耳鸣的寂静。

"看，不是挺容易的吗，我们当时在害怕什么？"

"谁知道。"

两人开始无缘无故齐声大笑，笑到打战后，壮胆的事就没得做了。

"是不是笑早了。"宴火问。

"就当为接下来的歌曲开喉了。"

怖徕动作熟练地深吸一口气，面对着对唱歌而言最不牢靠会发生塌方的山洞，依然学着男高音的架势调整好姿势，旁边宴火拍着手小心打着拍子，取而代之曾经见过的力量感十足的指挥手势。

两人如此努力，结果还是没开了口。

"不会有事的，不会有事的。"

慢慢脸上的不安愈趋加深，宴火沮丧地吁出一口气。

"这可不是什么好迹象。"

"又怎么了？"怖徕问道。

"你没听见吗？你说话说重复了。"

"是你误会了，我有些话经常说两遍，第二遍说给没听清的同伴。"

完全不管身后宴火的咳嗽声，怖徕耿耿于怀地环顾着山洞。

被从头顶露出的黑影的气魄所摄，宴火愣愣地呆立原地，来势汹汹的黑影，急速在头顶上空盘旋，突如其来的气流，晃着脚下本来就松动的石头，宴火不由得失去平衡，一屁股坐在了地上。

"如果说两遍就露了底牌，那咳嗽也算没底气了？所以说呀，说两遍也好，一百遍也好，我觉得没什么不妥。"

怖徕对身后的异样完全不顾，毫不犹豫地摇了摇头。

未名黑影高耸肩膀逼近时，地上冰冰凉的手感鼓励宴火看出什么端倪来。

洞外

第十一章 洞里洞外

一头及腰黑发的女生慢条斯理地沿着小溪前进，为了遮阳特意选斜坡下面走。

一位穿着素朴的男青年百般无奈地跟在身后。

"现在就行了吧，走得够远了吧。"

女生依然面无表情地注视着自己映于水面炫目的秀发，随着平缓的溪波荡漾着。

"没说过让你跟着我，你舀上一勺水回去交差吧。"

壬子似乎觉得被人厌地皱起了眉，事不关己挺胸说道。

"为什么要一开始说非得包括我？"

"首先得把战壕修得足够长，我才足够有底气跟命运对抗。"

出于对自然和真挚情感的无可奈何，脸并不转向他。

"原来如此。"

男青年说。

洞里

青年正仰望着洞外的天空，回过头，温故和知新双重的玩笑也不再轻薄，他所看到的，是跟灵巧的身影印象重叠的，一抹笑容之上可见的，黑斗篷中流泻而出的细细红丝。

"噢，是在火车上的采名女士吗？也来这儿散步？"

"是哦，山洞来访的营员虽不多，也要做到随时随地在他们身边讲解的准备。"

丝回了一个无关紧要的答案，温柔地眯起双眼。

"你们在为后天的篝火晚会排练吗？"

"受邀演唱的曲目为《金口难开》。"

怖徕把手中的书藏在身后，一步一步移到倒地不起的宴火身边，被扶起的宴火脸色难看得点点头。

"歌曲名吗？懂你的意思，我一定会去捧场的。"对两人表示完助威的关心后，丝缓缓露出微笑。

"啊？怎么办？似乎答应了什么不得了的约定。"

宴火的心理防线不争气于莫名卷进做出轻率决定的风暴中，风平浪静的生活也难见他大展身手。

"还能怎么办，假戏真唱呗。"

"真的要报名吗？"

"唱歌而已，也不是什么大惊小怪的事情。"

怖徕对着才喘出一口气的宴火耸了耸肩。

"也请你们当今天第一批听我讲解的观光客吧。"

两人计划着掩人耳目的下一步时，丝走过来真挚地向两人搭话。

"感谢万分，但还是心领了，我们自己走一路就好。"

宴火老实地摇了摇头。

"理解你们游山玩水的心情，不敢妄加破坏其中的氛围，但山洞属于营地的私有财产，即使是营员也不可在没有允许的情况下擅自进入，而且，在不熟悉路况的情况下，有人领路不也更好。"

虽然丝说的没错，刚刚两个差点在洞口就被动荡不安的心理暗示拦下的人，怎么可能在不迷路的前提下，妄想在山洞里抓一个不知毒性而且足足有巴掌大的蜘蛛呢，可也就是营地规定的不允许捕捉野生动物这一条，即使要跟鬼来个亲

密接触也不想遇到把营规倒背如流的志愿者们。

"有劳了。"

宴火目瞪口呆地看着已经毫不犹豫点头的怖徕，背着手丧气地跟在最后，心想下回自己要先抢下指挥权。

洞外

"还是不回去吗？再等下去天都黑了。"

被苟板起面孔盯着发毛，壬子早就感受不到头顶阳光的瞩目，开始碎碎念发泄着不满。

"嗯。"苟双手抱胸，丝毫没有退让的打算。

"你会被扣工资的。"

"到了这个节骨眼，就别管多余的事了。"

"什么节骨眼？"

明知道指的是什么，壬子仍佯装不知，装作饶有趣味地低声说道。

"刻岩家族欠钱不还的事。"

"那件事啊，没什么大不了的——等会，你说什么？"

有点匪夷所思，才反应过来的壬子一脸面红耳赤的模样，警戒地盯着苟。

"约定好后的合同本来就是双方诚信的投资，因为旷工什么的拿不到应得的钱，算某方失信的惩罚，这笔被暂时扣下的钱，也就是作为保证金的存在，算作人家欠你的，由你量力自行把握，但你利用了别人的好心，事态就完全反了过来，你的钱便开始慢慢像沙漏里的沙子一样流动，至于漏没漏到头，又翻回来漏了多少，得等你愿意回去的时候才能知

道。现在离天黑有一点时间，但以店长表现出的强硬的态度来看，估计你的工钱所剩无几了，是不是负数也愿别知。"

苟一副了解事情始末的模样，点了点头继续说。

"我不了解那位店主，但是你要是有花朵，今早也不需要我来付钱了吧，我也可以继续帮你还钱，但是不会——"

"但是……"

脑海中闪过麻烦事的预感，壬子说出一句但是之后不情不愿地叹了口气。

"好吧，拿上水杯和袋子，快去快回。"

没走几步，壬子转过身，对着从后面偷笑的苟，沉默矜重地望了一会后，翘起一根手指。

"别得意忘形了。"

洞内

洞穴内部的结构曲折蜿蜒，七转八扭的拐角如树根般劲风疾袭，没人带路还真穿透不了那亘古的盘根错节。

别有洞天的景色加上丝绘声绘色的讲解，心中的满足感早已负荷了似的忘了来时的目的。滔滔不绝把暗自排练了不下三百遍的稿子说出，就是身后人几次脚下打滑，伸出援手拉上一把，丝仍旧热情不减地毫不停滞口中的讲解词。

……

洞外

袋子上画着卡通化店主的笑脸，是专门用来装水果的，此刻苟举起袋子，躲着受到什么大委屈一样突然过来抢袋子的壬子。

"你是见到营地里长出比刻岩农场还要好的果子了吗，也没什么大不了的，往开了想，天外有天，人外有人不是吗。"

拿不定主意似的倒抽了一口气，他向前斜了斜身子，眼中闪过一丝顾虑，看见壬子直勾勾盯着太阳，强烈的阳光让她眯起了双眼，一头黑直的长发被风吹得四散飘扬。

见她没说话，他的手掌一阵痒痒，渴望证实他是对的，于是刻意装作不在乎的模样，他走近了一点。

"我的天老爷啊，这是……怎么回事呀……"

没有人回答他的问题，唯有带有锈腐臭味的崖风无情地呼啸而过。

白云出现在天空，阳光飘洒在水面，鲜花的盛放，绿草坡的荣光……

对于乱扔垃圾之人，自然无法理解无法体会这些平庸无奇的景色为何在两人心中蕴含了如此多无可名状的悲哀。

内疚地闭上双眼，想到壬子之前说的与少条失教的人们的故事，理解到壬子敌意中夹带小小迷茫的目光，尽管不愿承认，看来自己仍然没有逃离曾经嗤之以鼻的世界，身边空荡荡的周围吹过的冷风拂过苟的额头，身体突然觉得空落落地，疲惫不堪起来。

说不上是不是为了在让人透不过气的气氛中喘口气，也可以说他不想看见久归营地的壬子连个像样的招呼都得不到。

努力压下失望的情绪，尽力不去想这些不愉快的事情。

转过脸冷冷地瞅着苟，他打了个寒战，拜垃圾们所赐，壬子有如明阳般藐视阴霾不堪一击的眸中，眼神十分涣散，失去血色的肌肤令人觉得在强忍呕吐之意。

"下回说什么我也不会带队了。徒然与世间的美好结缘，却从未把我落下的失望妥善解决。"

壬子怕冷似的抱住双肩，百般无奈地叹着气。

"不要这么想。本就一事无成者，没享受痛苦前同样享受不到幸福，如你所愿的话，马上会有人来代替你，也会有人代替我，只是在和今天一样的午后，他们也会来到此地，看见我们看到的，抱怨我们抱怨的，逃避我们所逃避的，垃圾仍旧会留在原地。眼睁睁地看着这些司空见惯的景致，那就是他们能做的一切，我不要那时才意识到，把垃圾留在昨天，是天大的事，把垃圾收起来，才是我唯一要做的事情。不如等明天后悔，现在就开始行动。"

苟竭力掩饰内心的情绪，捡起一瓶喝过的矿泉水瓶扔进袋子里。

"我们现在就……就回去吧！没有你留下来的理由。我带错了路，浪费了你的时间，我真是笨蛋。"

壬子不悦地挑眉命令道。

"那么我也该向你道歉，我浪费了你说一句话的时间向我道歉。"

苟说，语气冷静地表示自己并不赞同。

"趁我的热情没有在等待和失望中消失，没有任何实际付出的尊重都难逃被挑出毛病的魔爪，别再跟着我，我不愿

意拖累你。"

"所有看到这番光景的人应该都很伤脑筋吧,"苟打断她,把她僵硬的自言自语当作耳边风,"反正营地那边没有什么我热衷的东西,哪里留下都一样。"

"怎么认为都是营地的错?怎么会?地方大了总有视野被遮挡的情况,既然要为其他人还原出土地本来的面貌,努力也别让这堆垃圾扫到你的兴,答应我,不要忘掉来时的目的,余下的时间还请注意营地美的一面,心情不好时就对着那道山脊吼出来吧。"

本来还在顺应自己愁闷的心情,可现在伏下鲜少有感情波动的双眸,同属被害者的壬子反过来替营地向苟赔不是。

"把发泄出的情感归于大地那种事我干不了,那是海水膨胀猛虎咆哮气吞山河的人做的。"

"那你跟我们有什么区别呢?"

每五秒这样喊了三次,尽情发泄心中苦闷的壬子享受着在天地间这短暂的莫可名状的亲昵感。

"我们心灵外壳的质地不一样,要比你的材料粗糙,你们的外壳更加光溜溜拿不出什么抓手的缝隙,你们是海浪一般推向远方的云朵们,我们是高入云天的森林,你们穿梭在我们中间,负面能量便像苍耳一样挂满我们全身各处,不过你也无需自责,森林对于大自然的生态改善具有不可替代的作用,自我抖抖树枝便可排忧解难,所以我常常傻笑多于'啊啊'大喊,多亏如此才看见一些有意思的事。"

苟语气带笑地回答。

"有意思的事？原来你是想看我笑话才留下来的吗。"

"不是啦，是我给我自己的惩罚，跟你没有关系。"

"跟我在一起还成惩罚了呗？"

"别在意，我说错话了。"

苟留下这句话后就马上弯腰捡起了垃圾。

从喉咙里发出呵呵的笑声，他的话令壬子宽下心，失望不必暗示出来也有人懂，她便带头走到深处，那里有更多的垃圾等待回收。

自嘲般浅浅一笑后，脸上又变成了曾经那副让人觉得存在感稀薄、怯生生的软弱表情，惴惴不安的苟跟在身后，却会意到她那隐约的雀跃。

……

该怎么回去交差。

从店主手中拿到的几个袋子，无一保留装满了垃圾，其中一个袋子边摊出的袜子遮住了店主的半张脸。

"就这么回去？"

壬子问道。

"不，你稍等我一下，我在地图做一下标记，明天再来把剩下的垃圾清理掉。"

"我问的是果子的事情，你有没有想过？"

壬子接近苟，在他的耳畔絮语般地低声说道。

"我们的退路。"

此前因为垃圾的原因没有过多注意，仿佛被压倒性的力量强行扯断，矮点的枝丫早被扯得稀巴烂，仅有的果子，长

在顶端的树梢上,是只能靠科技或者高超的爬树技巧才能取到的距离。

"空不出手来呢,拿下来也是脏了它。"

"是呀。"

壬子仿佛说着'知道了'点了点头。

"想了一下,也许让果子留在树上也好。虽然没有那种想跟未来承受负面评价的自己融为一体的企图,可无论过了怎么样的一天,还挣扎在因外物自我批判的那一时刻,已经违背了要用自己双手创造一个名为'自己'的艺术品的初衷,你怎么样?"

想张嘴却欲言又止,未发一语的壬子把本就出神的视线转到了前方。

苟若无其事带着微笑说了下去。

"我们回去就实话实说吧,对得起营地对我们的期待就是我们良心的退路。"

"好呀。"壬子半睁着那用尽最后一丝庄严懒洋洋起来的双眸,在视点正中央,夕阳残照下的果子,渲染着一片倒映其上的天高云淡。

洞内

"快来人呀!"

在那个岩壁裸露的天然房间,丝停住了,洞口被茂密的藤萝遮挡着,帘子般推开,里面的情况一目了然。

四处茶色镂刻的地面,跟外面的石地如出一辙,唯一不同的是不知何物的踩踏早已磨平了曾此起彼伏的落差,头顶

石缝中跌进漂浮着的悬而未露的暖阳，如一条无始无终的白色大道独立其间，跟横亘周边的窒郁互相角力，显得连同黑暗处整间眺望的石洞庞大而神秘。中间躺着一些大石块，上面变质的白斑花花搭搭，阳光浪潮来去般波动，像照亮着覆着未融残雪的山。

宴火身后传来一个义愤填膺的声音。

"快来人！"

他回过头，看怖徕对峙着某处的黑暗，气氛同快出鞘的刀。

"出什么情况了？"

丝匆匆赶来。

"我跟你说呀，那里面可能有人。"

看见丝过来，怖徕清了清喉咙。

"闪过去一个人影，有可能是不知情的营员。"

"我知道了，我进去看看，你们等着我，不要乱走。"

宴火点了点头，刚想和怖徕谈谈刚才一直想谈的景色，却被他一下按住了头。

"认得这个吗？"

隐约借着里面传出的光亮，左眼书上的图片跟右眼洞穴的样子如出一辙。

"里面就是蜘蛛的栖息地？"

"很可能，既然是书上说的，进了里面找到蜘蛛的概率会很大，不过……"

怖徕眯起眼睛，警戒地朝洞口禁止入内的牌子看去。

"咱们先躲起来，等她出来后离开，我们再进去。"

这样昏暗的洞窟之中不乏藏身之处，畏缩于前所未有的黑暗时代，宴火感到什么沉甸甸的东西挂在咽喉。

"她走了，还真是不容易，咱们进去吧。"

"等下，真觉得我们没做错吗？"宴火表情满是懊恼。

"现在你反悔了？那东西可是节肢动物，兄弟姐妹不知道会有几百几千个，我们只是来取其中的一个，而且封闭这个洞口，你不觉得可疑吗？为什么不把它们放出来？想想看意味着什么？你不会蠢到相信营地会保护一种泛滥成灾的物种吧？我们谈话的时间里，可能不知道被人抓走多少箱了，不知道又有多少人把它吃进肚子了，我们不是第一个垂涎它的人，所以说到错，再怎样也轮不到我们。"

宴火明白怖徕话里的迫切，不容他失败的一腔热血已经把他分裂成了许多个分身，这些心没底才粗着脖子话里的无情假意，和未来得及了解感染力便达到极端程度的各个器官胰脏，成群结队围住了自己，可乌合之众只在于造势，用来解决问题的方法不是一盘散沙似的自视自由派，就是与同样困在热锅上的蚂蚁们上演着尔虞我诈的戏码。

他耸耸肩，以同样伪装出来的冷静反对怖徕。

"咱们表现得不比我意料中的好，倘若有朝一日，你的错会是不容置疑的事实，我一定要教你领教事情的严重性。"

"好了好了，说得我像是你的眼中刺一样，快进去吧。"

怖徕伸手紧紧抓住宴火的手腕，拉他进去。

可洞内什么都没有，连爬虫类窸窸窣窣的声音都没听见，身边像被施了魔法的天花板一样黑蒙蒙的，宴火感到有人朝这边转过脸来。

"用一句通俗的话来讲，我瞎了，前面或许还有点光。"

宴火听见后面的怖徕像无头苍蝇一样，疯狂、漫无目地、彻底妥协地嗡嗡乱飞。

"我也什么都看不见，不要慌神，记住来时的路，别走散了。"

宴火试着慢慢挪动步伐往前摸索，又不时弄出点声音引领后面的怖徕，不知何时他盯着不远处的蓝光行动。

"你还在前面吗？"怖徕问。

"是的，你继续往前走就行，也别走太快了。"

本以为是几只沾了花粉的离群萤火虫，结果正中靶心。

居高临下，你才发现它们珠润玉滑的身上比初春的青草还要细腻，长卵形的腹部透明，见到人类，害羞似的泛了红，没有书上看到的那么死气，每有五厘米便有一只蜘蛛攀附于岩壁之上，彼此以蜘蛛网构成的拱桥相连。它们让他像看着什么珍禽异兽似的佩服得睁大了双眼，由于实在无话可说，只好感谢它们让他看上一眼礼貌性地深深低下头。

一只蜘蛛爬上能直面他的石壁，那块石壁碎石丛生，小拇指大小的蜘蛛走起来颤颤巍巍，头顶上方又不知道发生了什么事，一些小石块纷纷撒落，宴火用手背挡住砸向它的石块，并在前方扒开一条让它过来的通道。

其他蜘蛛不动声色，在空中飘飘荡荡，可无数双眼睛却

盯着他，一股又一股热浪来袭，吹过无衣物遮盖的脖颈，肌肤上感受到了须臾离开的眼神，甚至即使刚刚肉眼相见，也感受不到如此沉重又紧张的静谧，蜘蛛离宴火越近，他越能听到其他蜘蛛们闭紧连接双方心灵外壳的声音，他立刻明白了一件事，面前的它是它们的女王，故事书中邪恶森林深处蜘蛛巢穴里的铁腕头领。

它睡眼惺忪的蓝色眼睛仰之弥高，面庞神色和顺，八条长腿讲究礼仪似的往里缩着，幽魂般提不起劲的小身板，与暗色的磐石对比鲜明。

"像极了人。"

宴火想凑近看看，却把它逼到了石头尽头。

"你比我还胆小呢？"

后退间宴火刚好躲过了从天上掉下的什么东西。

悬挂在岩壁上的蜘蛛像商量好的，天女散花般洒下蜘蛛丝，是会成为类似红毯象征身份的存在，或是当成被风洒脱优雅地甩在怀里的花瓣也未可知。

更多白色的网落在石壁上，蜘蛛从中钻出来，脚步昏昏沉沉地，仿佛不知道被什么砸疼了一样左顾右盼后抖了抖脑袋。

若有若无地思考结束后，它撕扯起那些闪亮的银丝带，两只前爪均匀而又飞快地动着，像做手工纺织一样将一小堆一小堆纤维丝丝缕缕交织起来，在看它将曾铺满石头的蛛丝，紧紧聚合在一起的那段为时不长的空白中，宴火想到了它的王国，虽然这两件事八竿子也打不着，可思想探出头的过程过于猝然，逗留时间又过于短暂，所以两件事物联系起来仅仅想到'它也曾是这样把整个王国聚集在一起的吗'一句话。

"你要干什么呢？我不认为你能靠这些网抓到——"

看它忙得起劲，宴火想起自己是来干什么的，那道菜的食材正摆在眼前，只要——

他下不了手，他不想在那片雪白的胸脯上刺上一刀黑色的伤口。

……

蜘蛛深深一鞠躬，爬下曾待过的石块，融于冰冷的雾气之中，只剩一片暗黝寒荒。蜘蛛留下的蜘蛛网像星星一样挂在天上，在洞内熠熠生辉，灿若繁星，夜色衬托其上，一时间使其他蜘蛛结的网形同废墟。

"你的东西，不拿走吗？"

拿在手上，手感柔顺，又薄又软，十分和煦，可能吸收了游离在石壁上的湿气，弹性触感与冰清玉洁的生命力因缘际遇的缘故，搓了搓手，丝毫没有蜘蛛网的黏稠。宴火举在眼前，以便用那么点的距离，应邀接过它递出的风轻云淡，只是浮着绿色味道地松松一碰，渐次褪去眼里亮痕累累的蛛丝，由此织就大地之上走成几抹微云的万物生灵，一路沁出过往似的悄悄的灵动。

"你拿着的是什么？喂，一幅画？是画吗？画着什么？"

怖徕才从后面跟上，宴火也才反应过来后面还跟着一个人。

"应该是地图吧,里面黑得实在看不清楚。"

"拿出去看啦。"

"不是我的东西,得马上还给失主才行。"

宴火边注意着脚下动静边无奈地转过身。

"失主在洞里呢?从哪儿捡到的?不用出去贴个寻物启事吗?"

出来后,丝等在洞外,她的眼神读不到感情似的给人非礼勿视的感觉。

"可让你逮住了。"

怖徕不自觉提高音量,看上去对自己挺满意地向丝挥挥手。

"我知道你们进了石洞,看见了不该看到的东西。"

"进去了,可里面乌黑麻漆的,就是有什么不该看的东西,我们也没看见。"

怖徕落落大方地如实招来。

趁着没人注意自己,宴火赶紧把手中的蛛丝画背在了身后。

"喂,你呢?看见什么了?"

"什么?噢,我也……也一样。"

"是吗?"

与身后的石头交换个眼神后,丝换了个能把宴火的一切小动作尽收眼底的位置。

"就是……是的。"

丝用我看这没可能的表情往下瞪视着他,宴火摇头晃脑想做出点头的动作，连接脑袋的脖子却如烂醉如泥的小动物般颤抖着。

"用一句通俗的话来讲，我们都瞎了。"

怖徕抢到他前面，面不改色地替他回答。

"是哦，里面没开灯，一点光源都没有呢。"

丝随意地耸了耸肩，带着极为甜腻的微笑，爽快地对刚刚还质疑过的两人点了点头。

"总之你们被禁止入内了。"

洞外

两人因为违反规定，自然后面被赶了出来，他俩好不容易从洞里出来时，个个灰头土脸，步伐急进，地下生活的动物需要几万年甚至亿年进化才变得让鼻子在前面领路，他们两不出半小时就做到了，目光在逐渐散溢的日光里变得死气沉沉，磕磕绊绊地爬过山坡和森林，闻着夜间摊的香味抚慰自己的心灵。

两排餐车呆板平展似大山并排排开，一路直至水畔，两人在此分开。

怖徕在第一辆餐车前停下，平易近人的店主像等候多时似的递过水杯。

"找过她了吗？是不是个超级有趣的人？"

语气雀跃地吸了吸鼻子，形式上的微笑出现在笑口常开的店主脸上反而更让她像是一头初窥丛林的母鹿，优美亢奋以及目光熠熠。

"感觉没什么，她并不像一个能制造问题的人。"

怖徕大幅度地摇了摇头。

"她想啊，把每本书都落下怨念对吧，可是图书馆是足不出户的她，在营地唯一的游乐场。"

"我看不出来。"

"可小砖确实是那么个孩子，只是需要有人点破心中的阴霾。"

店主轻描淡写解释道。

"你怎么这么肯定，你的话就一定会使她回心转意呢？"

"她本身应该也往好做了许多努力，只不过没有做到正确的方法上，或者被她自己的骄傲和尊严暗中捣毁。"

"嗯。横看竖看她都是一朵从温室里呵护成长的花朵，"怖徕漫不经心地摸着下巴，"受到外界的一丁点风吹雨打难免会露出意志动摇的模样，你跟她不那么熟吧。"

"那也不代表要在她迷失方向时视而不见。"

店主短短地吁了一口气。

"对了，谢谢你给我这个。"

怖徕取出一张细心写满食谱的笔记。

"真的在那个山洞。"

……

本来苟想提高垃圾袋以免脏物不经意间洒向另一位店主，但店主扬起铁鞋尖狠狠踢向苟的小腿，即使苟没有了低声下气的警惕，她也得努力抬起下巴用脚尖站立才能看见袋子里的东西，如愿后马上呜的一声退后数十米。

"好，好想吐……回来得晚不说，你们还这么有闲情雅

致，马上就要到开张的点了，去哪儿找上等的果子，真的是指望谁都指望不上，我还从来没有连续两天歇业的时候。"

仅仅吼了一句便停下了，还好奇为什么会如此反常，看了看旁边瑟瑟发抖的宴火和怖徕两人，知道已经幸运地涉过店主的气头。

餐车里忘了关火的锅，咕哝咕哝冒着气泡，多余的气体顶开锅盖溢了出来，里面的食材豁然入目，各种青菜清汤中映着逆光，有如一瞬即逝的珠花荡漾着。

"谁帮我关一下火？"

尽管听到切换开关的噗吱声，可熊熊火焰还是浮现在无限的黑暗中，送出强而有力的回应到宴火的指尖，刚开始只是觉得如浸入雨水一样冰冷，但如触电般的酥麻感席卷而来，迅速地渗入到身体的每一条血管中，宴火噘起了手指。

"锅里煮着的是什么？"

"是员工餐，自己拿碗筷过来吃吧，看来没有我，你们今晚得空着肚子进入梦乡了，我可是从下午三点一直忙到现在的。"

所有人都落座餐桌时，表情带着些许认真的怖徕叫住了店主。

"真是难以理解，我以为您会把袋子扔到我们脚下泻火，而不是奉献一顿晚餐款待我们，不知道您是有意还是无意，今晚做的饭真的没问题吗？"

"不吃的话，你就不会感到疑问了吧，还有顺便说一句，本来也没有你的份。"

看着默默耸了耸肩的怖徕，店主只是不负责任地如此说道。

"是不是待会我不仅要饿着肚子收拾餐具，还要心满意足地接受工钱被扣光的境遇，并且按您希望看到的，咧着嘴在漫长的夜色走廊中向所有人挥手道别。"

"是的，那当然，不然你为什么会直接通过面试？"

店主大气地点了点头。

"那我是不是可以不用把垃圾送到回收站了？"

"是可以不用，所以接下来我要拜托你去送。"

"哎……"

……

即使看不见怖徕的身影，店主依旧默默注视着黑夜一会儿。她水汪汪的大眼茫茫然地大睁着，里头微微点亮着星星点点的光，仿佛梦做醒后思想仍在度假般失焦着。

倾泻而下的月光映着夜空闪烁的流萤，织出如雾般的光辉。

第十二章　嘎唔对巴拉（上）

极致孤独，是有做事讨人厌的原因吗，难不成出生就带着一副苦大仇深的脸，非得处处贯彻独行侠的准则才能得到人生的乐子吗？

对此。

我深信着，世界上存在两种极致孤独的人，前一种人是乐观的，乐于对除人之外的世界万物抱有率真乐观的看法，外人看不到接触不到的万物便是他们的玩伴（指望踏脚石是你的人生导师，很难说不是一种过时的借口）。

（深吸一口气）

哪有资格嘲笑别人，自诩为第二种人的我，已经连生活的美好都体会不到的我，抱着希望从别人话语听到名字的我，找不出一条僻静的小路，娱乐自己的心情，在一片漆黑和空虚中，渐渐渐入佳境。

在我未反向卖弄客套过的世界，我见识到，她不满足第一种人的局限也限制于第二种人的眼泪，不同于我们，她放

弃了主动权,慢慢受困于自己的行为,别人埋怨她的顺从,世上的一切将她厌恶,周围的一切都从她身边溜走,但依旧不难热爱的,露出被世人遗忘的,极致孤独的笑容。

这种找不到同伴的人,更加极致地孤独。

……

我会这么偷偷摸摸、掩人耳目似的走在路上还不是因为司机说受不了这个地方的湿气便独自返回,搬下的书籍也因为营地一方无人对接而留在了大门口。

兜兜转转在不熟悉的环境里,只有一阵徘徊不定的脚步与我同行,脑中思绪万千,令人不由怆然,身体涌动出内部快要胀满的不安情绪。

为走哪条路而与自己争得个面红耳赤的下场时,她走向了我。

似雪透亮的白皙肌肤及一头及肩棕发,女生的年纪顶多二十岁左右。

"那个,请问,您需要帮助吗?"

既似吟语又似歌唱的美妙声音。

"不,你怎么看出我需要帮助,我在等人而已。"

一声不吭看着她好一会后,我面无表情地甩了甩头,虽然我很讨厌那些自命不凡的家伙,可麻烦别人实在麻烦,首先要忏悔似的双手合十,献出做了错事一样的态度,过后还要目睹她十分享受我不知所措的场面,尤其是欠下来的情分需要找一个合适的机会偿还,天时地利人和缺一不可,失败后双方情分便再无挽回的可能,这些对于初来乍到之人实在

无情，只是我没想到自己意外装得有模有样。

"那你认的约定好的路吗？"

"怎么会不记得，左拐后右手边的某棵树下……"

"第几棵，哪种树，是否以前也在此赴约，确定你的友人也能找得到？"

她对我问道。

我支支吾吾起来，看她怀疑我的眼光，不如一个幼稚园老师看待午睡时假睡发出呼噜声吵人的孩子。

"不约定好一个地点会让双方都很糊涂的，知道那个地方离哪儿近，我来带路可否？"

"图书馆是也。"

我随意地耸了耸肩，对于刚才出格的做法，现在勉强算我这种人诚心诚意地在接受帮助。

"图书馆是吧，可是为什么不直接在图书馆前碰面呢？"

"因为有鬼魂出没呀。"

"什么？怪不得上一任图书管理员走得匆忙。"

听见鬼字当家，她的表情略显虚无，脸色差劲起来。

有鬼一事自然是我瞎编的，当初看她袅袅轻音，一身白衣摇摇晃晃地走来才来此灵感，可话说回来，不知上一任图书管理员临走时是否已经处理妥当，不会垃圾堆满天，让我接手后无处落脚吧。

"你是游客吗？"

"不是，我是新来的图书管理员，我叫粉砖缘咚。"

"噢，你就是明天我要接待的人。"

她主动停下与我握了握手。

"可你为什么提前来了，是我记错了吗？"

"我觉得我应该习惯四处走动吧，等不及就先过来了。"

我觉得我不该让一个陌生人为我的事担心而心怀歉意，就像我的烦恼已成她身体里的一部分，跟一天下来所有可能心惊肉跳的麻烦事一起，排山倒海式地被接受。

"你的那位朋友也是吗？"

她问。

"遐想敌 a 和鹰犬 b，你在谈谁？噢，小 c 呀，我们结伴而行，送完我她转一转营地就回去了。"

她目不转睛地看着我点了点头。

"说起来，没看见你的行李呢？"

"不方便拿，我就留在大门口了。"

"你的行李还留在大门口？那可不行，我们得先把你的行李收拾起来。"

"何苦这么麻烦，图书馆离这儿还远着吧，要搬那么多的东西，两个人也是会吃不消的，况且来时路途遥远。"

我打了个大大的哈欠。

"实在想先去休息一阵子，维持生命的活力莫过于此。行李就拜托给有车的人吧。"

"话虽这么说，可我们这儿既没有车，也没有多余的人力。行李丢了的话更没有监控去查。"

"无所谓，你就自己去吧。"

我不再言语，她是经验远高于我的员工，处于非常事态

会有合理的手段解决，而且趁她拿行李的工夫，我正可以去绕个不大不小的圈子，逃离她的视线，送别我莫须毋需有的朋友后再跟她会合。

"唔。"她应了一声，从衣袋里给我掏出营地的鸟瞰图，再三解释过后朝大门走去。

我举起莲花般大的纸张，方向盘模样翻来覆去看个没完，找天找地找水平差，仍然找不到个所以然来，意识到一步未走时已是十分钟以后，结出的莲蓬还是她告诫我要一直直走到三岔口处再拐弯。

正如此呆呆思索之间，她仍像初次见面时悄悄来到了我的身边。

她放慢脚步，同我并肩而行。

"在等我？"

"唉，是……是的。"

她回来的速度实在不像话，不好意思开口说自己已经同好友逛了一圈又返回。

不知道她从哪儿借来辆手推车，我的书我的行李我的诗与远方全都一股脑堆在车里，来时的命运来后还要再听天由命一次，只是跟我来时放行李的车后备箱有一点不同，乍看混乱得如同洗好衣服的的洗衣机，其实一切都是经由细心分析才摆放好的，用得着的、用不着的、廉价的、小贵的，每个分类之间都给咱隔了一层岌岌可危令人忐忑不安的狭小空间，同用洗衣机时不能把黑白衣服混洗一样。

看着眼前女孩以和她柔美外表毫不相衬的力气推动推

车，我自叹不如地叹了口气，跟在她的身后。本该在她大喘气休息的须臾片刻，我嘶哑的声音却还在片刻不停地提醒她，千万，千万不要把书摔到外面的泥地上去。

每每听见，她总是漾起一抹温柔的笑容，笑得如云间一抹逐梦飞翔的晨光，仿佛这里静谧着我看不见的高山湖泊，灵动着跟天空一样遥远的话语，她脑中解读出的不只是我微乎其微的只言片语，还在为无法作为故事解读出的古梦施展拳脚，无论怎样拼凑，结果纯属徒劳，留给我的线索犹黎明中的远月一样扑朔迷离，终归，我脸红心慌。

可我又有什么办法呢？我又不是天生坏心眼，非得说出几句泄气的话贯彻以自我为中心的准则。

"试用期的时间里，总是紧抿的双唇使你看上去难以接近。"上一个图书馆的馆长退还我的转正信时是这么对我说的。我要是想在这里闯出名堂，不想再次把内心的情感原封不动地剩在里面，必须在见到的任何人面前脱胎换骨，刻不容缓。

"累吗？要不换我推车。"

我问。

"累倒是不累。"

"真心话？"

"真的，可我说的累和你担心的累是两种不同的累，你说的是普通的累，是表层的累，肌肉困乏是很正常的现象，因为这就是我的工作，雨过天晴，繁华的街道人来人往，休息过后身体上的疼痛便会消失殆尽，只要这些痛苦不影响到我的心情，没了情绪的势力，你在何时再来问我几遍都是一样的。"

"那么，我可以请教你放松心情的方法吗？"

"转移注意力法，刚才我一直想我自己不像营地的工作人员，只是过来玩来的。"

"不太明白。"

"就是一想到有个伴在目的地迎接我，活像去郊游。"

她淡淡一笑。

"那我就假设有位田螺姑娘，已经打扫好图书馆了。"

我依然双手插进上衣口袋，为自己形象大打折扣似的矬着身子慢慢前进。

本人安分守己，可于心周围构筑一道壁垒总是劳神费力，附近人不可能放任我自成一体，不管怎样，我只能眼睁睁看着忍住放松的感觉彻底失败，在等忘我工作时排遣失落感好了。途中，为不让我受冷落，她一直在热心向我搭话，我一副轻描淡写的语气一一回答。

如她所言，简单在脸上涂上一层朝阳从支离破碎云片间撒下的光线，她推着她的车，穿过多看几眼便描出伤疤样棱线的森石，石壁布满裂缝豁然挤出被晨光夺去黑暗的小溪，本像马上就能看见的触手可及的梦想，却独缺嫩柳与雨季相遇时想入非非的心神荡漾，委身于马不停蹄赶来的白昼，昔日藏于心底的柔软变得零星分散不可依赖。没有多余的动作，一切都进行得很快，迈进人迹罕至的林间小路，迈进绿草茵茵的坡前行道，迈进倒映鸟儿身影的清澈水洼，目力所

第十二章 嘎唔对巴拉（上）

及，大步流星迈进，目的地便是我就势神气的图书馆。

门没有锁，我打开门在窗前站定，恬静的目光掠过纷乱的思绪，书架空空，空气中却又弥漫着纸张的霉味，图书馆采光极佳，周围冷清清静悄悄反而又有种揣度不出的怅然若失，地毯翻起，底面的橡胶被泥泞的脚印糟蹋得体无完肤，磨损得相当厉害的木地板上堆满了黑乎乎的霉斑。

听见背后踩动木板的吱呀声，那道嘭嚓嚓的旋律由门口缓缓离开，在我背后止住。

"有人进来避雨过。"

我问。

"是呀，在雨季工作，野外有间闲置的屋子真是帮了大忙了。"

不无欣慰地微微一笑，她左右张望，看似回忆上次与他人在这儿避雨时的愉快时光。

"现在就不再是闲置的屋子了。"

"你是指？"

"既然我要在这儿落住，要是有人在下雨的午夜贸然闯进，会让我神经失调，变得疑神疑鬼的。"

我头不抬眼不撩地说。

"放心好了，你来的消息已经在营地的员工中传开，下班的时间不会有人在周围嬉戏打闹，你会获得充足的睡眠。"

"有可能。"

我环视一遍房间，图书馆的点点处处我暂时不知，但已与我想象中的大相径庭，趁头上阳光尘风皆在，把滞留在身上某部位的鸡皮疙瘩慢慢同化为理所应当的正常状态。

"我也不习惯非身体所愿，晚上从舒适的床上爬起来给人开门躲雨。"

"噢，当然了，开不开门决定于开门人，只要超出了营业时间，你想大门怎么样锁都成，可本该营业的时间，也绝不能想着翘班早退。"

我踮脚够着书架顶端，拇指刮了一下木板，上面湿漉漉的，是灰是水不晓得。

"我心中有数，但我不能马上开门营业，你得给我一点准备时间。"

"明白。"

明白你就可以动身返程了，没工夫磨磨蹭蹭，听上去虽然有失地主之谊，可我早就下定决心决不把劳动时笨手笨脚的身影露给人看，自认为那是一种边忙着长大边盼望着有人紧紧抱住自己往嘴里塞奶瓶的无可救药的可怜。

"那我们从哪儿开始打扫好呢？"

她平静的脸抬向我，在等我下命令。

"搞不清，怕是需要清洁工具。"

"我去找。"

看她一路奔出，我认为我可以迈出熟悉这个地方的第一步了，那就是开始打扫屋子。

马上把窗户打开，过堂风吹来雀鸟归巢的悠然，环顾一周，屋子环境算得上简明，没有找到需要清理出去的杂物，便从行李中取出除尘手套和除尘掸，遵从从上到下，从小到大的原则，先从最简单的书桌开始擦起，书桌看上去着实厚重，三十人盘腿坐在上面也算宽广，我很想爬上去，盘腿位于整间图书馆的正中间，抬头望着高高的顶梁和发黄的吊灯，化作悠扬的清风，携一枚落叶落入降温之夜的翌日，一切恍若遥远的梦境，如果不切实际那就算了。书架不算多，仅仅六排，放历史、哲学、宗教、政治、经济、心理学的书暂且不够，我箱中塞满的大路货终不过是白纸沙沙，难登大雅之堂，自己怎么带来就怎么带回便是。

沙发套了亚麻沙发套看不出脏净，不过因为是仅有的能过夜的家具，拆出头枕背垫放于屋外接受太阳温驯的爱抚。也许上一位图书管理员离开时正值盎然春季，壁炉里面倒是干净许多，称不上无灰无尘，炉门被打开后，里面的白灰已不像新生的火苗一般向上蹿去，上个图书管理员时代必然遗留的无名产物，成了我现在唯一感到有生活气息的东西。

努力过一段时间后，屋子已经尽我可能收拾干整，可我不想就此冷落发挥各种奇妙功能的身体，再做点什么，胜过什么都不做百倍。

因此想象受人追杀，我把身体躲进拉得严严实实的窗帘后面，在本就透不过气的情况下屏气凝神，一动不动躲在同我一样软弱无力的影子下听凭黑暗耳语告之，至于这么做是否得当，是否躲得过追杀，我则一一不知道。眼睛里可能是进入了灰尘，开始不明来历地战栗，里面湿润的空间变得浑浊起来，周边涌动着犹如焦油的眼泪，赌之在某种预感的驱使下恶意认为周围一片寂静蠕动着令人毛骨悚然的切肤之爱。

窗帘一把被我掀开，双脚极为机械地向前跑去，闭着的眼睛一睁开，发现刺眼的阳光正对着我。

她提着拖把扫帚回来了，我赶忙去迎接她，手却像凑热闹似的背过身后。

"书架上为什么一本书都没有？"

我注视着她打湿拖布，滑擦木地板，把潮水一般前仆后继的灰尘扫到屋外。

"难道营地没有通知你带书吗？"

反正横竖要回答我，她反问我一个问题。

"是告诉过我，可是带来的书不是因为这里没有网络，为了解闷自用的吗？"

"你的想法太天真。"

她换成扫帚，把纸片木屑收拾起来，倒于本就置于屋子一隅的铁桶内。

"营地想看看你的本事，通过测试的方式是需要你把你带来的书推荐出去。"

"这样啊，带畅销书尚可，可万一带错书了呢，枯燥又乏味的地理手册，不符合时代潮流的时尚杂志，不就与这份工作擦肩而过了吗，还是说，营地会允许我回去再带书过来。"

"不清楚，可面试不过也允许你重新来过吗？"

她抬起头，撩起下垂发丝的空隙朝我微笑，便是那一瞬间的沉默，我却看见蕴含在那间歇之间不由分说的强烈意志。

"头等大事就要放在心中去做，而且，很多交际是由谈一本书开始的，如果我们接受按你自己品味挑选的书，那我猜我们应该会很合得来，以后彼此间的同事工作会轻松很多，所以你只要把每本书的简介融入自己的情感总结给其他员工，事态的发展会依然控制在能想象得到的范围。"

如她所说，多喜欢一本书跟图书管理员本身无关，跟自己的心境、想象力、沾染的习惯、接受事态发展的能力有关，就像是所有人看同一本书，独有意识只会循着自己的记忆一个接一个跳过挡在前方的横沟，我只要祈祷带来的书能入他们的法眼，并且能把每本书的闪光点准确无误介绍完就好。

"我需要推销出去多少本书才好？"

"此事不论书，论人，借书名单要出现三成营地人数的名字，也就是总体工作人员的三成。一星期后在此举办的读书会上，要展示的。"

"会这么重视吗？"

我试着问。

"会。"

她的语气坚定而诚恳，我不由自主地相信了她说的每一句话。

"关系到图书馆的挂牌仪式，现在这所屋子只算你的临时住处，等到挂完牌后，才会作为图书馆正式对游客开放。"

"只有一个星期吗？"

"对，只有一个星期，想再多也不可能了，因为一个星期后就要开放营地了，到时大家连聚在一起的时间都少之又少，要还再忙于图书馆的事，其他活动的准备会无暇他顾。"她说，"好好准备吧，读书会之前不会有人因为借书的理由来这里打扰到你，如果心里没有把握想退出的话，我的建议是别那么着急回去，请你白来一趟非我们心愿，不介意的话留下来看看，在营地还管吃管住的时间里，就当走出高压环境来这儿旅行了。"

估计出我心中在打退堂鼓，也可能有前人之鉴，怕我在不知不觉中被自己天性萌生出的迷惑、软弱、渺小所吞噬而丧失清醒的记忆一声不吭偷跑回去。

"现在说什么都无所谓。"

我完全知道她在注视我的形象，也知道我要用手势表达什么，双手在抬到胸口合十后马上在腿边规整放好。

"嗯。"

她沉吟片刻，低头继续打扫。

……

"万事如意。"

她轻轻地提起裙子下摆，行了一礼同我道别。

"谢谢，慢走。"

我看了下表，下午两点，我已经来过四个多小时了，只觉她是在这儿逗留了一小时多一点而已，可我为什么有这种想法呢，也没有什么不可思议，一切可乘之机就发生在她向我展示多余的关心之前，可终归是印象，无任何根据。当务之急是打好人际关系，即使是多么不喜欢看书的人，在熟人面前也要卖个面子，只要不用受制于人，冠冕堂皇地结束读书会后再低低行个屈膝礼也不是问题，但百分之百没达到目的前，浪费时间与不浪费时间是同一码事，保持相对立场还是其乐融融也是一码事，我是这样想的。

"稍等，那个，你能稍微带我四处转转吗？"

我几乎下意识地伸出手，拉住了她的手小声说道。凡是我小声说的，都是来不及掩盖自我评价熟过劲的独立生命体，与我本身并没有关系。

因为她的工作原因，我们约定好下午四点再次碰面。

找到她时，她在门前的树下用鞋跟画着看不出意思的圆。

本只是一面之缘，不讲情面一次又一次麻烦她的我，以为会看见她心灰意冷的一面，可在她那健康又善于表现的脸上，微微翘起的嘴角挂着满足的愉悦，莫非夜晚就以此面目酣睡不成，难道和军队里的战旗一样自升起便不再落下？我费解地看着她的脸，任由她热情洋溢的目光如蚂蟥一般吸着我脸上的血气，出来一趟鼓足了的心气恍惚被慢慢拖出心中那片寂寥之地。

"你好。"我寒暄道，"又见面了，工作忙完了。"

"才要到半小时的休息时间，要先去哪儿？"

她扬起脸，在阳光下享受着忙里偷闲的温馨。

即使一个星期后就要开业，也不至于休息日不厌其烦地费心经营，是她工作态度认真，或是活真的多。

"你们给游客安排了多少活动。"

"一天满满当当,奔着让他们有来无回的势头去的。"

她走在我的前头,微风流动,带过一种质朴的甜气,此香气总困于她我之间,便推测她刚刚在鲜花覆盖的花圃里翻过土。

"在图书馆举办的活动多吗?"我问。

"没有多少,也基本跟书没多大关系,毕竟图书馆的事还没决定好呢,对吧?"

她想起什么似的看了我一眼,我心中冷不丁地想出那是关爱受伤小动物的眼神。

"没事,了不起的人生首先要对自己的生活感到满足,我已经够幸运了。"作为大千世界渺小存在的我说,"可游客都快忙到没有时间看书了,还要图书馆干什么呢?"

"实情不得而知,跟北方需要南方才成为北方一样,总有人需要书才能逐步靠近自己的内心世界吧。"

走了五分钟,笔直的路突然终止,变为两条路不同朝左右拐去,拐角成直角稍欠自然之感,不由蓦然浮起疑念。

"左右都通向何处?"

"右边,"她说,"最终到达剧院,途中会经过餐厅。"

"左边呢?"

她推着我的肩膀向左走时我问。

"全都告诉你就会显得我这个导游不称职了。"

她回答我。

小道本就很窄很细,道两旁还长满了杂乱无章半人高的

灌木丛，为了方便落脚而修建的石阶，每一阶都经过岁月的打磨，慢慢褪去原来的色彩，青苔轻易如绿丝笔触其上。这样的路在营地有几条算几条，没有人带路，缺乏多注意一眼的耐心，我会一一忽略。

想着中午吃得清汤寡水，休息也未曾有过半刻，不久自己便会双眼发黑，一不留神脚底打滑，斜刺进阴森森的天宇中。遇到第一位员工时我只顾盯着自己脚下行走，脑子中一有变迟钝的想法，眼泪先脚步不由自主地流下，只怪天为夏季，冬季会有冰冷刺骨的积雪供我洗脸醒脑。路为单行道，不知她在我身后见我走走停停有何想法，途中我只语未谈。

上到一处徐缓的山坡，可以望见前面空空荡荡的草地，绿雕遍地，呈不规则排列，迎合着某些人的喜好，大概为了营造一种远离世俗喧嚣的氛围吧。

一位身材高大的工作人员在绿雕旁边工作。

"很不错吗，进度很快呀。"

她离着很远，就大呼小叫起来，我的眼睛需要适应一会黑暗，此刻表情肯定是一种难以言表的厌恶的表情。

等我们走近，男人才回话。

"嗯嗯，当然了。旁边的丫头，你也看看，怎么样？"

他身体纹丝不动，手里处理着我看不懂的细节，依旧背对着我。

"人物夸张把命丧的神情，风度翩翩又激愤哀伤，将无力的反抗传往全身每一个部位，他所追赶的窒息感，化作无数根冰冷的手指紧紧握住他的喉咙，他的眼睛瞪大，闪闪发光的泪花都飘落在美好的回忆后方，跪拜在脸颊悠悠惹人思的光芒中，夜半钟声和日的光辉都纹丝不摇，更听不见站在一起微笑过的爱情。他是在见不得人的地方呼吸着最后一口气没错了。"

我讲时她呢喃着，不时发出几声叹息。

"什么意思，我没听懂呢，是说你在这个绿雕身上看到了你所想念的人吗，这之前可就是一堆树叶呀。"

男人满脸困惑地问道。

"您知道便是，确实就是堆树叶，所以没什么可看的。"

看他没说话，我又提高嗓门重复了一遍。

他终于转过身，双唇紧闭，凝视着我的脸，稍顷微微点了点头。

"哎哟，你就是伊奕饰说的新来的那位图书管理员吧，我还以为是什么与事无关的路人之流，幸会。"

我同他握手后拿出包好的书。

"一点心意不足挂齿，希望你能喜欢。"

"里面是书吗？"

"对的。"我说，"看完要马上奉还。"

男人冷淡地瞟了眼我。

"不了，你的好意我心领了，要问为什么，书之前也是堆树叶吧，没什么可看的。"男人几乎是即答。

"可书不是什么在荒郊野岭能轻易弄到手的东西。"

"就是知道书珍贵得很，所以一穷二白的我更应该跟书

撇清关系。"他板着脸凑到我的耳边，悄悄说，"手头要是多了几本不需要重读的书，想把它们撕掉烧掉埋掉怕遭天谴那种事尽管跟我提。"

好像是嫌杵在原地的我下不定决心，他伸手抢过了我手中的书。

"看你是伊奕饰的朋友，第一次收你半价好了。"

他说完一副无精打采的表情对着女孩笑，女孩点头，不知道是承认自己叫伊奕饰，还是承认我是她的朋友。

"安羽斯士，案件的受害者做得怎么样了，别像上次那样多个胳膊少个鼻子的，小到我们大到蚂蚁，你记住我们还没离开地球呢。"

来者大约奔四的年纪，较比于男子身材有些发福，脸庞却是那么干瘦，和蔼的活力波动在天生就用来微笑的唇间。

"放心好了，洛斯伯贾，那个剧本你写好了吗。"

看不出对他那无礼的态度有丝毫的介意，觉得无趣把书还给我后，爱理不理地应了同伴一声。

洛斯伯贾脸色一垮，露出难为情的表情。

"差得远呢，我可能天生就不适合写推理小说吧。"

"凶手和被害人不是在昨晚的研讨会上确定好了吗？还犯什么难？"

"是我弄不清楚嫌疑人为什么要犯罪，昨晚我们还在饭桌旁谈笑风生。"

"我也不适合，咱们都是在避风港里长大的人，不是天生的坏种心就不会太冷血。"

安羽斯士疲累地点点头，伸手拨拨蓬乱的长发。

"我相信就算我们弄清了犯罪动机，你也的确有这方面的本领，但当我们扪心自问，如今的自己真的跟这件凶杀案一点关系也没有吗，到时真的会往好的方面想吗？河风吹动树梢，却找不到答案。"

"说的是，太累了，没心情找了，凭空给按朋友身份创造出的角色套上犯罪的标签，我也成罪人的化身了。我坐一会行不？"

"成，本来就是你杀了他。"

洛斯伯贾抽出在绿雕中充当心脏的心形小凳，靠着绿雕把自己留在'受害者'的阴影里。

"也不是你的错，谁让营地突然改变主意，收剑入鞘，硬是要把你写了一大半的童话改成凶杀现场呢。"

"……"

"故事讲的是什么？遇到创作瓶颈了不是，也许我可以帮忙，为了方便我入手，最好一字不漏。"

我打断他们。

"讲的是……"

洛斯伯贾喉咙干涩，舌头打结，中间蹩脚的细节有很多，人设突然大改，重要人物毫无缘由隐退幕后，此外漫不经心的描写慢慢占据主体，人物内心情感一笔带过，这么粗糙的概括，那也已经是不知道反复推敲了多少遍的版本了。

"既然不想改，重新写不可以吗？"

"时间不是无素质之人随手就拿的擦面巾纸，小姑娘，本来一个礼拜前故事就要成型的,因为要留出给演员排练的时间,现在,看看现在吧,我们只能用绿雕代替演员,为了只要把整个案件叙述完整就行。"

"为什么不用现成的情节呢?"

我敲了敲带来的书,正是一本侦探探案集。

"活动本意是让人人都能参与进来,每个人都有权发言,对已经知道剧情的游客太不公平了。"

"可以改,人名,凶器,换个凶器就没人看出来啦,你们看啦,这本书会带读者跟着侦探的视角行动,而不是一股脑在末尾才将探案细节全盘托出,里面的插图精美绝伦,绝对有好多尸块——"

"停,再多的细节就不必赘述了。"

安羽斯士和洛斯伯贾交换眼神,后者利落又哀伤地轻抚着自己的额头。

"能劳烦你讲一个其中的故事吗?你这么想让我们看必有你的道理。"

于是我讲起公寓离奇失火的故事。

洛斯伯贾静静地坐着,凝神倾听。安羽斯士也知道何时该留心倾听,抽出绿雕身上第二个心脏小凳跷腿坐下。

……

"你们猜猜最后是什么东西暴露了他,想不到书就得拿回去看。"

我说。

洛斯伯贾举起手指……最后还是无助地放了下来。

"会是他的那颗良心吗，被干涸的血迹腐朽的良心。"

"我也不知道。"安羽斯士承认，"书里显露出来的一切都很可疑。到底是什么？"

"你们自己看好了。"

我把书递给他们。

"那敢情好，一个响当当的侦探，往往都是用自己的眼睛看世界的。"

他们拿起书，如饥似渴地翻看里面的内容。

"搞定两个，我该去哪儿拿员工的借书名单，小伊。"

阳光淡淡的，我回过头，和煦春光下的草地空无一人，万事万物鲜明可见，她转眼不见。

"请问，这附近的花圃在哪儿？"

洛斯伯贾的脸快埋进了书里，脸庞如同满月般又圆又亮。

"顺着这条路往下，第二个岔路口左转，从小径进森林，沿着碎石路一直走，那儿有一个荒废了好久的花圃。森林里没有猛兽，迷路了就待在原地，晚上餐厅不见你我们会来找你。"

"一定。"

我适当地迎合一句。

无人在意。

毫无疑问，我太过于自我而忘记了她的存在，她说过她只能待半小时的，跟我在一起心情一定跌进了谷底，像被塞进满是人的火车里面坐个十几个小时，一天中休息的时间毫

无价值地消耗掉。同为营地员工，为什么她不能像这两位那样自由规划自己的时间，只要按时完成任务就行，是因为有某种东西从中作梗，我的缘故吗，帮我而耽误了工作进度只好赶工，真是这样，她摊上我这四个字实在非同凡响。

还是别多想得好，路也好走起来，我的步伐再次加速。

此地草枯石烂，四下死寂，鲜花难寻，却确确实实是建在森林中一条宁静小道旁的花圃。

天空下起小雨，霏霏细雨注入地面，下得十分潇洒自然，因而给人神清气爽之感。树上的嫩芽被润湿后如同打磨般闪闪发亮，雨声入耳，乐声键等悠扬，地上的蚂蚁呜呼哀哉。

这场雨过后，应该有许多东西不翼而飞。

也不撑一把伞，她蹲在那儿铲土。

想学她那样悄悄走过去，可不知道我对于她来说称得上什么，她来到我身旁时是怀着一种什么样的心情，不言一语所思所为依据何标准，而纳入她的存在是否为权宜之计，认清她的自我后又要像脂肪一样储存在体内耗去，强加于我身上的重量自然久久保存不成。

淋着雨实在难为一声招呼挖空心思，终是站在她面前亮相。

"我们找个地方避避雨吧。"

"是不错。"

她稍微歪下头，也感受到雨打的躁动，倾身护着怀里的东西，没有着急动身。

"闭上眼睛，会出现什么？"

永恒的黑，我想，但我觉得象征这一类能引发深入探讨的问题的答案不会仅此一个，每步都有新的发展，唯有命中注定的存在才能入提问人的法眼。

"快点动身，雨大了会迷失方向。"

我当然不是担心她，大衣的下摆已经开始慢慢像狮子尾巴的形状过渡，跟丢她或者她也迷路后，泡在雨中，着凉感冒同雨下完才会停下一样明确无误，一个人无依无靠出门在外，尽量避免不必要的错误，中意梦里的恬静与安详，比平时多睡一会另当别论。

她极不满意地抬起头，不声不响地看了一会我的脸，眼中涣散无神，梳理粘在额头耳边头发的行为无之前文雅得体，感觉她脱胎换骨像变了一个人，恍惚之间觉得她会一直待下去。

"一团漆黑中，有时闪时灭的颜色亮起。"

"那样的感觉？"

"你感觉不到？"

耳边雨织成虎，没有止息的迹象，她向我提问的语音清晰可闻。

"为什么会感受到。"

"世界充满各种各样的法则，森林自有森林的法则，各种各样的念头在里面徘徊，满满堆积着生活的残骸。"

她伸出舌头，雾霭沉沉笼罩在舌头周围，仿佛舌苔落上了一层厚厚的灰，雨滴砭人肌肤，每一滴都沁入冰冷冷的沉默。

"阿——嚏——"

"一百岁,快回图书馆吧。"

她揉了揉眼睛,像刚看到我一样,脸上出现焕然一新的疑惑。

"洛斯伯贾和安羽斯士呢?你们谈得怎么样,你讲的故事我没听完,本想多听听的。"

"路上碰见他们会拉他们一起走的。"

"一起走?唉?天气阴得这么厉害了。"

"看见了。"我说。

"你要去哪里啊?"

她拍拍裤腿起来。

"图书馆,明知故问。"

"我们不顺路了哦。"

"不顺路了吗,只好祝你一路顺风了,等等,我不认识路,你逃不掉,带路吧。"

"唔,等我一下,好不容易等到下雨。"

她鉴赏似的走了花圃一圈,又想跟小狗一样伸出舌头。

用来思考的时间所剩无几,所有的选择都要求我在她打下一个喷嚏前做出,我拉起她,她怨我的话随她便,屋里温暖干燥的世界才适合我,也将在那里体会喜怒哀乐。

沿着弯弯曲曲的道路回到了图书馆,两人在门垫上踏了有一分钟,我才想起有无钥匙跟进不进门没有关系,这不因为下午出门太急,门忘了锁。

打开图书馆的灯,她正解开怀中的包袱。

"这是一,一后面便是二,二后面便是三。"

她边数着边把细细的木条扔进火炉,顺带一根点着的火柴。

"好险,差点就淋湿了。"

"准备挺充分,早知道我会来找你,还是你住的地方也有火炉?"

"估计不至于久等。"

"我也同样。"我说,"你的事进行得顺利吗?下雨也不找个地方躲雨。"

"什么事?"

"工作的事,我们来这儿不就是工作来着吗?"

她挠了挠后脑勺。

"喜欢工作?"

"提不起兴趣,更不喜欢自我叩问时大脑充斥着工作日的气息。"

"那就不要谈啦,今天的工作基本告一段落,明天的工作没人争没人抢,眼前烤烤火读读书,要是想跟我谈心也不是……"

我向她耸了耸肩转向书架,她立马理解,之后干什么都小心行事。

她自是成功地领了回来,但跟她坐在一起怎么看都像她是主人,身边自然放松的气氛由她轻松带到,躺在沙发上松散的身板俨然一副贵妇人的模样,悬在空中适适养神的脑袋虽不言一语也同样不闻语声,就是火柴也是她不知从哪个犄

角旮旯摸出来的,这一点情有可原,毕竟我下车伊始,人生地不熟全靠前辈栽培。

凝视着幽暗的天空,思想飘忽不定,视线总停留在空中浓墨重彩勾勒的闪电的轮廓,自然定不下心来,捧在手上的书一页也没翻动。

雨怎么等也不能结束。

"马上到饭点了。"

"饿了?"

"也算,主要我跟其中一位员工……"

"洛斯伯贾和安羽斯士,你说的哪位。"

"洛斯伯贾,我跟他约好了要去餐厅的。"

"家离餐厅远就是不方便,明天不能谈吗?"

她叹了口气,当我是小孩子。

"他们说不见我会去花圃找我。"

"这么大雨,他们未必会来找你,等身体暖和了,看看雨势大小,再决定去不去餐厅也不迟。你看什么书呢?"

她移过来,终点仅此一处,散发着早时花香的气息朝无边的黑夜飘去,确曾存在过沙发上与我肩并肩看书的时刻。

"今天雨下不停,你留下来住还是回去?"

"怕你第一天想家,应当留下来陪你,但我还是得回去。"

她用斩钉截铁的语气告诉我。我眼望着她,那模样像朝她发笑,其实绷紧的神经已经放松得快不行了在大口吸气。

"那雨停了。"

我拉开身后的窗帘,见几只鸟灵巧地从窗前飞过,翅前月光透过断断续续的云层,将水坑里的光一照见底,那些光实在不像来自门前昏黄闪出焦虑色彩的电灯,忽明忽暗的闪动多少会挪移着飞蛾的影子跟油脂一样浮在水面,抬头天空早已悄然无声挂满星光生辉,柔光朦胧搭配隐隐约约的冷风拂过我的脸颊,赋予我的眼睛以花开冰释般的神通广大,道路遍地青青夏草随风起伏,就跟风随着大地的呼吸而摇摆一样,雨过天晴,扉关合目,已不能再对屋子里温馨的气息产生滋润心田之感。

"神了,一眼不看就知道雨停了。"

"共同呼吸的蓝天下,想象自己在雨中有一席之地,然后感受它的重量就行了。"

"真是无理取闹的解释。"

她摇了摇我的肩膀,轻柔而突兀。

"该走了。"

……

不见两人的人影,找我去也不一定。

"你知道洛斯伯贾和安羽斯士去哪儿了吗?"

她托脸沉思,默默颔首。

"好事的人没事了会去干什么?你给我出了好一道难题。"

见她苦苦思索个没完,我寻觅起排队的人群。

"我们先打饭,生活总得继续下去吧。"

"那就边做饭边等。"

"什么？"

某处传来刺耳的鸟鸣。

"哦，忘了跟你说了，我们自己做自己的饭。"

"可是……"

"没什么难的，你手脚脑健全，能吃就能做。我问你，你的食量如何，是个合格的饭桶吗？"

"称不上能吃吧，反正有所裨益地多吃，不喜欢吃的找能代替的吃，仅此足矣。"真是哭笑不得，大庭广众之下逼别人承认自己是饭桶，我尽可能不把她的话放在心头，食量那东西即使关系如何之后也总能知道，含糊其词过去就好。

"懂了，虽然忘了每顿具体的量、比、尺度，但还是有选择地吃，那今天这顿你可以有选择地做。建议你以后尽量不要挑食，吃的方面没有限制，做的时候就更自由了。"

她跟餐管人员说了一声我们便被领进了厨房，从就餐区域到厨房得走一条长长的拱形走廊，是我去过的食堂后厨所没有的，倒是有些饭店怕被人挑出毛病才会行如此把式。

看着水池中散乱扔着盘子，空气中一如往常散发着油污味，这里是除卫生间外我去到别人家里唯一不会认错的地方，就像大商场琳琅满目的柜台中只认得加热即食产品一样，各行各业的人家家里千奇百怪，见过主人家砸通了一面墙换取双倍空间，为的是更好体验春夏秋冬的晨光，他把这个房间取名为公园的椅子，有人夜以继日忙于工作，交给房子的时间极其有限，对房子的改造亦停在起始位置，然后便出现是主卧还是次卧全权看老天爷的心情，是主卫还是次卫

全权看屋子主人的心情。客人待得最久的地方是客厅,那是因为家里没有待客室,可待客室也仅仅是卧室改造的,卧室又可以打通成为客厅,一间屋子要在许多年之后才能具有明确的形式,所以无论花多长时间我都分不清房间的构造,总会有房主在通过自己的努力后使房子出现更完美的布局。每个人家里只有厨房大同小异,只有加热即食产品做法单一方便,每家每户的排烟管道相连,入口的热气和我的心也连在一起。

菜板旁边的刀架上摆满了不同用途的菜刀和锅铲,甚至还可以借用早市上鱼贩手中的鱼鳞刷,煮米饭的锅并排摆满一列,唯一工作的机器还有半小时才到点,不知里面煮了多少人的分量,够不够我们两人胃的加入,又实在等不起再来一锅的时间,我挖了几勺旁边锅里的米饭,准备一会放入微波炉里加热。

"酱油在哪儿?"

"调料品和筷子都在下面的柜子里。你准备大显身手了?我给你让地方。"

她正拿刀背拍碎手中的大蒜,洗干净的青椒在手边引颈受戮,旁边玻璃碗里细细切好了的肉丝上面铺满了洋葱末。

"很好吃的,想吃了对不对。"

"不想吃才对。"

回忆起青椒的苦涩和洋葱的辛辣,还有一位小家碧玉挥着白亮亮的菜刀要把它们切个粉碎,我咂巴咂巴嘴。

"很有营养,也做了你的那份,必须吃。"

她调皮地在我脸上甩了甩手上的水滴，拿过我未来得及混入米饭的酱油，确定重量似的掂量了一会。

"味蕾就靠调味品打开了。"

"为什么还有刚煮好的菜，不会是你刚做出来的吧？"

"那是员工餐，是给不会做饭或懒得动手的人准备的，早七点、中午十二点、晚上六点左右出餐。你可以吃几天，但不推荐。"

"为什么？"

我问伊奕饰，没记错这是她的名字。

"味道倒是不坏，可菜一摆出来，没人看没人管，吃到什么不可思议的甜品可不是好玩的。"

"懂了。"

我看着瓷砖上爬上爬下的小家蚁，不由产生一种错觉，这地方越来越像家了。

依旧穿过那条长长的走廊，我捧着碗放于胸口，灯光贴在自己的脊背上，影子托在身后，比身体的轮廓看上去单薄，且手臂折起放于心的位置，我设想那道影子同样属于一个十恶不赦的恶霸，选择在前往绞刑架的途中双手合十祈求上天众神接纳，淋了一场雨后吃不到可口的饭菜，即没吭声，也没退缩，而是伪装身份将这种悲哀诉诸神明意为受到压根不存在的怜悯，看来我要比自己预想的衰弱得多。

她推开厨房门出来，饭菜一起用盘子托来。

"怎样，一天下来累坏了吧？小家伙。"

我挑的是靠窗的位置，菜的热气炊烟般断断续续爬上窗

户，她坐下时往起雾的窗户上画了个笑脸，从笑脸里看向外面，人像是模糊的，景却是鲜明的，用心去看景，没觉得有什么，手遮住人，风栖身于树梢，白花花地染上了澄澈的晚霞，我的孤独便是那棵树，生活，是由于忧愁才感觉到世界旁人的存在。屋檐上仍有水滴落下，泥质的气味随着视线的误导在脑内错进错出，雨淋在外面的空间，有种全身上下干净的感觉，不如平日，一切是人们不捧之不追之的世界，大家聚拢在短暂的间歇中过着群策群力的日子，不会偶尔想起似的在返璞归真中寻找忘却的启示。

"你又有多大？"

"我一把年纪了，有你的四倍大。"

"那肯定是你的计数方式出了问题。"

"也对，中午紧赶慢赶没睡上午觉，一下午都在打盹，没办法集中精力搞计算。"

"睡迷糊的人自成一统，回去就痛痛快快睡上一觉吧。"

"但是我想，"她严肃地点了点头，"人生路途带着多些人心愿的话，心态很容易变得老成的。"

我用眼角余光怪异地打量着她，却未对她擅自把菜加入我盘子一事定责。

用餐之际，听见门外传来一阵淳朴的沙沙的脚步声，看见他俩一人提着灯笼，一人扛着铁锹，雄赳赳气昂昂穿过门厅，然后连脚都没站定就被拿着拖布的餐管人员赶了出去。

"你觉得他们看见我了吗？"

"我认为一定看见你了。"

"何以见得。"我舀起一勺土豆泥,混合着米饭入口。

"因为找人的精髓就在于猝不及防,比如生活中找不到某件东西马上放弃的时候,你发现它就好端端地出现在计划一开始的拐角处。"

"我自己没有经历过,倒是常常听别人说起过这个现象。你有什么东西丢了然后这样找到的吗?"

"我也没有,但仅限于记忆里的,想不起来了,可能是我一个人待惯了,认为找到它本身就是我一个人的功劳,而且我是一个对自己的生活细节都毫不关心的人,就连一直在用的水杯说不定都在默默谴责我的铁石心肠。"

她学着海豹拍了拍自己的肚子,对晚饭显得心满意足。

"所以,我从不用水杯。"

"然后等下雨的时候喝个够吗?"

"因为我每顿都撑得像个球,胃已经没办法容下任何东西了。"

她只送我到她住的屋子前。屋子前用圣螺做的风铃各个离得太远太瞩目,倒不如说是猛兽的三颗眼珠,从头上俯视似的恫吓着我们二人。

"一个人住,不怕的吗?"

她问。

"你一个人住,不怕吗?"

"要是我不怕你就不怕了,那么,今晚枕着黑夜的心跳,睡觉不开灯了。"

我拔腿就走,模仿得像害怕她声音里的某种东西,不久,

身后的屋子融入夜色一般失去了踪影。

回到图书馆时,火炉里的火已经熄灭,屋子里残留着微弱的温煦,衣挂上她落下了她的袍子,带点寂寞的浮华之气逢迎着屋子的韵味源源而来。

我打开火炉门,无论怎么尝试也点不着火,外面的木头浸湿雨水,扣掉树皮显得干净,然而燃不起火依旧无用,便穿着衣服躺上沙发,头朝遥远北方的夜晚国度,一觉睡到日上三竿,诸事顺利。

第十三章　嘎唔对巴拉（下）

昨日还陌生到令人想家的杂木林，对晚空捎过来的风拂过草地时，发出的那从来不为谁听而丢掉的簌沙声习以为常后，今早起来，已经真切地能打开门招呼来客了。

"留步，发发善心吧，可爱的小姐。"

洛斯伯贾追上我，几步路跑来，他脸蛋红扑扑的，眼睛显得格外明亮。

"有事吗？"

我疑惑地歪着头，听他吁气的喉咙里发出咕咕的声音。

"没有你讲的那个故事。"

"非有不可？看完整本书的话，里面三十个故事随便哪个都比我讲得好听。"我说。

"是的，我也是这么想的。"洛斯伯贾仰起平板的阔脸，"可是，三十个故事，只有你讲的那个才对我们的胃口。"

"别抬举我了。"我苦笑一声，"为什么？"

"听了不要感到奇怪，真是段令人不堪回首的往事，那

天的事至今都还历历在目，还记得昨天你讲的那个故事吗？营地也发生过类似的事，"心里还存有目击时的焦灼和恐惧，洛斯伯贾便闭起双眼，不失体面地回想，"一间木屋离奇失火，大家在发现火灾时就开始救援，不幸的是，火势控制住时里面的三位女生已经全部遇难，按火灾的程度来看，不存在骨头被火化的情况，可是，其中一人整只手反复折磨得连骨头都不剩了，法医证实该名受害人火灾前就遭人杀害，警方也质疑木屋失火是否有人而为，其他疑点也有，木屋不算大，就算失火也不可能逃不出来，可找不出有利的线索，这桩案子只好草草收场。"

灌了铅的眼皮立刻睁开，落脚处也改为洛斯伯贾的正对面。

"营地，就在这里吗？"

洛斯伯贾点点头，用下陷的眼睛看着我。

"本应该保密的，可跟你讲的故事又太真太相似了。"

"世界上没有完全相同的谋杀案，作案手法一样动机也会千差万别，故事是我瞎说的，就跟自己随便搭配出来的酒却有着酒吧一样的口感和纯度，概率事件罢了。"

说着说着我的语气严肃起来，这件事不解释清楚的话很难想象背后我会被人们用什么样的眼神议论。

"你说得大约不错。"洛斯伯贾露出勉强挤出的微笑，"就像你故事中的受害人不是少了一条胳膊而是头骨上出现棍棒重击的凹痕一样。"

"为了不使起决定性作用的家属一蹶不振，我只好选择

不分尸而让廉价的保险单变得没有那么难以接受，嘻嘻——唉，等等，你是在套我话吗？"

我困扰地皱起眉，疑问的语气带着一丝怯弱。

"你一开始就把事情想复杂了，我相信你跟这件事毫无瓜葛，所以你只要讲出能暴露凶手的线索就好。"

"那么，讲完了，要干吗呢？你是要……破案吗？"

洛斯伯贾无奈地叹了口气，摇头称否。

"我觉得我没有破案的能力，鄙人只是想把这个故事完整地演出来，也许这个世界的凶手还活着，在以为我们把他忘掉了的时间里窃窃自喜，那我们能不能在不同的世界，创造一个不同的结局，至于那个世界是否美好，人与人是否和谐相处，我们不得而知，但在那里，死者会展现出对生的向往，凶手也会被绳之以法。"

我摇了摇头。

"不管你们再怎么演，惨案还是发生了，当事人的家属怎么忍心看着她们再死一次。"

"你说错了，死一次达不到知道真相的代价。"洛斯伯贾眼眸中微微闪动着昏暗的光芒，我不自觉往后退去。"他们会死上一次又一次，而营员会和他们一起轮回在死亡的无限循环中，直到找出那个世界的凶手。"

"怎么能这样，你们在消费死者。"

"哦？你为什么会这样认为？"

洛斯伯贾语气很平稳，也有些心不在焉。

"因为家属不会同意的。"

将自己彻底投入大树的阴影，我悄声抱怨。

"你所说的我想我能够理解，确实我们没有资格代替受害者家属做决定，可受害者，"洛斯伯贾叹口气，"她们也曾在营地活过呀，可以继续调查下去的机会，偏偏因为营地不想留下坏名声而让勇气在那时离我们而去，一旦错过这次，不敢说这件凶杀案还有没有下次曝光的机会了，而且最近营地真的发生了很多奇怪的事，弄得人心惶惶，需要有事让我们安下心。"

"你们还怕到时慕名而来的游客对你们的活动不感兴趣，就把他们的快乐建立在不会反驳的人的痛苦之上。"我说。

"那种乘人之危的人最好不要进来。"

洛斯伯贾像在嘲笑着某种人似的直言。

"也许吧。"我以阴冷的眼神扫视四周，心里生出一阵不安，"你们想干什么又不需要我的同意，营地负责人同意的话就放手去做吧。"

"营长会和副营长们讨论，可能要等很长很长时间才能同意，再等很长时间就是默认否决。"洛斯伯贾舔舔嘴唇，"他们不止一人怕被潜藏的凶手报复，而恐惧会影响人的思绪，让人产生荒唐的想法与行为。所以丫头你听好了，大事我们得自己搞。"

"我想这……不太可能。"

"修改过的剧本下午就能打印出来，同意出演的员工会人手一本，营地一问起我们就说是你带过来的，跟曾经的凶案毫无关系，你要帮我们做证，到时一周后的读书会，我们

也会来帮你。"

"能行吗?"我喷了一声,"活动不还是得上报,副营长们怎么会猜不到你们要干什么。"

"那就得看你了。"

"我?"

"我们不受信任,他们不会怀疑新来的你,你只要冲进营长办公室,声泪俱下地说你梦到在荒废的花园里埋着一截骨头,会提醒他们重视营地里接二连三发生的奇怪事,接着他们会叫你回去,然后莫名其妙地开了一个时间长死人的会,不要担心结果,他们天天做白日梦的小心脏能自己总结出是曾经被火烧死的三人作祟,为平息三人的怒火只能——"

"所以昨天你们是去埋手臂去了,那为什么还要大摇大摆走进公共场所。"

"谁说我们是去埋的,是陪你去挖的。"

洛斯伯贾见我面色苍白,马上补充一句。

"不过你不用拿着手臂去见他们。"

……

我进去的不是时候,安羽斯士在里面跟副营长们就这件事对峙,已经到了双方换气的阶段,倒为我省去哭哭啼啼的时间。

办公室中心摆着一张木桌子,桌子上摆放着资料、茶、纸杯子等东西,摊开的书籍随灌进的风飘走几页,落在满是烧剩的蜡烛头和凝块的蜡滴的地板上,桌子再往里一点,格

尺般又长又细的不明物体包上了一层又一层绷带。

没人在意我，为饮水机而来的人闯入会议是常有的事，位于上首象征权力的营长椅没人，另外八张椅子有七张坐了人，两位戴兜帽的副营长坐在末尾，一人露着尖胡子，一人垂着纤细的黑发，两位即使披着斗篷也能看出很瘦，后面那位瘦到能当前一个人的胡子，前面那位瘦到当然也能做后一个人的头发丝。我继续向前走，环顾经过的张张面庞，三排左边的副营长个子很高，五官凶狠锐利，长短不一的胡须使他看上去尤为粗犷，我走过去，在他对我点点头的工夫，便不敢再多看他一眼，留他嘴巴微张，睡眼蒙眬，继续做当上国王的美梦，他对面的那一位面色惨白，波光粼粼的黑色头发像是早上用浸了肥皂水的梳子梳头，晚上用肥皂泡泡裹住来度过良夜今宵的卡通人物一样闪闪发亮。第二排的位置除了安羽斯士，另外一位头发灰白的老者，伸着枯槁而遍布斑纹的手，拿笔跟眼前的不明物体玩着跷跷板，笔身在他手中闪耀着货真价实的闲者光辉。

"梦见花园里埋着手臂的人就是你，确实是张新面孔。"

独坐一排的副营长挺着圆圆的小腹，踢着短短的小腿，皮肤松懈下来的褶子多到只有哭哭啼啼新生儿的眼角纹才可以平分秋色的地步，他上下打量着我，显然不太喜欢眼前光景。

"是……是……是的。"

我的舌头在牙缝间跌跌撞撞，努力不让自己像只训练有素的鸟学自己的舌。

"你完全有做灵媒的潜质,要不要考虑转正呢。"

兜帽男把注意力从我的身上转移到他的对面,坐他对面的女人优雅地捂嘴咯咯地笑。

"我们的工作被抢了呢。"

"所……所以手臂,是真的吗?"我小心地问。

"不是你昨天跟着一起去挖了吗,"第一排的副营长身子向前一靠,"怎么会不知道。"

"我不是……啊——我问的是,是真的人骨吗?"

"是还是不是暂且不论,你前天晚上梦到了什么,如实讲出来,能吗?"

笑趴的兜帽女不着急把头从桌面上抬起,闲适的气息让人感觉正枕在心上人的臂膀。

"为了不误火车,我给自己调了一杯加了刺梨红枸杞原浆的蜂蜜水,特意希望晚上能做个好梦,没想到却出现这种事。"

"小可怜,真可怜。"兜帽女指尖相合,"闲暇时间我们可以互相分享养生妙招,但现在我有一个疑问不曾解开,安羽斯士说你是中午才梦到惨案的,你却对我误说的晚上不加怀疑,同为娓娓动听的潭水翠鸟,我理解晚上美容觉的重要性,巴不得每天只有那个时候,可中午还是晚上,本是两码事,不能混淆事实,能否解释一下,能吗?"

"对,是中午,因为前天中午和晚上都做了相同的梦,我记糊涂了。"

"昨天,安羽斯士说的是昨天中午,小姐,这样的记性

可当不好灵媒，所以到底你们谁说得对，我们该不该把你纳入学徒的学徒——"

"好好整理思路再说，小姑娘，你当的是图书管理员，不是请你来干术士那种颠三倒四的活的。"安羽斯士毫不客气地打断了尖胡子副营长的话，"可以重新开始了吗？副营长们，你们休息够了吧，都唠上家常了，应该够了。"

"请原谅，第一次遇到这种事，脑子不转弯了，抱歉抱歉抱歉抱……"

我双手合十，举得自己手臂发麻，才找到自己该待的'角落'，之后把思考隐藏在将往事一笔勾销的偏颇回忆下。

"我们谈到哪儿了，谁记录来着？宴宴临火，提醒我们一下。"

第一排的副营长使劲压着椅背，椅子因他的重量吱吱作响。

"好的，"第三排的年轻人打开记录册，"你们谈到营地最近发生的怪事。"

"谢谢，麻烦你来重复一遍都发生了什么怪事，来了一位新听众，多了一对新耳朵，听听成双成对蹦出来的怪事，说不定也会多一双露馅的眼睛。"

"窝洞铺的女掌柜提过一嘴她家的瓶瓶罐罐和一些易碎品莫名爆炸，人没事。多人睡觉时听见有东西大力拍门的声音，大家都很有见识和合作意识，放出猫头鹰躲进被子希望邻居收到信来救自己，人没事，倒是有两只猫头鹰刚飞出窗户就撞在一起，经治疗后已无大碍，应该禁止大家大白天放

飞猫头鹰的行为。"年轻人抬头看看，察觉出周围听众的不以为然，又继续往下说，"图书馆最近来了一位图书管理员，梦到了之前发生的不愉快的事情，人没事，暂时，我看，就这些。"

第一排的副营长转过头，用猫眼般狡黠的眼神直勾勾看着我，即使在营长的位子上坐定，他也不放过我，

"你知道这些和你梦到的事情有什么关系吗？奇异的事情同时发生，会不会是作祟呢？因为凶手未被惩治，死去的三人迁怒于营地呢？"

"不知道。"

"你当然不知道。"

早就阴森过头地耸耸肩，他没期待我的回答。

"谁都可以放出假消息，谁都可以放出真消息，谁做得更快，谁就能赢了。"

"赢什么？"我问。

"一场没有硝烟的战争。"

"你怀疑大家，你认为消息是我们弄出来的，"安羽斯士讶异地说，"即使真相就摆在你的眼前，你也不承认吗？"

"对，你们错就错在不应该做这种日子一久就忘了的恶作剧，你们该在案发现场烧上一把火，把那天没烧毁的屋子烧个精光。"

"终于把你自己的想法说出来了，"安羽斯士动动眼皮，"跟木屋有什么关系？"

"你们天天在我耳边说着作祟，说不定荒唐事全是木屋

干的呢。"

安羽斯士点下头,脸色依旧严肃,顺着他的话说。

"正有此意,太阳有多耀眼那间屋子就有多碍眼,烧了它吧,让火焰洗涤罪恶的灵魂,说不定也会引出凶手来。"

"不可,谁说要真的烧掉木屋了,我说着玩的,营地财产不能说烧就烧,"记忆的重重大门突然换成了玻璃透明门,使第一排副营长苍白的脸在想起那场火光冲天的苦难后也泛起一抹火辣辣的红晕,他慎重地摇摇头。

"为什么不能烧?"安羽斯士问。

根本不可能在不知情人的脸上找到给发人深省的理由坐的空位子,所以第一排副营长坐直身子,用颤抖的声音如实回答:"目前状况确实如此,里面有营地的员工在住。"

"还有人住呢?"兜帽女副营长淡淡地陈述着自己忧戚的想法,"我去看过,是给员工堆放旧物的储藏室,那种地方还能住人?能吗?"

"对于我们是不行的,保养水晶球是个精细活,灰尘和蜘蛛网都是首要敌人。"

尖胡子副营长放下书本,徐徐开口说道:"其实不管在哪儿,灰尘和蜘蛛太多也不是什么好事。"

"相信我交给我好了,烧东西是个本事活,"安羽斯士脸上流露出前所未有的坚定神情,"如果先将里面的东西搬出来,火不会有水分,会烧得很快,烟也不会被住在木屋里的人发现来实施营救。"

"不行,不是烧掉木屋那么儿戏的事,我们也没无能到

那种程度，是作祟还是小鬼们玩的把戏，想查总能查到的。"

第一排副营长对安羽斯士的话语表示反对之后打心底厌恶地撇了撇嘴。

"身为员工代表，既要担得起责任也要接受做出的决定，怎么可以让自家的员工住那种地方。"

白发副营长质问里带着一丝叹息。

"房子毕竟是房子，怎么会没有人住，而且没什么大不了的，在场的可能不止我一个知道那里面有人住吧。"

副营长一改之前煞风景的皱脸，脸上堆起了讨好的笑容，大家一语不发，静静听他说话。

"给谁住呢？"

随即联想到一个人住的她，员工应该住在员工宿舍才对，宿舍应该一栋挨着一栋全在特定的区域才对，但她住的屋子旁边空旷而静谧，俨然一副夏日天高气爽的清晨，天空中只有一片宛似棉絮的白云的样子。这个念头毫无预警地生起，以冷静的声调询问着，我捂住了耳朵。

"不知道又代表什么呢，我们不要谈这个话题了，跟今天的会议没有关系吧。接着之前的内容往下说。"

第一排副营长完全没注意到我。

"冒昧请教一下。"

略一迟疑，我提高了嗓音，有人不悦地用鼻子哼了一下。

"我看看啊，要对演出的编稿做出修改是吧，什么叫修改呢，得有一顿对作品大肆的批斗，省得作者个人的观点太过活跃,也帮我们更好地理解和处理沟通不畅的问题,我们进入这个环节吧。"

"谁住在那里?"

每个人眼神冰冷,一如往常面无表情,优越之处在于把别人脑海中对自己的形象变得复杂。

"说不过去吧,六片四号门怎么可以任由凶手自由出入呢,外界会以为我们管教无方,对营地影响不会好。不用猜就知道剧本又是洛斯伯贾写的吧,他总是语出惊人,安羽斯士,你要好好劝他,让他改改这个自作主张的毛病是吧。"

"怕是过于固执了吧,里面自有其缘故,这点不足为虑,最说不过去的不是你们放任凶手逍遥法外吗。"受够了他们隔开我谈论,我移开此前坐过的营长的椅子,面不改色地站在所有人的前面,"你们不是副营长吗?为什么没人回答我的问题。"

"讲什么蠢话,难不成你也瞎了眼,如果是单纯失火的事故,我们会承担一切,营地绝不逃避,但是这是一场纵火案,火燃起来我们没有第一时间救援吗?"他再也沉不住气了,公然叱喝着我。

"你以为疏散群众不需要时间的吗?我们是非专业人员,找到凶手是警察的事,他们有警犬,有金属探测器,还有遇到坏人可以搏斗的警棍,"他不停念叨,含糊的语气充满了失职,"都是警察的事,是他们没有能力破案。而且本来就是一件离奇的事件。"

"少说两句吧,这样可不行啊。"

白发副营长虽然老大不情愿，还是拿那节假骨头拍了拍第一排副营长的后背，劝他消消气。

"其实吧，小姑娘，并没有副营长职位一说，因为有问题需要解决，我们被选出的员工代表聚在一起，也只有解决单一问题的权力，无论我们再怎么努力，对于之前发生的事，都是无能为力的。"

"但有一点还是可以帮忙的，"安羽斯士随心问道，"你，粉砖缘咚，想知道谁住在那儿吗？"

"嗯，我想明白。"

取代我被大家盯住的第一排副营长脸色苍白，我的唇角不着痕迹地上扬了些许。

"好吧，即使你不问也会有人问，继续藏着掖着会被你们这群小心眼的人当成坏人。"第一排副营长调适了一下情绪，语气平淡地应了声是，"着火的屋子之前住了……四个人，她是第四个。"

"连名字都不能说吗？"

"我是知道她之前的名字，"第一排副营长淡淡开口说道，"不过没有说出来的必要，她早就不叫这个了。"

出去时，不清楚大家对我的行为作何感想。门外看进去还是一片死寂，不知晓我给此会议的进程带来何等改变。

……

昨晚注意力欠佳的缘故，屋子比我记忆中的样子要小得多，挂起的海螺沾满了脏兮兮的羽毛和树枝，窗户里里外外黑雾浓郁，看不清里面的情况，阑干处扑面而来潮湿和陈年

腐败的味道，无法抵抗黑暗的渐进，颇有半年才打开一次的储藏室隐藏着什么危险的事物正在秘密接近的特征。

除去堆积的杂物，屋子面积宽敞得可以作为四人宿舍使用，可眼下各种东西——用坏的球拍、一架烤肉炉子、叠起来的纸箱子等等一股脑摆在屋子各处，将过道分隔开，形成一堵又一堵墙，同画展里长长的走廊相似，立足于现实，但绝非简单直白的规划，画挂在墙上，人们走走停停便将'免费的面包'一览无余，终点便是艺术展最名副其实的一幅画，是世界中心，所有画便是包围着这最后一幅画的围墙，其他画中的构造、哲学、思考至深的执着成了它能够在画展中登峰造极的台阶，眼下这屋子的'墙'里何尝没有挂起大师之作，何尝没有藏着不知什么时候埋下的宝藏，宝藏又会和什么样的机关算盘相关联，取出什么委实含有无限种可能，以我不知情她的思绪纷纭为中心，'墙'里面肯定别有天地，暂时不要轻举妄动为好。

我来的时间不对，现在里面称得上参观的人几乎没有，实打实参观的也就她一个。

"在参观呀。"

环顾一下屋子环境后低声询问，开门后揉了一下惺忪睡眼，踉跄出来的她穿着一件低领上衣，露出有着纤细锁骨的白嫩肌肤与周遭气氛格格不入，立刻没来由地感到只身前来有欠安妥，心中失望的火花也一窜而起。

"看出我在参观，因为你也有或曾有一颗参观的心。"脸上保持着温和笑容，她声音里隐隐带着些许寂寞，"可一

个人是永远参观不了自己的屋子的,除非那个人非常孤独,孤独到成为自己生命中的过客。"

"你住在这儿……"

只是尽量若无其事陈述事实,我的声音便颤抖起来,不知为何变成这样,可能灰尘多了喉头吃紧,也可能不习惯释然的耳边,直到方才祈祷不是她的声音,还曾不绝于耳。

"我是一个人住在这儿,不明显吗,我应该把,啊——"她睡意未消地抚着下巴,"恩姆,把衣服扔得到处都是你才相信吗?"

"不见得标记领地就要跟犬类一样邋遢,我只是被屋子环境的恶劣惊呆了。"一脸担心的询问着,我愕然地叹了一口气,"不找人帮你清理一下吗?"

"乱屋子里的生活确实有太多不便之处,可我还是更习惯从杂乱中观察自身的状况。"她自嘲地咬着下唇,"比如说,环境优雅、阳光充足、放开手脚,不过是供人散步的林中小径或者冬日享受暖阳的公园,作为天空与大地之间的断层存在于世,无法给偶然冒出的我们介入,此时没有外人看得明白的杂乱更是固定我的容身之所,不可或缺。而请人帮忙心里总会有些隔阂,自己的日子由活在不同层次的人随心所欲地妄加变通,和乱哄哄滑溜溜活在鱼缸中等待加氧加温加食的鱼儿们有什么不同。"

"打扫一下灰尘无伤大雅,物品还保持原位,"我说,"只消一周时间,你先搬过来跟我一起住?"

"不去,除非你是因为晚上一个人睡不着觉来找我搭伙

的话，我可以考虑。"她似笑非笑地弯起嘴角。"喝点什么？"

"什么都行，这些茶杯都是你的私人物品，真漂亮，营地有得卖吗？"

"实在不知道怎么回答你的问题，"她脸上泛起些红晕，悄然安然地一笑，"按先来后到的话，只能说我算是它们的私人物品，所以我回答不了你的问题。"

"可你说屋子是你一个人在住。"

"对，杯子啦，还有一片净土什么的，都是先前室友留下来的。"

"为什么不领走呢？"我若无其事地引她开口。

虽然她蹲着找茶，还是感觉她的后背大幅度晃动了一下。

"无关紧要的很容易忘记，只是个茶杯，没什么好带走的。"

"打印在杯子上的图案是照片吧，杯把上还刻着像是主人名字的缩写，应该是大有意义的纪念品。"

"除了你，谁都不会在乎这些东西，因为你初来乍到，一点小事就能勾起你心中的兴致。"她拉着我手起来，"所以我不能留你了。"

"为什么，我还没喝到茶呢。"

眼下正发生什么呢？越想越觉得头疼，回答者和听者都是嫌麻烦下定决心执迷不悟的人，单单问怎么可能领会对方话中的意思。

"说来好笑，还不是怕在你深入探个究竟的心中建立起

秩序，认定此地是私家重地，一走了之之前不会再来此屋探望我。"

"那个，等一下啊——图书馆，还会再来对吧，还有中午也会来带饭对吧。"

匆匆被推出门的时候我问她，她以不含有任何感情的神色定定看了我一会儿。

"你这么说我当然会去的。"她温柔地白了我一眼，"得等活都忙完了的时候，你也忙你的活去吧。走你。"

旋即"砰"的一声把门关严。

周围没有旁观者，皆今天第二次被人拒之门外弄得神经过敏所使然，为了维护自尊心方面的生计，我踢了踢脚下的土，提醒路上的人，此地发生过激烈的争夺战，我单方面的失利是半点也没有的，出现的只有双方共同退一步的迹象。

不过效果微乎其微，生活的金科玉律令人生厌，与人碰面，遇人吵架，终归使脸红心慌的一秒来作为结束手段，往后总是在不由自主的情况下，联想接下来发生的事，试图回忆起脸红的温度，所谓活着，便是这温韵可入心中做不良计，始而伶俜当日胜。

……

那天之后，我成立了一个只有一人的探险队，尝试用各种各样的方式冒险。拿着她给的地图绕了营地七七四十九圈，见过超出想象的东西属实太多，曾经发生的凶杀案也就抛之脑后了。

开营前我多次路过营长办公室，那天的会议从曙光惠临

的拂晓开到了暮色微露的黄昏，安羽斯士路过图书馆时借了一本大部头小说，离开时口口声声要用那本书把自己沉睡的后背拍醒，之后再也没还回来，他和书总要分一个胜利者。屋子很久没人坐在一起开会了，除了路过进去饮水的人外，再没见过员工代表坐在那儿，熙熙攘攘为纷扰往来。

我猜想，营地正处于某种微妙的平衡状态，麻烦事不是没有解决的必要，哪怕一点点鸡毛蒜皮的小事都称得上制衡左右两方的一支羽毛，可最后关头拍板的营长仍不见人影，营地群龙无首，也许平衡早就土崩瓦解，不过无所谓了，我只是一个活在潜在的战线后闻涛声观云灭的小人物，告诉我回不到昨日今夕，也是回不到某人掌权的昨日今夕。

因为和伊奕饰约好了一起吃午饭，图书馆的清洁工作并没有荒废，可不管整理得多频繁，房子得天独厚位于风口宝地，总是有土或者沙子这些与平和完全相悖的东西进来，顶着一头下功夫打理的自然卷如是哉。

有约在先似的，知情人闭口不谈那天会议的结果，也不知道洛斯伯贾和安羽斯士被委派去干了什么，再和他们说话时，时间来到了读书会结束的夜晚。

"当初我们认为你坚持不下来，没想到一转眼就成伙伴了。"

"简单把我当同事就好，伙伴一词不管是发音还是其可随心所欲地任意场所大喊出来的表达形式，生疏的我该怎么表达心中的公正，又该怎么像鸟一样自由。"

"哈，别想得太多，都是来帮忙的志愿者，没有工资领

的地方大家都算一家人。"

"啥？志愿者，我可不是来当志愿者的呀。"

"反正就是这样，我们还得赶火车，先走了。"

两人头也不回地离开后，图书馆竟然意外地空旷，心情大为失常，因而头脑中容不下无法说明正当性的各人各事，将心外之音消掉是再正常不过的事。

"赶哪门子火车，名堂委实够多的，能买上票我也想一走了之。"

满屋皆是陌生男女，几乎让人透不过气，我闭上快失去焦点的眼睛，久久注视脑海中的雪花尘静遁往封闭的心，听见曾坐第一排的副营长路过窗边和某人谈话的声音，噘起嘴唇吹了口气，今早伊奕饰拗不过我才答应，如果我说服他图书馆能住第二个人，她会考虑搬过来住。

工作期间擅自离岗伊奕饰不会高兴，可之前从未听过她说起志愿者的事，也许我们扯平了。向他走去时我想。

第十四章　'名'日未可知

很久很久以前，晨风习习迎彩霞，阳光顺着溪流，穿过峡谷，泼洒在生机盎然的山坡上，树林深处的弯道与阴影一直蜿蜒到遮凉的露台，空气中充满着春雨和泥土的气息——

"解说员，能提个问题吗？"

面前的男生举起手，他的身高完完全全遮住苟的视线，"你好，我在这儿。"

"你有什么问题吗？我一定会知无不言，言无不尽的。"

丝转过头，注视苟的方向。

"为什么你在每一句前都要说一句多年以前呢？"

"因为不是你们的故事，不过是真实发生的哦。你们应该都看见了吧，你们的脖子，路边的工作人员，乃至一棵树都挂上了带有名字的牌子。"

"难道是营地之前营员的名字？"

六点不到就被人硬生生从美梦中拉起，甩了甩睡眠不足的脑袋，有人无力地问道。

"是的,这就是我要讲的故事,"丝扬着自己胸前的铭牌,"来自十年前的故事。"

"所以我们已经回到十年前了,花价怎么办?"

"时间线是不是一直按十年前的走,不会突施冷箭,变成五年前吗?是不是一直按这个名字称呼?"

"什么时候能回到现在,走完过场之后吗?"

"有没有可能……"

烦人的问题全是躲在人群中的怖徕问的,所有人双眼闪亮东瞧瞧西看看,琢磨手中另一个人的名字时他偷偷混了进来,之所以停顿是不想显得自己太过张扬,本来没请到事假的他偷跑过来,什么时候被店主找回只是时间问题。

"花价不变,至于另外的,十年前的人不知道这些,希望你们已经把我当成名为鱼指旖影的员工看待了。"

"十年前发生了什么?"

壬子仔细盯着丝这副严肃得像变了个人的模样,怪不得出门时碰到丝,在无视自己后,转身像老友一样跟路边的树打招呼,挂上一个人名的树装作是营地曾经待过的人不假,可没必要关系网也要装得像十年前那样吧,需要这么严谨吗?不禁想到了这种可能性。

听到有人问,壬子竖起了耳朵。

"十年前吗,我不知道,也不可能知道,问其他员工也会这么跟你说,因为从你们拿到名字开始,没有人认识你是谁,真正的你十年前不会出现在营地……我再重复一遍,一定要拿好手中的名字,不然员工不接受你们提出的任何

帮助。"

"可真想要回到十年前，还是需要我们配合对吗？"

"看你们心情，可以拒绝的，想回到十年后的人把牌子交回来。"

大家暂时沉浸在无力抵抗的兴奋中，无人行动。

"十年前曾待在营地里的人还需要牌子吗？"

左边有人窃窃私语，壬子跟着思考，十年前夏季的话，她确实来过营地，不过是待了几天，不至于也要被挂在身上。

如果铭牌仅仅刻的是营员和员工名字的话，她的名字不会出现在上面，可记得以前营地的人全加起来，名字也不会富裕到连路边无关紧要的树都可以披挂上阵的地步。

"丝姐，噢，不对，"一位女生招呼道。

"鱼姐。"旁边女生提醒她。

"鱼姐，我们的名字确定是按性别给的吗？"

"当然，男生给男生的，女生给女生的。"鱼指旖影眨了眨眼睛回头问。"何出此言。"

"刻岩壬，怎么听都像是男生名字。"

问问题的女生说完扑哧一声笑了，可能自己都觉得是在无中生有。

"十岁呀，没想到有这么小的孩子。"但鱼指旖影看了一眼铭牌接过话茬，然后自豪地冒出这句，"小孩很难哄呢，希望当时没怠慢了她，不然一辈子不会来了。"

听到此，壬子的心漏跳了一拍，她用视线扫了一圈，看看有没有其他人注意到自己,大部分人还是成群结队互相做新的自我介绍,个别人三三两两谈着别的什么,看来并不想额外去记别人的姓名,幸好表面没有跟平常不同的地方,如果有的话,头衔为'刻岩农场主'的她的性格有点独断,此刻一定找地洞钻进去了。

苟不停翻看手中的铭牌,丝说的没错,正面刻着的是人名,背面刻着爱好、与谁玩得好、年龄啦等等。

"源戏原,"他喊住怖徕,"是你认识的人吗?冒犯了的话咱俩换。"

"认识。"怖徕转过头,苟才注意到怖徕的脖子空空如也,"昨天这个人还叫苟。"

说来也对,在火车上本来起的就是假名,即使告知真名,几天的交情转眼名字会先音容笑貌忘掉,不如把自己跟一个搞不懂的名字联系起来,下回看见名字中的哪个冷门字时说不定会想到在营地一起玩乐的时光。

"你不参加这个活动了吗?"

"来一趟什么都不参加肯定不合适,但这不是我所决定的,话说回来,你是从哪个地方拿的铭牌。"

"今早专人送来的,告知今天的活动一定要带的,不晓得其他人怎么拿到的。"

因为苟和怖徕与其他人不住在一块,情报慢人一步已经成了生活不可或缺的部分,而怖徕因打工原因,使得两人连分享情报的时间也不能统一。

"我的是不是也一起给了。"把手中的'源戏原'铭牌

还回去，怖徕一脸期待地盯着苟。

"那倒没有。"

"可能今天的活动需要花朵吧，"怖徕小声回应，单手覆住面目自嘲道，"营地担心我薄弱的经济系统出现漏洞，自然我被排除出去。"

"这个，我也说不好。"

苟含糊地点了下头。

"不过营地这么多人，忘了一个人也是常有的事，向丝反映一下吧。"

"白费工夫。"怖徕赶苍蝇似的挥挥手，"看到道边的树了吗。"

"是要直接拿树上的铭牌吗？"苟问。

"看见这么大阵仗地改名字我就一直在想，营地是不是要重演一遍由前辈们完成的一件什么事，说不好，应该是某件挺值得骄傲的事，虽然不想在搜集线索之前运用直觉，但我觉得领到铭牌的人都是有记录在案的，所有人的身份已经分配好了，有一出好戏等着你们上演，可真正的剧本是没法容下那么多位主角的，"怖徕为难地皱眉，谈话时不忘注视四周，"我没法确定哪些人是主是客，但那些挂在树上的名字，可以肯定是在活动中没有戏份刷下来来滥竽充数的，即使我拿过铭牌也逃不过做背景板的命运。"

说完怖徕朝来时的方向走去，苟在与怖徕眼神接触的一刹那，看见他眼神里有不明白自己为什么被排除在外的焦虑，也有曾为燃起主角梦而烧尽的困顿，更多的是掩饰不住

对营地的悲望，深知在这种情况多说无益，但顾忌到怖徕会对以后的活动心如死灰，提不起干劲，苟追上去，并将自己之后的行为解释为多此一举。

"假如你猜得没错，那么你就想轻易浪费掉这个机会吗？"

"不想，"怖徕困惑地偏着头，"可我已经没机会了。"

"当然不是那种事前怎么布置都行的主角戏，我问的是要浪费掉待在主角的周围看完一整出戏的机会。"

"可，"怖徕迟疑了几秒才问，"谁会在意这些。"

"我们呀，知道怎么将背景板诠释得十分完美甚至还有些作假吗？"苟瞄了大部队一眼，确保有人待在他的视线里，"那就是找到主角，在他们身后，或坐或站，舒舒服服看完故事。"

"你说得有道理，对于我们背景板小弟来说，找出谁是主角，已经是人生的一大胜利了，有些人演背景板连舞台中央都走不进去。"

"没有我们做不到的事，"苟说一句话便仰起一次胳膊做怖徕的思想工作，"因为我们什么事都不用做。"

"不是任何人的榜样，那我们就是承载人们叛逆心理的脸面，照他们的喜欢任意想象。"

"合掌闭目莫祈祷，上台鞠躬迎谢礼。"

"我必须为我所做之事负责到底，亲眼看着地板塌幕布裂也绝不动摇袖手旁观的决心。"

"对的，所以分到此等良差我们需不需要庆祝一下？"

两人欢呼起来，什么也没调查清楚，与生俱来的傲慢开始盲然对美好感激涕零，仿佛已经抛开现实中的世界和人们一走了之。

"说完了。"

两人身体之间的缝隙露出鱼指旖影的脑袋，她来叫脱离团体的两人去参加名为'皇后摇指'的棋牌游戏。

"去吗？"怖徕征求苟的意见。

"当然，说不定我是主角呢。"苟说，"不去会有一名忠实的观众错失身份，得不偿失呀。"

……

那是一位以说各种谎话为荣的皇后，国王去世后，她架空太子，独揽大权，朝廷上下独断专行，她的痛苦永远根深蒂固，精确到箭靶中心的谎话永远分秒必争。外乡来的四位平民将会为这个国家带来正义和和平。

来得太晚，苟和怖徕自动分到了最后一组。最后一组总是凑数的一组，混子或是新手盘踞在此，还因为何时何地都有人请假或是有人无故缺席，这一组也总比别的组人少。

扑克牌54张，除去大小王，被选为皇后的人先抽一张，之后两名士兵再抽，剩下的49张牌四位平民按顺序每人抽一张，抽完后给面前的士兵和皇后看一次，可以同时选择给其他平民看，抽到跟士兵手里同花或同色且数字相同的牌，或抽到皇后手里同花或同色的牌时，相应的人摇手指，如果皇后的手牌和其中一位士兵的手牌同花色，摇手指的动作可以由士兵完成，但如果抽到和皇后手牌前后数字相连的同花色牌时，皇后必须摇手指，抽完的牌置于牌堆洗好下一个平民再抽，所有平民抽完一次为一轮，五轮后，每人有一次猜士兵和皇后手牌的机会，如 a 平民猜中士兵甲的手牌，可以选择转换位置，手牌可任选一张牌，士兵甲继承 a 平民的顺位，十五轮结束，猜不到皇后手里的牌，平民组输掉比赛，反之平民组胜利。

要是士兵的牌和皇后的牌同花色并且前后相连，皇后组直接获胜。

一个组规模为七人，加进去时两位士兵和皇后的位置已经选定，剩下的一个自甘堕落为平民，他看见苟和怖徕过来时耸了耸肩，似乎放弃了胜利的希望。

"那就发牌吧。"

几分钟过去，第七组的皇后便举手示意已经完成了比赛，比赛胜者为皇后和她的士兵，他们将晋级下一场比赛，和其余六组的胜者争夺下一场比赛的名额。

"别生闷气了，只是一场游戏。"虽心有不甘，怖徕开导着壬子。

壬子的表情略显不悦，显得有所防备。

"你们为什么不生气，你们曾经的同伴背叛了你们呀。"

"可他要是不背叛的话，你怎么加入我们之中呢，因为这就是游戏规则呀。"始终对某个地方存疑，苟开始做复盘的准备，"可按理说，你是看过皇后手牌的，花色应该跟你一样是红桃，不应该接下几轮都猜黑片什么的吧。"

"我们有交情。"没有表现出在意两人目光的样子，壬

子故意说得很慢,"曾立下誓言,守护皇后是我的使命。"

"说得好听,硬说也只有帮忙摇过几次手指的交情。你不带乱节奏的话我们能赢的。"

"这个我想应该没什么关系吧。"

"跟我们一起赢确实没什么关系,带上你的皇后立马就起关系了。"

怯怯瞄了壬子一眼,怖徕的声音始终带有一丝挖苦的意思。

"说出这种袖手旁观的话的你又是怎么样任人宰割的呢?"壬子没见过怖徕在人后另立山头与店主抗衡的模样,自以为穿心刨骨的一击不过是伤不透皮毛的询问问诊。

"老样子,日记上写一句今天一如往常也没有什么关系,"怖徕以别有含义的笑容回应,"我的人生轨迹是外人鲜有机会重合的,除了你,因为你的脑子比我转得快一点,后援团比我妈更唠叨吗?不是,是因为今天刚开始我就已经没救了,而你是在还剩一口气的时候,被人痛痛快快地拉下了水,咱俩堪称倒霉界的天才,不用害臊,这是我们俩光明正大真愿为此付出灵魂的能力,而在冰冷而平淡的命运继续把我们的日记写的满满当当前,你得纠正你的态度,想想要跟谁在一起,是对你痛苦感同身受倒显得你希望用距离来安慰自己的举动如此大众的同谋,还是借片刻的欢愉让压抑在心中的烦恼表达出比它们原本表达的更多含义的自己原本的模样。"

"是这一切。"她对他说,"是只给一个怜悯的眼神便足

以我整个世界至善的这一切。"

不知有意还是无意，话题转向壬子本来刻意回避的某件事，对方假装暗示知道自己重大秘密的样子让壬子心里不舒服，只是维持应有的礼貌，仿佛不在意一般，壬子没有露出丝毫粗鲁的表情。

"好了，我们别再说多愁善感的废话了。"壬子吸了一口气，自然回应道，"你说得对，就是一场游戏，没必要放心上，先走一步。"

怖徕没有作答，皱着眉观察着壬子，看她跟在皇后的身侧消失在林边小道。

"她可能不想接受残酷的现实，才故意不正视同为输家之间的谈话，可还是有点奇怪啊，你说是不是。"

"虽然晚了几分钟，我想我弄清皇后手里的牌是什么了。"苟翻开扣在牌桌上的手牌，半张着嘴，沉默了几秒说道，"错了，知道是不是字母的情况下还是错了，早说过了，我玩不了这种游戏。"

作为皇后和平民赢得比赛加两分，士兵则为一分，苟和怖徕是等到冠军统计出来后才离开的，他们一直天真地认为，主角会是今天的冠军，没想到扑了个空，草草搭建的领奖台一撤走，联想不出脚下的荒凉地曾举办过比赛，越发加重两人无缘舞台中央的无思无念。离开后，被通知今天余下的行程是自由活动，员工也都提前下班，早早换下工作服，隐藏在悻悻抱怨'今天活动这么少还要早起'的营员之中，看来根本不存在其他的活动。

"一是我们多想了，二是我们走上了一条完全错误的路，思来想去也只有这两种可能。"

怖徕对自己的话聊以解闷似的打了个哈欠。

"不，不是这么简单的事，"苟迷惑地摇头，"如果活动结束，为什么不事先收走铭牌呢？"

"纪念物，或者嫌麻烦不想做一份新的中奖名单，便拿十年前的开奖名单代替。"

"当然可能，晚些时间真的开奖，奖品又需要支付彩票费用才可领取，正好解释你没有铭牌的原因，即使你的名字是属于以前抽到过一等奖的幸运儿的，你也会因为没有钱而自动放弃领奖。"

或许觉得苟一本正经顺着自己随口说的解释分析太过好笑，讥讽的话差点脱口而出，怖徕咳嗽了一声。

"不仅仅是那样，总觉时间太过凑巧，以前再怎么闲，也要按部就班，休闲的时间不会全权交给我们自己决定，反而到了今天，变得如此随意，一点也不担心晚上点名时我们缺胳膊断腿什么的。"

"你说这十年间是不是发生过某起意外，从此彻底断绝了自由活动的可能。"

顾虑到怖徕是本地人的感受，苟尽量说得直白，为身处陌生地带的自己哀叹，很容易表现出对这个地方的抵触。

"没听过，即使真发生了，那时还小，家人怎么可能在眼前提起。"苟锐利的眼神让怖徕脸上的微笑有所收敛，他立马清楚苟指着是什么事情，"不过还真有这个可能，所谓规则就是这么回事,改头换面绝不可能在一段令人如沐春风的三人之行后出现。"

"那今天的事是?"

"跟纷纭的昔日无关的回忆罢了,我想过了,之所以让我们各干各的,是为了掩人耳目,他们仿祸,我们霎忍,杂七杂八的事一锅炖,发生的事情多了起来,杂音会掩盖真正的声音,其实也无需担心我们弄清弄懂什么,半天的时间能感受到什么呢,光打哈欠的时间就超一半时间了。"

"说是这样说,你去哪儿,回去补觉?"

"睡觉那种事一点真实感都没有,我也习惯早起,现在要到小泛舟去帮忙。"

小泛舟自己是常常停在森林某处的餐车的名字,打工者除怖徕外,另一人便是厨师兼服务员的店主。

"正好你一个人独处,诗写得还快。"

"不是诗,"苟扫了怖徕一眼,"几日前未时某一刻在屋子某一处升起过一段楼梯,那楼梯实非等闲之梯,每一阶台阶上刻着不能充分领悟的语言,我便抄下来翻译。"

"楼梯?没听你提起过,通向哪儿?"

"不管是即将到来的美丽新世界,还是亦步亦趋的身后旧世界,无论哪种经历一辈子可能不会再有,"苟舔舔烈阳天下干涩的嘴唇,"我想都应该留影记录下来,抄完转身取摄像机的工夫,楼梯就消失了。"

"既然要拿摄像机,为什么一开始不用摄像机拍摄呢?"

"后知后觉吧,似乎也是我十九载人生的一个总结。"

听别人这么说，怖徕自己也不禁生出几分惆怅。

"最后问一个问题，我是不是每天都睡在楼梯出现的位置？"

那天之后楼梯不再出现，所以为了在晚上不错过楼梯出现的机会，他特意规划了怖徕睡觉的区域，等楼梯出现一定会惊动睡在上面的怖徕，连带自己也会被吵醒。

苟心里这么想，嘴上却没作声，他摇了摇脑袋。

……

目光只在名为'刻岩壬'和脚下的道路之间来回移动，壬子忽视了身边并不是所有东西都处于静态的道理。

一声咳嗽过后，某处传来刺耳的鸟鸣，什么东西都引她注意，心惊到的价值和真正意义已经彻底丢掉了。

穿着驼色短裤配茶色立领衫的'刻岩壬'堵在路中央，身后站着她的同伴，三人身材都很标准匀称，身高在同龄女生平均线上下。这种规模在女生的小团体中很不常见，尤其青春期之后，女孩们要面临各种变胖不长个经常换团体的问题。右边白色吊带连衣裙套着牛仔夹克，耳垂挂着营地传说'咚咚'样子的莱茵石耳环，左边上身营地发的黑色衬衫，下身自己带的运动卫裤，头上戴着做旧了的棒球帽。

"从刚才你执意加入我们的游戏就注意到你不对劲，走了这么远的路终于把你骗过来了。你在跟踪我们对吗？"

壬子感到身后有人一寸都不放过似的盯着自己。她本想说顺路而已，但面对突然的责问，舌头打结，一句话也说不出，无异于不打自招。

"我没说错对吧?"

为首的女生抱胸向前一步。

"怎么样最好你还是老实说,别想着逃掉,我记清你的脸了。"

她的语气很平静,没有提到对自己的埋怨,却更能体现出被跟踪后的愤怒和要跟自己争个鱼死网破的决心。

壬子踌躇片刻,干不正经的事被抓包后,她的应变速度就是这么慢,对追踪此事只字不提只会让恶性循环周而复始,逃跑后隐含的后果也足以让壬子心脏一缩。

"哎呀,今天没到晌午都热到这个势头了,我正好知道有家带空调的冷饮店,去那儿谈吧。"

"为什么要去那儿?哪儿谈不一样。"旁边的女生低声说。

"当然有区别,那儿有椅子,我还能请你们喝上一杯夏日佳酿。"

"你凭什么觉得我们会听你的?"

"不为什么,就是觉得你们一定会去。来这么一趟不容易,本地人有这么一句话,没来过营地就不算到过天堂,不尝尝营地的'莓汁缘'就不算来过营地。"

"说得有那么好,只是一杯饮料而已,别想轻易岔开话题。"

"'莓汁缘'算是夏日最便宜的特供了,一杯也得价值三片花朵。"

三人互相看看对方,脸上升起不明所以的微笑,勉强维

持的淡定消失了，不像特殊问题特殊讨论的样子，只是单纯想确认对方的想法。

"去晚的话只能喝加白糖的绿豆水了。"

"我们去。"

面对三人突然的变卦，壬子并不怎么惊讶，脑海里反复思考的计划可能有点莽撞，但也只有这个计划实施起来不过复杂，看看三人脖子的项链，手腕的饰品，全是营地礼品店的热门产品，买下来要花不少钱吧，剩下的钱本来就不足以她们在营地生存，处在前途渺茫的压力下，一有天上掉馅饼的机会一定会把握住，更何况是发生在饮品店这种能放松身心的地方呢，而且控制好语气姿态，让她们把这件事当成生意来谈的话，她们自然会沉浸其中的。

壬子口中的那家店，开在冷饮一条街的末尾，没什么顾客，空位很多，吸引人的空调也只是一个不能转头的风扇，固定在餐车里，吹着老板稀疏的几根头发丝。

老板端过饮品，一一分下去，说完'请慢用'离开时，'刻岩壬'才发现自己前面空空如也。

"为什么少一杯？"

"带酒精的，不能给——你——喝。"

声音不中用地拉长音，原因她心知肚明，自己这杯冰块加多了，没等她纠正回原本的意思，女孩开口问道。

"多谢关心，换一杯呢。"

"哪一杯配方都有酒精，老板也不打算轻易改变自己的信念，也是客少的原因。"

可能是要掩饰同伴的窘态，另外两位女生嬉闹着点评饮料美中不足的地方，声音里却夹杂着优越感。

"早知道不来了。"

'刻岩壬'对着壬子说，有气无力的语气是气馁时常有的现象，不过绝不是向壬子抱怨的腔调。

"想喝也不是难事，"壬子强调似的使劲摇摇头，"把名字一交，退出今天的活动算了。"

显然是算准此店的饮品全带酒精，壬子才带三人来此消费。

看见有位同伴一口气喝掉了一半后，呼地舒了口气，而自己落得个和罪人一样的待遇，很多事情都要分出个轻重缓急，嫉妒羡慕恨就要比与壬子你来我往般的交谈来得快，而且壬子的提议合情合理，但女生带着和善的笑容撇撇嘴，露出雪白的牙齿。

"原来是还记着早上的事呢，还好奇你怎么知道我对酒精过敏这件事呢，可过家家的活动不早就结束了吗？"

"怎么会呢？又没有通知我们把名字交回去。"

壬子说道。

"没有倒是没有，可是营地不是允许我们自由活动了吗？"戴棒球帽的女生摘下帽子扇着风，"终于等到能穿自己衣服的日子了，前几日的活动真是吓人，现在我还不敢把营地装换回去呢。"

"有没有可能等自由活动结束，下一个活动照旧这一说。"

"既然照旧，为什么不告诉我们自由活动什么时候结束，不知道何时结束，正式活动开始的时候要怎么集结大家，员工要一个一个来找我们吗？"

"也有可能铭牌带着芯片，所有人的踪迹营地方都一清二楚。"

"这么说真有可能，你可别吓我，真有活动我还得回去换衣服。"

"我也是自行猜测，即使有定位也太费事了。可名字不收回来还是觉得不同寻常。"

也许是表现得对名字太上心，坐在壬子左边的女生频频向同伴眨眼。

"不会乱套的，早些时候丝也就是那么一说，换个名字是不可能成为另外一个人的，出身高贵的贵族怎么可能那么轻易被人夺去魂，魄被作为廉价劳力为人使用呢，这点谁还不心知肚明谁就是蠢蛋一条，所以不收回去也没什么。"

"那说过名字要自行处置吗？"

"也没说，不过很可能默认我们带回去做纪念品。"

"这样啊，也对，"壬子说，"既然成为个人物品的话，出现随手不知扔哪儿的情况也是常有的事，那要怎么解释丝再三嘱咐过的一定要留好手中的名字呢。"

"难道公有物品就没有丢的时候吗，我们的名字不还是好好攥在手里的吗？你可别操心了。"

觉得让心情变坏的要素之一便是继续钻牛角尖，四人的茶话会不知不觉变成了壬子和刻岩壬两人的窃窃私语。

"天哪,要留好名字吗,我那个时候一定是溜号了。"

刻岩壬自怨自艾似地歪起了嘴。

"把名字还回去了,还是丢在某个地方了?"

"是跟别人有言在先,马上要送出去了。"

"有人要了?"

"对,记着打牌的时候吗,有个男生直接走过来要了,莫名其妙,但现在一想,可能要拿我的名字私底下搞什么小动作,所以到时名字一给就得把他盯的像书签和上下页那么紧。"

"知道是陷阱,明明可以不往里跳啊。"

壬子的表情难看到极点,急迫的语气让对方有点不知所以。

"没有问题,当时他话说得那么动听,勾起我一探究竟的决心,我想看看他的目的何在。就是有点记不住当事人的长相了。"

"样子吗,不用记了,我知道他是住在火车里的流浪汉。"穿营地服的女生加入话题。

"流浪汉?"

"不知什么缘故,火车变成了室内露营发烧友的天堂,他们一到晚上就聚在那里开派对,点灯熬油,好不快活,更有甚者已经把那里当成第二个宿舍住了。"

"但是,到了宵禁时间不还是得回去吗?"

重新整理了自己的情绪,壬子用冷静下来的声音反问道。

"对呀,只有那个人不用,也没见过他参加活动,所以立刻排除他是营员的可能,唉,说起来,前几日我也没见过你参加活动呢。"

"是这样的,"壬子苦笑地捂着肚子,痛苦似的颤抖着双肩,"身体不舒服,在宿舍调理身体来着。"

"原来如此,身体刚好点又喝凉的,真不长记性啊你。"说话的女生以一脸不满的表情哈的抬起了头,"反正他不是营员,在问过丝后,怀疑他是营地员工的疑问自然不攻自破,既然两者都不是,我才称他为流浪汉。"

"这样啊,是流浪汉的话就得另行考虑了。"

一脸面对未知险阻而变得艰难的表情,刻岩壬无奈似的自语道。

"为什么?"壬子回问道。

"只有不断追求的人才会拥有那些不为人知的秘密,别误解我的话,不是说流浪汉没有追求,他们绝对是世界上最追求自由的群体,可这点追求也就注定流浪汉绝对没有什么秘密可藏,身世是他们可供别人刨根问底的唯一谈资,所以约好在中午十二点火车里见面谁知道他有什么企图呀。"

"你害怕的话,我替你去吧。"

"我也想找人替我去,不过不如预先把名字留在火车里,大家都是渴望着看结果的人,要是处理得不好,给对方打个预防针也说不定,到时不免会时时刻刻留意交付者的动向,折腾得越狠追踪起来反而不方便。"

"轻而易举地拿到,不更让人起疑心吗?"

像是决意妨碍那样决意的她一样,壬子出言询问。

"未必,一本外语书,两种翻译,一种绘声绘色,能令阅者拍案叫绝,一种直言直译,你相信哪种才是作者的水平呢?"

壬子摇摇头,想听她怎么说。

"我吗,会选择粗俗易懂的译本,在细节上不做考究,讲道理时也会适可而止的人,才是最懂作者本意的人,受不了有些人在翻译的过程中,在作品的原基础上添加个人情愫,那时呢,读者又会在翻译家添加的情感上继续异想天开,到底书是谁写成的呢,自己的意思没有表达清楚,原作者是不愿意看到出这样的差错的。"

"那样确实,请别人来做事总怕会不按着自己的想法来干,即使最后的结果没出岔子,心里还是会不舒服。"

壬子不反感地同意道。

"他的目的是拿到名字,保持恰如其分的距离正好既能取暖又能不被互相刺痛,简单放在那儿,由他慢条斯理地接受或不接受,你去与他交涉,不怕他不认识你,展示自己的领土权而无痛呻吟?说不定也会像我一样嘴里蹦出歪理讲给你听。"

"你说的是歪理吗?我觉得还行。"

看着她悠闲着捧起随身的杯子,一口一口啜饮起自带的咖啡,壬子不禁以毫无自信的口气问道。

"你不着急吗,不是快到约定的时间了吗?"

"已经放好了,放在答应好的地方。"

果然，她的脖子已经没有铭牌了，其实之前就怀疑过，但心里总有暗示那个名字藏在花花绿绿的项链中，对比自己抱着半游戏的心态无所事事地藏在营地里浮日偷生。

……

来到火车，不费吹灰之力便找到了已经拿到铭牌的宴火。

不知道她埋伏在哪里，只是说一句话，应该不会起疑心。

"嘿，姐，刚想去找你呢，看看我找到了什么。"

"是……铁片，又去捡垃圾了。"

"再仔细看看，凑近点看看。"

可壬子说什么也不再向前多走一步，宴火操心般叹了口气。

"上面有你的名字，是你的东西吧，有人捡到留在门把手上了，总之呢，别再乱放了，下次丢了的话就没有那么好运了。"

似乎没有和壬子细谈的意思，留下一副交代完毕的样子，留下刻着'刻岩壬'名字的铭牌转身就走。

壬子知道她就在附近，像撇清与宴火的关系本能地走了几步，看见窗外遗留着某人的项链时，发觉已是亡羊补牢。

……

昨日还稍显浑浊的蓝天，今日壬子便可以透过大树茂密的叶子，仰望头顶明媚的阳光，打下的树叶吹来形同陌路的风，她的眼睛深处也曾那般探索其间，侧耳倾听满满的期待

不紊在路尽头。

听见身后有脚步声,马上在树旁的位置坐下,背靠遮蔽物,先入为主的状态下,可以不必强装镇定。

"哎?你的两位同伴呢?"壬子问。

"记得你找的那家冷饮店吗,要招几位日结的服务生,反正无事可做,她俩留在那儿了。"

"你怎么没跟着一起?"

"不感兴趣,而且今天结束老板一定请喝饮料,不喝的话不是太不给面子了。"后来的女生解释说。

"那你也应该跟你的朋友在一起,怎么一个人找到这儿来了。"

"她们是发小,和我就有点距离了。"

"既然你知道她们以前的事,她们和你的关系肯定也非比寻常。"

"没有呀,才刚认识几小时而已,恰好这几小时她们一直在谈自己的事情。"

"这样啊。"

自己恐怕问了一个微妙的问题,壬子心里十分过意不去,女生并无在意。

"今天早上不知谁提议,要按铭牌上的人际关系呆半天,演戏嘛,要演就演整套。本来不想多事,但人生地不熟,抱小团团总好过独狼入林吧,而且处起来不舒服的话我也可以编个借口离开。"

壬子点了下头,没作声。

"还有觉得你似乎很焦虑,便跟着你到这儿来。"

女性特有的直觉推行出蹊跷的细节,半推半就似的嗯哼声像是长他人志气的叹息。

"怎么说你好呢。"壬子对她笑着,眼里了无笑意,"你想错了,我们只是在一起聊过天。"

言外之意不需要外人担心。

"一点也不担心你,知道追踪猎物的猎狗吗?"女孩绕着壬子看风景,对眼前的一切颇觉无趣,"最后到手的食物总会为猎人所有。焦虑的人最会找美景,跟着他们会一饱眼福。我跟着你便是这个意思,懂了吗。你觉得这地方好?"

壬子默默地点头,初次印象称不上美好,但印象是可以淡化的,是可以靠回忆来改变的。乌云散去,自有漫天繁星。

"真是浪费我的时间。"

话是这么说,女孩并没有离开的意图,反而坐在壬子身边。

"我有事问你,现在方便吗?"

"别人的事最好少打听。"

本想以威严性的语气镇压女生,脸转向她的那一刻,却不经意用冰冷疏远的声音说道。

"向我撒娇最不管用了,"不知何时女生用打量陌生人的眼神盯着壬子,无聊似的说,"又不是关于别人的,我想问的,是关于刻岩壬的一些事。"

"她的话,我知道什么一定跟你说。"

像是知道有这么一天,会被麻烦找上门,壬子崭露出了看透一切的目光。

"你有这么配合?顺利得我都忘了要问什么了。"

对自己的提问,对方并没有特别的抗拒,女生惊讶地眯细了眼,作弄般地捂住嘴。

"问之前,可不可以回答我一个问题?"

嗯哼声是她不情不愿似的感慨。

"刻岩壬对你来说是什么样的人?"

"哦。"女生偏着脑袋,沉默了一会儿,像是被这个问题难到了,其实她只是需要这么一点时间,来让对方不得不接受她接下来要说的每一个字,"她怎么看我,我就怎么看她,非要说感受的话,我恨死她了。"

"你不是我见到的第一个在营地里恨她的人。会把你的话当作参考的。"

"你不问为什么?"

"我说了会把你的话当作参考的。"

"猜一下吧,猜猜我为什么那么恨她。"

"不猜。"

壬子依然摇头。

"也对,作案也许几分钟就能完成,破案会需要一个月。你没那个闲工夫。看这里。"

女生指着自己的衣服,转了一圈,转圈的动作多半出于本能,是未经思索的行动。

"看这衣服熟悉吗?"

"很眼熟,但想不起从哪儿见过。"

"你家里也有一件。"

"校服吗,你是区二中的学生?"

壬子恍然大悟般仰起头,再次看向女生,一个念头从她脑中闪过。

"你母亲是不是在区二中当老师来着。"

"才想起来,以为你早就把她忘掉了?"

"受过阿姨很多帮助,忘了才不应该。"

"哎,也说不上什么帮助,事实就是有时间替你父母带一会你而已。你父母一定很忙对吧,那时你就是注定要来我们家吃晚饭的。"

女生谈起往事时显然失去了兴趣,声音莫名带着几分责备,因为是朋友家的孩子,所以会比自家孩子更精心照顾,对于鸠占鹊巢的经历,自然不是什么有趣的话题。

"啊,没错没错。光阴如梭,一转眼,无声无息间已是物是人非,"壬子转移话题,"所以说你也考上这所高中了,分到阿姨带的班里了吗?"

"不是,我妈不教我这一级,但是班主任是我妈的朋友,一举一动还是逃不过她的法眼。"

壬子能够理解她叹气的原因,年轻人,浮躁得很,向往海阔任鱼跃的自由。

"话说回来,学姐当时的班主任就是我的妈妈对吧。她教得怎么样?"

壬子虽然点头,心里不禁怀疑,母女之间长时间的相处

不应该连这种问题都问自己，可能是想听别人说几句赞美自己母亲的话，心中会油然而生出一种自豪感，以此满足自己的虚荣心，便象征性地说了几句。

闻言女生笑着点点头。

"她有你说得那么好？"

"真的。"

"可为什么你没顺利毕业，"仿佛看到什么可疑人物似的皱起眉，女生瞬间露出失望的表情，"还留级到我们班了呢？"

看见壬子诧异的脸逐渐羞得满面通红，她要的不是这个效果，但内心却有深深的满足感。

"我就是想问这个问题，学姐，不，不应该再叫你学姐了，放假前几天你是来过这个新班的，还是我替你搬的桌子，所以我应该叫你，同桌。"

"我们见过面？没有印象了。"

注意不露出狼狈的神色，壬子假装遥望起远方。

"一片面包勾起肚子里的馋虫，一丁点记忆也能打开思念的话匣子，我们之间没有话题可聊，正是没有印象的可怕之处。不过新同学也好，老师也罢，有没有印象无所谓，只要你没有忘记我母亲为你做的一切，她与你的往来就没有结束。"

"如果伤了阿姨的心的话我很抱歉，这世界上就是有很多人对学习敬而远之，可能我也不是学习的那块料吧。"

"跟你是哪种人无关，只跟你认为你是哪种人有关，你不认为自己是读书的料,那就是没有把生活重心放在读书上,也就是内心深处有比学习还重要的事,使你与读书之间形成隔阂。隔阂人人都有,但应分清孰轻孰重。"

"你苦口婆心的样子真像阿姨。"

露出难以自处的表情,壬子疲惫不堪地叹了口气。

"那我就做些她不会做的事吧。"公事公办站了起来的女孩,在壬子的面前大大方方鞠了一躬,是勉强放下面子,为自己行为所惑的好胜之举。

"流感季节,先感冒的人会成为传染源,好了后又被自己传染感冒的人传染上,我们现在就是在按这个流程走,小时候你缠上我们家一样,现在我缠上你了。独占了幸福与不幸的人,你的想法呢。"

刚想脱口'自己的想法重要吗'这句话,却丝毫未见填满不幸日常的小小缺口后,剩下的一部分底气残留于此,总觉得这句话只是给别人揶揄自己找的靶子。

"啊……这个嘛……会努力的,既然老天要我们互相对付,我一定会再去你们家打扰的。"

"要来我们家复习?"

女生锐利地眯起双眼。

"说是打扰也不会打扰太久,也就是一起写写作业,解疑补漏这类的事,毕竟功课也没落下太多,只是在你家时,别再像刚才那样鞠躬了,被叔叔阿姨看见怎么办,还以为我像捐款时掐着钱不放的铁公鸡一样耍起性子来了呢。"

"此言差矣,开小时候的玩笑,是我不再进行自我克制,

屈服于年纪轻见识短浅的重担下,表明要借一步说话的意思,我父母不可能连这层意思也不懂。"

"会吗,但愿如此。"

"不管是你的学习能力,还是事外发生了什么,我都会查明。"女生刻意深深吸了口气,话说得很干脆,"我会弥补你的错失,让你顺利毕业的。"

"会把你这句话当作鼓励。"壬子礼貌地低头致意。"现在有点晚了,以后找个好天气,我们再继续聊吧。"

"仗着老天爷的好意占便宜?你就省了那点心吧,"女生露出意味深长的眼神,"好天气是用来享受生活的,不是用来给你自欺欺人的,既然谈妥了的话,我要走了。"

"还是等一下,虽然你给我的感觉,像我是你用完就扔的工具,但你至少应该惋惜一下吧。"

"哦。"女生懒洋洋地向背后瞄了一眼,装出同十分稔熟的人告别时忸怩的样子说,"侍旺都。"

"这名字好奇怪,不如你本来的名字。"

壬子跟着留意了一下周围,回过神时侍旺都正看着她,转瞬间的知心互关后,才发觉到两人的脸挨得那么近,不经意间细细打量起她,说起来,她的脸从小到大一直都很精致,记忆里的贴五官游戏中,一点点的偏移就会使整张脸辨认不出,也难怪刚开始时没认出她。

"你可以叫我原名,趁你没忘了的话。"

……

仅仅一小时的时间,气走了三位客人,算错了两次账,

收了一朵烂花，这么糊涂的人，餐盘却只打翻了一次，可倒霉就倒霉在那上面的是自己的工作餐，念在实在无人可用，心中不下一百次想把他开除的店主，破天荒地给他放了一天假，苦劳不计不说，损失自然也算在他的头上。

本来累了一天，看什么都无思无趣，那也没有把心中的无奈和遗憾宣之于口的怖徕一回到白屋，立刻被门垫上的报纸吓了一激灵。

"怎么可能有这样的事！"怖徕脸色发青，拿着报纸从头到尾读了一遍又一遍。

"咋还有钱订报呢？"

源戏原提着几袋垃圾回来时瞥了一眼。"恶作剧吧？营地出事了，怎么一点风声都听不见呢。"

"先不要下结论，看看日期。"

"十年前？"

"这就是你想知道的十年前发生的事，虽然不知道营地要干什么，但所有挂名字的人，都是嫌疑人，当然也包括你。还高兴吗？"

第十五章　篝火听我说

今晚的活动，对于善于倾听和善于倾诉的人来说过于简单。讲故事，或者听别人讲故事，可对于那些平常话全让别人说了，自己一句话都不敢说的人，讲故事要么是最勇敢的行为，要么就是最愚蠢的行为。

若隐若现于繁星下的篝火旁，五人中有四个人在第一轮的表决中拒绝讲故事，不再许久许久凝视发丝尖临阵起意的暖流，悄悄做了一个深呼吸，壬子说道。

"既然是第一个故事，我该讲一个恐怖点的故事热热场。"

"哎呀，真有本事呀你。"与他面如死灰的外表一样，内部器官也浸泡在无法靠死亡同时解脱的不幸下，完全听任未知恐惧摆布，宴火惊呼一声，抬起头来。

"一个男人，有两种口味的牙膏，早上时用薰衣草，晚上换用薄荷。一天一个不小心，早上刷牙时牙膏用成了薄荷，那天他失手杀了人，晚上睡觉时，又错用了薰衣草，第二天趴在床上再也没有起来过。"

"我对刷牙不存芥蒂,"怖徕牙疼般吸了一口气,"可就是感觉不吓人,而且你讲的故事太短了吧,比刷一次牙的时间还短。"

"也许是怕之后的提问环节问题太难,才故意挑了一个短的来说,对大家都有好处。"苟打圆场,"来吧,下一轮想讲故事的人举手。"

第二轮也是只有一个人举手,因为仍是一个人,依然省略猜拳决定顺序的环节。

如果礼物盒是活的,它们自己并不知道自己里面的礼物,但它们想带给孩子欢乐这件事并未改变,最小的礼物也是这样想的

但是没人去选择最小的礼物,因为人们相信,大的总是最好的

一批又一批,没人选择它,即使到了最后一个孩子,最后一个它

孩子可怜巴巴地看着他的妈妈

说我不想要那个

它太小了

妈妈拗不过孩子,说,明年你能得到两个礼物,就这样,小礼物今年依然留守,孩子却期待着来年的两个礼物

虽然对今年的待遇有点抱怨,但是,并无不公平,礼物又不能挑主人

不知何时

小礼物有了小礼物的称号

突然有一天

礼物老人降临,他很诧异迟迟没有人接受这份礼物

即使它过于渺小

礼物老人问道,你在这儿待了多少年

小礼物无比坚定地说道

18年

不长不短,是一个孩子长大成人的时间

礼物老人很吃惊

看着它蓝色的绶带包着发黄的礼盒

还透露出坚定的理想信念,像极了一个顽固的孩子

他想起了自己小时候,所以心生不忍

说道

我可以满足你一个愿望

他本以为小礼物会说希望有孩子选我

可不是,像早就想好了一样

小礼物义正词严地说道

我想变成人,想像孩子一样生活,体验他们的喜怒哀乐

想在厌倦了的时代深处,了解存于人内心的善与恶

礼物老人惊愕于小礼物的自信

使他忘记了什么

在一小段时间后

他施法了

小礼物在漫天飞雪下成型

也在陪自己度过十八年春秋的房子前呈现身形
是的
礼物老人没有将礼物变为孩子
他将小礼物的信念与礼物本身的美好混合做出了一个新的创造品，虽然看上去比其他孩子瘦小得多
不过，送礼物这件事可不分小孩
这个新生儿走向自己的礼盒
毫不忧虑地拆开
是一部相机
"哦，原来我这么有价值"
十八年前，有利用价值
十八年后，有收藏价值
她看着惊慌失措的礼物老人
她想做什么
但她体内有欢庆的成分
欢庆加上礼物，她是被用来记录美好的
就像礼物本身
为美好而存在，使人以梦想的希冀
她看了看手中的相机
犹豫片刻
拍下了十八年来第一张照片
她将这张照片放进去，重新扎好了盒子的绶带
礼物老人不解地问
你拍了什么

纯粹

她回答道

然后化作微风飘向上空

俯视着小镇

像在观察中思考着什么

过了一会

吹来一阵寒冷的北风

使人不禁打了个寒战

坐在公共长椅的礼物老人知道

她走了

他知道，她再也不会回来

最后一眼已经使她切断了自己对前世的留念

因为今年的孩子们，依然没有选择它

礼物老人倒想去看看

但他已经不是孩子了，而且盒子里面的是纯粹，他不想破坏这份纯粹。

他呆呆地坐在那儿

因为他不知道，那个人将给世界带来什么

因为他之前施的是一份无穷无尽的魔力

这份魔力他一直以为一旦释放就会给孩子带来欢笑，但他总是忽视心意相通才是这份美好独有的边际

过了很久

"你的名字是什么"

他大喊道

其实不用

那份信念一直都在

一股微风飘过

礼物老人若有所思地点了点头，起身，在拂去了堆在小礼物盒子上的雪后，便消失了

轻风吹着礼物上的绶带，好像是有生命的东西那么柔软

"你不会得到小礼物的相片，但你却能隐隐约约看见，她脸上永不停下的微笑。"

怖徕讲完后，壬子像几分钟前他那样龇着牙。

"应该先听你讲的，要比我的故事吓人得多。"

"可这也不是一个恐怖故事呀，"怖徕露出纠结的笑容，"只是不真实了一稍稍，怎么，你讲的是真事？"

"不然呢，你以为为什么那么短。"

下一个人讲故事前，壬子和怖徕把位置同时往篝火中央挪了挪。

我故事的主人翁是一个喜欢有机可乘的人。他……呃……他坐公交车上学，还有，也背双肩包，书包的挎带一边长一边短，不知是觉得舒服，还是想把底部翘起的一边当作剑柄或者剑把，反正就那样扶着……

前几日阴雨连连，心情不好，今日他起早到广场给自己算上一卦，广场有免费的算卦设备，是用特制鱼钩钓中央喷泉里面的铜钱，再放进喷泉周围蛤蟆铜像的嘴里，几秒后铜钱会从蛤蟆的肚子里滚出来，然后被染上红燃料的铜钱意味着大吉，蓝燃料的代表着中吉，一尘不染的铜钱代表着小吉，

没有滚出铜钱的话，意味你今天要来财运了，他忘了是不是有这么一回事，但这么解释能化解大部分民众与信仰之间的矛盾，某人没有得到福气，有点钱缘也是很高兴的。

他坐上公交车，在自己原来的位置坐下，每次他都赶最早的那班，有六点十分的绝对不赶六点十五的，他自认为跟同一批次的人已经混了个脸熟，谁的位置在哪儿已经固定，并且会一直以此束缚做一朵受恩惠的花，早起打工的人和早起学习的学生，两个像同一个模子刻出来的人，平时大家都是忙人，浪漫与敏感早已淹死在枯竭的脑细胞中，闲暇时间也会装出一副迟钝的样子绝不看破心的安宁。车刚开没多久就被人拦下，上来的人是他同校的学生，是一位衣着得体，举止落落大方的女生。遍地是座位，她的眼神却着急地在寻找座位，在这个大家面前都一无所有的车里，什么人生值得拥有如此远大的抱负，无疑出卖自己不属于这班车的行踪。

重新发车，他再也不能安然自得观察车内的一切了。女生选择了他旁边的座位，他失去了与他昨日所观望的世界的最后一根纽带。

红灯前，马路边还在吃路边摊的学生认出了她，欢呼声何其多，他以为是她甜美的长相和全年级第一的名声在外，其实都在讨论身边的他是谁，与她何等关系。

跟我有什么关系呢，她只是偶然想坐在这里，他虽然这么想，其实有个想法曾在脑海中闪过，这个想法也就是他最渴望、最心安理得、迟迟不见答案的愿景。

他赶早班车不是偶然，一次心血来潮的早起，他上了这

一班车，人们总说晚起的人是最活不明白的，他却不这么想，早起的人，以自由为代价作出的牺牲，是献给世界唯一的美丽，周围人忙忙碌碌一世蹉跎的身影，代入到自己的将来上，免不了有种微微的苦涩，他的心情有些复杂，坐到站时，认为无机遇无决策一上来便知目的地的急就章也会书写成自己一辈子的缩影，而释放压力的唯一途径是认清现实，顿时感到只有密闭于公交车上的社交才是有意义，真实存在的。他高兴自己的社交圈子很简单，排队、上车、选座坐下，一些没有沟通的行为构成人一生所有的重要决定，能轻松融入进去，自给自足却又不从中心存庆幸。

但她是为什么，她为什么不坐在别的地方呢？坐不坐到学校都想不到跟自己坐在一起的理由，她的眼里没有求救的眼神，也不是被人跟踪才匆匆上来的，作玩笑的话又没有事多的同伴一路拍摄跟随，浑身散发着只是学生的气息，有种预感她不会是扒手，扒手会踩点挑人多时下手，迫不得已也不会明目张胆来抢。真是因为个人的魅力吗，他这么年轻，还不会被陈年旧事冲昏头。

把他的表情看在眼里，到站时她说出了原因。

"每天我都坐在不同的位置，一个月重新轮一遍，给你添麻烦的话不好意思了。"

"不，才没有。"

他想起来了，今天这个月有三十一天，三十二个座位最后才轮到他的身边。

"你不下车吗？"

她在门口问。

"我吗？我在终点站下，公司在那边。"

明天会发生什么，生或死或事在人为，他跟大多数人一样认为自己真正享有它，满怀期待于埋藏在地下的秘密宝藏，又深深沉沦在公交车门后少数人羡慕的眼光中。

"哪句话讲的是有机可乘之人了？"

壬子伸手贴住额头强撑着打起精神，过了她睡觉的时间，仅仅是试着将眸子和篝火重叠，他人的幻想被大大地话事成整个世界一般的广阔，眼皮便肿起来失去了尽主事、听客命，闲聊起来支吾其词这些人生百态，加在一起才算家——往日的美感。

"哪句话讲的都是，我这个故事是昨天梦里梦见的，和你们的不同，没有一点美化，没有加入一点自己的东西，照搬照抄过来，我钻了大脑放松的空子，那个喜欢有机可乘的人就是我，讲了一个故事，这就是我的故事。"

"还可以这样？"

"讲故事吗，说谁的都差不多，我讲的也是听别人一说。"怖徕将手探到篝火上取暖，"话说来了之后我还没做过梦呢，每天累得死去活来的，连一天安稳觉都没睡过，看来有必要某天把主子的位子抢过来自己称王。"

"你躺在床上也不会做梦的。"

"为什么？"怖徕压低声音，"莫非夜长梦多，怕劳动果实被窃取了不成。"

"我记起一句话，空想为前途未卜的天，梦乃游手好闲

的鬼，"送夜宵来的店主眯起眼睛微笑，"后一句就是说做梦是堕落的预兆，你是大忙人，鬼是不会来找你的，就是睡在天上也不会做梦的，别惦记床了。"

"我当然会，已经当着这么多人面说出来了，忍不住佩服一下自己，其中一个人还是被害人，为了自己的尊严那就不得不下定决心去做了，您的前一句话不也提醒我们凡事不要只停留在想一想阶段吗。"

"哎，你也能这么想真不容易，那有件事不得不劳烦你跑一跑了，怕到了明天你又会以债多不压身的理由拒绝。"

"什么事？"怖徕咽了一下口水。

"实现我财富自由的一小步，现在的节骨眼店里生意正好，跟我来。"

"加班呀，不记得您给过加班费。"怖徕双眼在店主身上打量，定住了有一会，脸上露出又好气又好笑的表情，最后连说几句自嘲话告诫自己下回别上当的心情都没有，"我先走一步。"

店主把火添得很旺，他们不会再回来了。

"少了一个人，你舍友走了？"壬子把昏昏沉沉的脑袋从膝盖上挪开，已经是五分钟后的事了。

"嗯，被人叫走了。"

"那我们是不是也该走了。"

中途壬子眯了一觉，听上去心情有所加勉。

"可我还没有讲故事呢！"耳边听到宴火呼的一声叹息，"我已经想好讲什么了，不能让别人白等这么长时间。"

"那就讲啊，"一想到宴火讲故事那叫一个慢，壬子以前所未有的严肃表情看着宴火，"只要别把没听过的谈话当成故事讲出来。"

宴火笑了几声，恐怕并非真笑，清清嗓才是目的，努力让一语不发到现在的声音听起来自然点。

胡桃色头发往后推成髻，巧克力胡子朝下扎成辫。

一个不苟言笑的老人在讲话。

老人说，他要回报给我一个故事，并且一定要现在讲，他认为我刚讲了故事，心情还很愉快。

我想他是认真的，尽管他把这个当作他讲的前六个故事的结尾。

老人侃侃而谈。

我要讲讲我自己，本来应该多讲讲别人的，但到了我这个年纪才懂得，这种谦逊做的只是无用功。

年轻时，我在我出生的小镇经营过一家图书馆，所有去过那里的人都承认它是所有图书馆中最耀眼的新星。

别的图书馆没有的书总能在我们家找到，此地也总是城里书种类最多，供量最足的一家。按小时收费的费用一涨再涨，来者仍络绎不绝，火爆程度是现在想象不到的。

城里有人想知道，到底是哪路财神大驾光临，我明说，是认知。

"哦，是呀。""对，没错。""是这么一回事。"

每一个人都信了，除了一个人。

我不信有两个方面，一方面是因为我骗了他们，另一方

面是因为我打心底就没想改正自己口误心正的毛病。

图书馆最吸引人的地方是什么,是终于可以远离市井喧嚣鸡鸣狗跳,有自己独自思考的时间了吗,不是,我看少部分真想来看书的人是,大部分人还是随大众阅读,看见读某本书的人多了,人们自然而然也想进来找那本书看看,他们总希望用别人身上的芬芳来熏陶自己,懒得拥抱生活便用片面的不知对错的成长伪装成盛装打扮的人招摇过市,而我要做的就是把潜在顾客喜欢的花朵插进花盆,再把虫子吃掉的叶子拔掉,说白了就是拿少部分人的快乐寻多数人的短见。

我们那有身份之人的象征,便是成为人们在街头巷尾津津乐道谈论的目标,他们谈论最多的是死亡,然后再是我。

读书热热闹闹脑热一时,总不可能一直持续下去,而人们唯一不变的还是善变,当人们变得不那么爱看书时,把我图书馆里全是盗版书的事情举报给了文化局。

老人想点亮油灯,可能到了油尽灯枯的地步,油灯的火焰一明暗了火柴棍烧焦的光泽,便被赶路的风讴歌出莫测的外形,仿佛老人的一点一滴徘徊已久,终于决定从这里穿过消散了。

"抱歉,点个灯都点不好。"

"不,我才该说抱歉,因为我也无法为这件事有所作为。"

"哦,是吗?"老人闭目凝神,"你可以帮我做一件事。"

"如果力所能及的话。"

"当然了,这由你定。"

我告诉老人家，他可以但说无妨。

"哦，是这样的，我想略过一些东西，不要让我的负面情绪感染你，我没想到回忆过去竟是多么的痛苦。"

随后老人露出笑容，我点了点头，努力解读这一笑容。

"我离开了那，四处流浪，听故事，讲故事，到了一把年纪，走不了多远了，只好等人来找我听故事，讲故事。"

老人将脸凑到油灯旁，把脸上的油刮拉下去。

"老板，结账吧。"老人笑着说，"想回家看看了，趁现在不后悔来得及。"

老人与我分别时，我与他告别，希望他心中不算计着早晚。

当晚差一分第二天，我离开了灯泡蜥酒店。

我没有多大的嗓子，也没有勇气进它的房间找它，趁灯泡蜥还在屋里换灯油时，结账离开。

我来到二楼，推开攒满一个多世纪尘土的窗子，看着即将进入天地一线间老人的背影，深吸一口气，跳了下去。

"我醒了，在独自一人的房间里睁开眼睛，看着飞蛾撞着灯泡，心里难受极了，从未觉得生活真的以一个不洁的存在离我那么近。"

唯一未讲故事的人搓着手，讲故事远远不是努力做些看似没用的东西这么简单，别以为坐在讲故事的椅子上，就感到与众不同，高人一等了，故事的一部分总要被听故事的人带走，他要是仿效成功了你不曾实现的梦想，不至于抹掉了你过去的沉积，但也要亲眼瞅着你在为梦想写下的墓志铭

里，被终身放逐。故事写出来，既要有严谨的一面，也要有幽默的一面，要是讲出来的话，听故事的人急喧近喜忘性大，满足幽默的一面就好了。

"我的故事讲完了。"

宴火维持着前伸身体烤火的姿势，将头转向粉砖。

"就剩我一个了，有必要举手表决吗？"

"额，并非这样，按照你之前说的，在所有人讲完故事后，陪同的工作人员要提问题，对给出最合理问题的人奖励。"

她忘记了，始终面带包容的笑容扮演听众的角色，自己并没有被要求讲故事。

"这样啊。"

"出什么问题了？"

"问题出在想不出问题。"

"还按原计划进行？事情棘手的话，不用勉强自己。"

宴火故意歪着头，其实在跟粉砖说悄悄话。

"不用，我想这样更好些。"粉砖调整姿态，提高声音，"我问了——"

……

"你可以帮我一个忙吗？"

宴火冷不防地找上时她还没打定主意是否要去晚上的活动帮忙。对于宴火猝不及防的问话，她愣了几秒。

"干吗。"

"今晚的活动是不是有一个提问环节？"

"你怎么知道。"

"听别人说的,只要你问这个问题就帮大忙了。"

还记得那时他的神情比平时更有活力,或许因为心里有苦为某事郁郁不乐,终于能够借此机会一扫昭雪,生出一种不曾有过的亢奋也说不定。

通常她会回避这种团体活动,但念在一直是宴火打扫图书馆,人情没还上前说不出反驳的话。

"什么问题。"

"就问如果你是老人的家人,在他无助的时候,你会选择怎么帮他。"

"就问这个?我记住了。"

她面无表情,微微的好奇在她心中蔓延。

……

"会感到飘飘然,因为命运选择了我。"苟说,"之后要干点什么呢,只能笼统地帮助他。有这种经历的人可能想得更远吧。"

"当然喽,我知道该怎么做,先跟他不慌不忙地聊两句,"壬子话说得很自然,嘴角保持着微笑,"然后把他打晕关起来,就再也不怕他突如其来,毫无征兆地消失了。"

"对老人还能这么做的你是他的什么人。"

苟缩着肩,诧异壬子的回答,壬子露出搜索记忆的眼神,低头看篝火。

"当然是抱着心甘情愿等待他的家人。"

"可他消失也不是没有原因啊,"似乎是接受了这个答复，出于多心，宴火继续问，"是做错了事才一走了之的？"

"不要被事物虚假的表面欺骗，弟，"壬子轻轻点头，"他就一定是先犯错的人吗，有错在先的应该另有其人，才会迫使他背井离乡。"

"那是谁呢？"

"是谁不重要，只要知道，互相是对方转瞬即逝的梦，本来存在就是要在记与忘中互相伤害的。"

"那为什么一定要回去呢？"

"互相思念也不一定。"

苟替忍住留下'把梦做完，是无所事事老去的他唯一的抱负'这句刻薄的话的壬子答道。

"是吗，"宴火一边的眉毛挑了一下，"听你们讲故事真是有趣，晚安。"说了和壬子离开时差不多的话也离开了。

"今晚陷入狂暴欢愉的证明，其中之一便是假故事的凋谢速度过于迅捷，诉诸于卸下习惯伪装的人有着不可思议的般配。"

自言自语后粉砖把奖品塞给苟准备离去。

"宴火不是还没有回答呢吗？奖品不然先作保留。"

"不用了，问题就是他问的，"粉砖露出困乏的笑容，"不知道他们的关系这么紧张。"

"是吧，刚见面的时候确实吵了一架。"苟摇着盒子听里面的声响，"是叫我收下，还是托我送给本来要给的人。"

"都行。"

"那我就收下了，不然一个永远得不到解决的麻烦，是

容易回到原点的。"

　　最后一个人把篝火熄灭离开时，寻求温暖的本能很容易就察觉到，这只是临时搭建起的小篝火，相比远处数十人围坐火光冲天的篝火旁，简直是小巫见大巫，好比非洲的水源旁，出现了一个狒狒们挖的水坑，也不禁想起，花田旁的土路上，出现一朵随风摇曳，不知其名的小花。

第十六章　店里，陈设着谁都可以坐的椅子

　　她那时擦着擦着杯子便开始整理起自己一丝不乱的发型，没有注意到进来的客人，恐怕是觉得这个点不会有人来才养成的懒散。

　　开不开营，进来的客人也多以员工为主，买不买东西不是重点，其实目的是看看窝洞铺稀奇古怪的商品，舒缓一下闹脾气的坏情绪。他们离开时多半抱着比来时更多的烦恼疑惑，将脸上的懊悔及被价格吓出的眼球一起掩饰进一味装出的，听尽好话后脸上或多或少露出的满足的表情。工作态度不可一世的她难免没有察觉到他们想说这家店闲话的蠢蠢欲动。

　　想买东西的人，也以半推半就开玩笑的心情跟她重复孤独而单调的砍价日常。每次经历千辛万苦卖出去一件东西，疲倦感总是如浪潮般席卷而来，她以在客人脸上留存，鸣声大放后抗拒一切的眼神询问镜子中的自己，一切都未曾

第十六章 店里，陈设着谁都可以坐的椅子

改变？

新面孔，她走近时才发觉。

"手工制品？"

客人盯着摆放在木制展示架上，一只握成拳头的机械手模型。

"不像？"

"真不知道哪步工序用了人工。"

"别的我不清楚，最后一步实打实是。"

"最后一步？"

"就是把工匠的灵魂灌输进去，我给你演示一遍。"

她握紧拳头，跟机械手碰了碰拳。

"噢。"客人点了点头，看了眼价格牌后脸色微微一暗，"真是不便宜。"

"那是过去的价格了，"她露出不怀好意的笑容，"返厂加工前的。"

"是说会便宜点。"

她没说话，换上新的价格牌后返回柜台内，至于客人，希望翻倍的价格会对他的记忆留下非常深刻的印象，从而再也不会有来此光顾的念头。

她回头，客人跟着来到柜台旁。

"有事？"

"这个问题可能有点冒昧，想不想来赌一把呢？"半身压在柜台上，他放低声音说。

"不想，我不想把时间浪费在无聊的事情上。"

"我也觉得你不像浪费时间的人，但那种感觉突然冒了出来，"客人的嘴角别有意味地撇了撇，"真不想吗？平常人也许不会，但我接触过的黑心老板一般不会放过任何利用自身优势大展拳脚的机会。"

"真有意思，黑心老板有什么自身优势。"

"利用同样的戏码上演店大欺客的闹剧。"他说。

"并不是你说得对。"她像被打动似的睁大眼睛，嘴角气得不能再歪了，"而是要在公平赢了你之后，看看轻视这家店还自愿踏进这家店的，脖子上已经套上了逐渐收紧的绳子的人，心里到底埋着怎样一个听天由命的由头。好，我跟你赌，赌点什么呢？"

"知道你在意，所以我把全部家当都拿过来了。"

客人拿出的小包裹即使装满，也无法充当她心中贪欲的诱饵。

"不够，不用数就知道你的钱不够吸引我对注。"

"加上这个呢？"

客人从内袋里拿出一张类似电影票的东西。

"是什么？"

"床契。"

"你的。"

"对。"

"有什么用？你觉得我是有什么理由必须进男生宿舍，还是这个营地有谁需要床。"

店主摆摆手，不着调回答的语气下，隐藏着一种心里打起小算盘的高度警觉。

"能干的事多了,先把碍事的床挪开,在床的位置摆什么都行,比如自动售货机。"

"摆它夜里不吵别人睡觉吗?"

"我赢了就没有那么多事了,反正真要摆上也跟我没关系了。"

皱着眉思考了一会,她做出无可奈何双手一摊的举动。

"好吧。你要怎么赌?摇骰子吗?比大小会不会?"

"不比,骰子是你的,方法也是你定的,怕有诈。"

"换你来投?"

"我能随时摇出我想要的数字,掷骰子对双方都不公平。就猜那只人手模特接下来的姿势怎么样。你来决定手势,我来猜。一把定输赢好吗?"

"我倒是无所谓,但那样不是对你不利。"

"越不利越好,优势在我怕你打小心思。"

"看来不论输赢你都不会打消对我是黑心老板的想法了。等我一下。"

店主把手模放在柜台下操作,没几秒钟便抬起头。

"好了。"

"我猜是比耶。"客人立马说出。

"今天你先回去住一晚,明天跟你的床告别吧,不要在枕头上哭,不然整张床都会起早在被窝里目送你离去的背影。"

数着他的钱,她的眼神显得无比认真。

似乎接受了这个答案，客人不发一言地转身离开，不是幻觉，表情看上去比先前放松了许多。

"等等，你留下。"

似乎不带恶意，稍感兴趣地看着客人，她慢条斯理地开口。

"不看看答案是什么吗？"

"不需要看，再看也改变不了输了的结果。"

"不觉得我会骗你吗？"

"是吗？我不知道。"客人抱起胸，不自觉沉吟，"我并未留意。"

"主观自己没有一个概念。"

"在你的店里，主观极度被动模糊。"

"难道骗没骗你也要由我作答？"

"理论上是，可我已经没有钱来付你回答的酬劳了。"客人开着玩笑，嘴里留下苦苦的余味，"在一个大意不得的地方，没有说服力的答案本身就是问题，即使你回答没有骗我，我却苛求自己要在你没有骗我这个答案上下功夫讨论你是否没有骗人，现在把这个想法强加于你，新的问题又像滚雪球一样越滚越大。"

"别再说挖苦人的话了，"说这句话时，店主假装回头看了一下钟表，其实是想看看一直引以为傲的炯炯有神的目光中，被他看出了何种不良居心。

没有问题，眼睛里那种目中无人的盎然还是一如既往地不拘小节，从鼻子中呼出一丝自带娇柔造作的气息，转过头

来发现他已经不在了，绕着店转了一圈后确定他确实离开了，就消失在自己的眼前。

客人再次出现是在打烊前一分钟，她像往常一样出门环视室外，山坡上盯着下面依稀熄灭的灯火会让她由衷感到一种居高临下的舒心，感到人们渐渐接受了自己的虚荣心。

"您好，别踩着我。今天生意好吗？"

低头看见他蹲在门口的台阶上，一筹莫展的表情想在她的脸上找到一个可以休憩的容身之所，也就是包容的存在。

她似乎有所迟疑地静静等了几秒钟，等远处的灯光全都灭了才开口。

"来晚了吧，店铺关门了。"

"没有，我倒是觉得我来得刚刚好，我是来偷床契的。"怕她不明白，挥了挥手中的一头带尖的石头，"手底下的工具是来破窗的。"

"那你辛苦了。"

"您也辛苦。"他说。

"就是。"她深有所感般点点头，"有很多人放话要偷我家的东西，从没见过谁付诸实践。"

"您真厉害，被那么多贼惦记着。更佩服您即使这样也不请个员工看店。"

"都是些腹中空空的人说的无聊话。多么相信它就会有多么相信在我的天地万物间有一座为这群乌合之众而立的雕像。"她默默地轻轻点头，"财神爷倒是，怎么后悔了，之前不还挺有自己格调的吗？"

"一躺在床上内心便着了魔似的后悔不已,所以偷偷跑出来,想解开释放魔法的咒语。"他有些狼狈。

"咦,怎么说,既然有所行动,一定是找到解开魔法的方法了吧。"

"还没有,原因很多,能透露给您的一个便是并不精通此魔法。"

"所以呢,你是干什么来了,是过来玩的吗?"

他局促地摇了摇头。

"更不可能在自己的旧伤上撒把盐。"

"那是为什么?真是来偷东西的?"

他不由自主垂下头,板着脸心不在焉站了起来,有些口吃地说:"想来……来您这儿打工。"

"进屋说吧。"到了休息时间,还要在店里强打起精神对付陌生人,心里不免有些排斥,但是,她也懒得继续待在不能只手遮天还要被戒心耍得团团转的黑暗下了。爱慕虚荣还是什么外行的东西,看再久不上手练是学不会的。

"其实不需要来我这儿,明天营地有的是安排给你的工作。"坐到柜台后她看着他的眼睛说,跟着对方不自在的眼神往下瞧便看见没收起的手模型。

"朋友要是知道刚开营我就混成一个居无定所的鬼样,会很没面子的,我才抱着试一试的心情来打扰您。"

"要是我不同意你不会赖着不走吧?"

"当然不会,顶多一天过来一次,反正当了员工也是这样。"

第十六章　店里，陈设着谁都可以坐的椅子

"就知道会这样，"她把客人所有的积蓄放上来，轻飘飘地，触感不是唯一问题，心里从没觉得拥有过，"猜吧，再给你一次机会，猜对了我就把你之前输掉的还给你。"

他有点惊讶，和店主对看一眼，"哦"，发出佩服的声音。

"上回猜剪刀，这回不如猜专克剪刀的拳头，改变前也是拳头，直接猜你没变过动作的概率更大些。"

"下回是不是要猜布了？"

"有下回肯定要说。对不对？"

她摇了摇头。

"给你的机会用完了，明天再来碰碰运气……"

却看见他伸出手准备拿走柜台上的花朵，没有说完的话随着他的手一起停在半道。

"您只好留下我打工还这次的赌债了，"他略一思索后继续说，"祝我们合作愉快。"

不怕遭她白眼，大言不惭说出合作二字，倒真是挺直腰板一脸扬眉吐气的样子。

"合作就见了鬼了。"

"所以您不同意合作。"

"合作这种说法当然不同意，一个时代是什么时候落幕的呢，就是下一代有说话权的时候。身为一介员工，这家店还没到盼你做生意的地步。"

心中默默叹了口气，今天已经很晚了，答应他不过是缓兵之计，明天拜托营地的员工找个借口把花朵送回去吧。

"拒绝我但无所防备说出拒绝的理由，也算考虑我心情

的一种方式。虽然您同意留我在这儿打工。"他收回停在半空中的手,"其实我还是更倾向于合伙人这种说法。不过为什么突然答应了?"

"冠冕堂皇的店需要一位员工为坑惨别人而拼死拼活。"

"哦,原来您留我在身边是需要个摆设。"

"摆设?哼,那来认识认识你的同事。"她走出柜台,引着他走向货架,"所有的商品不是人造花,要当鲜花卖,即使拥有漫长的保质期,免不了会有凋谢的一天,保质期没卖出去的商品,之前算在不华丽吸引不了人的装潢同事上,你来了的话,现在全算在你的头上。"

"有没有花钟呢?"见她不说话,他解释道,"凋谢的前提需要花朵开放不是,一想到此就想到花钟,同一季节里,不同时间开花的花草,可以组成不同的花钟。"

店主点点头示意他往下说。

"只在四点开的牵牛花,绝不能到了郁金香开放的时间还在开。你的店里应该也遵循自然界的规则。"

"看来你已经分清好歹,那就不要乱来了。要是我发现你在不合适的时间卖出不合适的商品,钱要继续扣。"

"那告诉我,现在这个时辰要卖的东西有什么?"

"店已经打烊了,回去吧,没有需要你的地方了。"

"不,正到需要我的地方,其实才刚刚开店对吧。"他得到她说什么也无济于事的许可继续说,"地处偏僻,午休时间大部分营员跑不到这么远,又不在专门的活动场地,不像专门为营员准备的店。"

"是员工,满意了?"

店主似乎没有心情与他闲聊,坐回柜台内。

"以后员工忙着应付营地的营生,用往常的营业时间显然已经不合适了,规章来看,除了值夜班的员工外,其他员工也只是比营员晚宵禁半小时。我觉得你会把握好这半个小时。"

"倒不是继续营业,只是待会有几位下订单的客人来取东西。"店主调整了下坐姿,自我解释似地说,"顺便算一下今天的营业额。"

"我可以干哪件事?"

"真拿你没办法。"再次走出柜台的店主来到摆在门口旁的工艺品前。

"哒咯窝。拿鸡蛋壳拼成的鸟巢。好看倒是说不上,也不实用,创意占了一大半分。"

"一个生命的成长延续成一家子繁衍生息的基础,完整的蛋壳碎片只拼成一个半椭圆形结构,其中偷工减料了多少谁知道。"

"随你怎么想吧,"连续打了个哈欠,个别甚至长得令她感到惊讶,她便拿起枕头往里屋走去,"一会客人会过来取,取完你就可以下班了,今天只有他一个人,实习期间好好表现。"

"那要是有来买其他东西的客人怎么办。"

"收他三倍钱,让他知道知道吵醒我……吵醒花儿们睡

觉的下场。"

随着门砰一声关上,他快步走向大门。

"欢迎光临,是来取,我看看,哒咯窝对吧?"

"是的,店主呢?"匆匆忙忙跑过来的客人声音明显听出有些急躁。

"有什么事吗?"

"是有点事,不能叫店主出来吗。"

"店主现在不在店。"叫店主出来就不是有点事了,他向哒咯窝靠近一步,"是退款还是要重新谈价格。"

"是……"脸上开始流汗,他抓抓脸颊,"你们的价格虚高。"

"我保证每一分都花得物有所值,客人您看,它连每一片蛋壳后面的花纹都精巧细致地表现出来了。"

碰到不买账的顾客,请他们吃一顿用商品的优点搭配出来的良心大餐,说不定会两眼放光,回心转意。

"这是什么花纹,龙纹凤纹还是云纹?"

果不其然,客人扶扶眼镜,露出欣赏的微笑。

"是设计师的名字。再看看这蛋壳的材质,油光水滑,表面敢情涂了蜡一样柔亮有质感。"

"是什么鸟的蛋?"客人问。

"鸡蛋。再看看蛋薄膜上出现的图案,每个都是独一无二的。"

"我了解过,作品原型是鸟巢吧,肯定跟树有关,看着也像树叶。"

第十六章 店里，陈设着谁都可以坐的椅子

"那你看错了，是我刚才留下的指纹，摸了个遍才有此等景象。"

"你看，这就是问题所在，"客人已经够为不按常理出牌的世界伤透脑筋了，不自觉后退一步保持距离，"它不管有多么出众的细节，是多么一个亮眼之作，我也看不懂，我只能看懂价格，再便宜一点，再便宜一点点就达到我的承受范围了。"

正是这口真材实料噎死了他。

"店主不在做不了主，倒是可以替店主转告客人的需求。"

客人叹了口气。

"那就不必麻烦了，我找一天再过来。"

"慢走，感谢您的配合和支持。今天是快过完了，也祝你有个美好的一天。"

演练结束，自己的左手握握自己的右手，还嫌弃得用自己的力量分开它们，那么究竟出了什么问题，为什么要排练一番呢，很简单，因为要分清哪张脸是客人的，哪张脸是员工的，以前谁来跟他没有关系，他以跟他们平等的身份打交道，他不是客人时，要做好安分守己的准备，待夕雾稍降，吹朝露微霜，野心持家，再逝晞日。

……

"今天忙，来得晚了，有客人？"

看见他躺在柜台后的摇椅上呼呼大睡，门口的几人相当忐忑，举步不前，门也忘了关。

"进来吧。小点声。"

店主从里屋出来，手里端着待客用的茶杯，当然这个点里面装的不可能是茶。

"从营员里找的员工吗？"

"对。仅限今天。说什么要跟我打赌，其实是想不劳而获罢了，结果选了一条错误的捷径。"

"你的店能招到员工不容易呀，考虑一下留下他吧，客流量加速了你的生活，脏活累活一个人干，不可避免处在焦虑中。你前几天不是还抱怨过找不回以前惬意开店的状态吗。"

几人中唯一的女顾客担心自己的意见具有决定性的号召力，每一句话说得都很慎重。

"你的话，我会留着自爱路上祈祷用的。安羽斯士，你在呀，帮我个忙。"

……

半夜醒来过一次。睁开眼看见没入寝的店主正盯着他。他立刻闭上眼睛，无力起身，鼻梁两侧流下各向一方的泪，展示哪一方？面对哪一方？暗面保留在阳光下，肃身为噩梦一场的界限，唇上浅浅挂起的收不回来的微笑里，不知道何时何地埋葬起它们祸福相依的身影。

"那椅子很舒服吧。"她终于说。

"我干砸了吗？"

"先把这件事搁在一边。"

店主伸出手让他少安勿躁。

第十六章　店里，陈设着谁都可以坐的椅子

"虽然让你把这件事搁在一边，但谈的还是工作上的事。客人来把商品拿走了？"

"拿走了。"

"没谈价格？"

"没有，很奇怪？"

"奇怪了，这个客人的身份很特殊，是我从没见过的外地人，写信时口吻粗鄙，寄款后又拿出诚恳的态度，来来往往不下几十封信希望能退款，寄信人署名用的是叫奇光的一个很幼稚的笔名，我都开始怀疑是不是小孩偷用家长的钱付款后被发现了，不应该这么好对付呀。"

"是我厉害吧，有天生带货的能力。"

"不赞同但说不定有这种可能。"

"所以你答应我在这儿打工了。"

他伸出手，感觉他很爱伸手，最大的乐趣不是消停消停，而是伸出手同别人握手，除非主动放弃，否则绝不是轻易能半途而废的事，不分场合伸手也绝对称得上考量胆量的事，穿裤子同理，自己穿一条，剩下一条伸腿等着别人替你穿，简直做不了自己的主。

"跟它握。"

"可它不是您，为谁打工我跟谁握。"

"之前灌注了我的灵魂，见它如见我。"

"真没辙。然后呢。"

"先来一杯咖啡？"

"我有选择权吗？"

"当然,在店里,和顾客一样,员工也享有'随便看'的权利。"

在一个人成长起来之前被给予过多选择,等他真正做出选择的时候选择也就无足轻重了。她想。

"这会儿又有了?不了,我不喝,劝您也别喝,晚上会睡不好觉的,对,我不建议喝咖啡。"

"习惯开始前的紧张感了吗。"

乍然将手里的冷咖啡一饮而尽,混迹于心中的平静自顾自往四面八方逃窜,欠了悄然流逝的此刻一份情,说起话来语气很冷淡。

"还没有,这份感动我想先保留着,在一个美丽的夜晚,空气是清新的、湿润的、是从泥土之中花草一样鼓胀出来的,路过这家店,不再以假模假意给您忠告的员工的身份出现时,它在我的手里亮的像一颗闪耀的星星,会让我的同事,还有您认出我来。"

"当然啦,美丽的夜晚确实挺适合路过这家店的。休息吧。"

她双手在身前并拢,点了下头,向里屋走去。

店里灯光一灭,凉风的种子立刻从窗子飞进来,他把头埋进胳膊里,任自己设计成随寒意意愿栽种的花园。

醒来时已经过了七点,怖徕揉揉视线模糊的双眼,不是泼自己冷水,一夜的时间想明白了,陷入担惊受怕的死循环里,人是应该忍受苦头的,执着于一份工作不会减轻自己的生活压力,不如在不冒犯的时间里再打一份工,最好是管吃管住的那种。

出门看见忙着往外面搬马铃薯箱子的店主。

"早上好。今天天气不错。"

他问候道。

"会是顺顺利利的一天。"

第十七章　手持旗帜是否该无情

所有的营员都待在这间屋子里，屋子里没有凳子或者可以供人休息的家具，房顶或是地板没有加装电灯，光源来自敞开的琥珀色窗子，闹声通透于南北两方洞开的门中间，所见之物皆沉浸在一清见底的湖里，湖面的阳光并没有带给眼睛晕眩之感，一定是留几秒参观的时间就走。

在没看见中间大桌子横七竖八被分割成棋盘的样子，苟是这么想的。

"来这边。"

丝站在桌子的另一边，等所有人在另一边站齐才继续说。

"我们来玩个游戏，好吗？"

不知道为何，她的语气开始像糊弄小学生安静下来的老师了，一个人照顾这么一大帮子人，沉静的生命流淌过空荡荡的船只时时常疲惫不堪。

"前面有三百零六个格子，你们要分成两大组，以

一百五十三个格子为各自的活动单位,还是老样子,抽签分组,相同的颜色为一组,大组里抽到同一数字的营员再分一小组,每个大组里共有三个小组。"她说话时,注意把语速放慢,似乎他们都有点迟钝似的。

"一组的规则跟扫雷无异,打开格子,里面出现的数字会显示周围格子的地雷数量,周围没有地雷的格子互相连着线,沿着线找到下一个带数字的格子,一位成员一条命,十位成员也就有九次失败的机会,机会用光或者时间走完前要试着找出所有的地雷。二组九人当鸭子,三组五人当猎人,鸭子要在自家的地图躲避对方的猎人,扫完雷开始抓鸭子前,以自家地图中间为界限,各自在一边选好落棋位置,并且对方的位置不可见。猎人的棋子要比鸭子的棋子大一个格子,不可转向,猎人碰到猎物前同时碰到地雷,先判定接触猎物,地雷也要作废。"

又是一口气把规则说完,没听懂的营员得另行找时间请教听懂的营员,反正已经落在别人后面,悄悄说话也方便。

宴火先来到桌子旁,同为一组的队友形成一个大圈把自己围在中间,可以感觉他们热乎乎的呼吸喷在他的脖颈,能准确无误地听到他们吸鼻子的声音,不止一次被迫收手,手不知道要落在哪儿,手心的汗越擦越多,本来轻轻松松翻开一个格子就好,现在知道了,下面游荡着许多可怕的、要人命的怪兽,最具杀伤力的莫过于一只涂了一身白磷的狐狸,夜晚如盏盏鬼火出现,像在脑海里点亮了一盏明灯,妨碍自己集中神经。

"不许商量，按顺序排好队。"

举棋不定时丝阴沉着脸出现了。

排完队身后不仅没有变得安静，反而喧哗了起来，兴奋的嚷变成了仅能让他听见的七嘴八舌的低语，他能听见，只能证明是说给他听的。

"快呀，给猎人铺一条抓鸭子的道。"

"你是哪边的?"

"怎么了？啊，那就给鸭子们探索一条逃生的路。"

"快呀，听到了吗，听到给个信。从一边开始选。"

"真磨叽。"

经过几分钟紧张的努力，他小心再小心地迈出一步。

被封印多时，一阵仓皇逃窜的烟雾直冲眼前，倒地时耳边有一阵啪嗒顿挫的声音，接着又归于寂静。

有人扶他起来，他回过头，见到丝皱起眉头，担心地注视着他。

"你崴倒手了。"

"我没事，我可以出去了吗?"

"去吧，不许走远。"

队伍的尾巴已经排到了外面，被选为当'猎手'的五人更是用沙包玩起了'打鸭子'，他庆幸队伍排这么长，不会有更多人看见他窘态的同时，也紧张下一个出来的人会不会以他的窘态为献礼，博众人一笑，想起小时候跑过聚在一起因无聊谈孩子窘事的父母们时捂住耳朵的时候了，那时一直疯跑下去什么东西都会忘记，现在他要干什么呢，希望自己

的膝盖不要发软，活动没有结束前两队不许碰面，他认识的人还都在对面。

……

她用指尖轻轻摸了摸牌子的表面，扫雷游戏她是不常玩，但不论哪种游戏，规则懂了之后，她很少当输家。

"她要爆了，还没有，哗，我赌她下一把肯定会爆给你看。""为什么不选左边，我会选左边，她脑子回路就是和正常人不一样昂，冻住了吗。"

似乎人们都特别喜欢这种惊恐和疑神疑鬼的气氛，他们的喊喊喳喳传到侍旺都耳朵里显得刺耳怪异且无能，细想之后觉得他们可能认为，自己也在惊恐万状地等待着即将到来的失败。

眼前他人所为，终将变成对屋子里闷热的察觉，装作一到紧要关头，难免百密一疏的勇敢者出局，她疏于考虑，忘了将要成功的局面吆喝出一句'晓得了'的掉包计从来都很灵，好使的人们认为你早在某个时刻就不再尝试了，轻视你绝对不会罪加于你。

"别见外。"朝下闭起双目，向后一跃躲过冒出的烟时，她对排队的人说。

'别见外'，对那些把自己当家人嘘寒问暖的人说出这种话，知道会有什么后果吗？她有资格对他人说出这种话吗，当然，好像下了一场雪，她有无加已的结局以灵光乍现的方式回到地面，警醒了他们活着脚踏实地的决心。

她跨过门时，外面排队者眼中雾蒙蒙的光点，渐渐合成

一个落单强大的光束——他高高仰起的头在昏黄耀眼的太阳光里出现时，脑袋一时转不过弯，她立刻觉得这是一种悲哀，是不小心从别人眼里看见的结局，一下子成真的结果。

起先她不知道他在干什么，猜想他可能是花粉过敏，因为他的脸色有点反常，她走过去时他以为她只是漫不经心地路过，还平心静气地朝她点头。

"似乎只有我们这么快出来了。"

"是啊。"宴火轻声慢语地回答，"阳光下有这么多人，却只有我们俩是不伦不类的那类。"

到底觉得傻气。她想，有生以来却第一次待在傻里傻气的人旁边因为动脑思索而感到欢欣鼓舞。

"因为我们路走到头了。"他继续说。

"看你怎么想。我们作为这列'火车'的车头，沿着安排好的轨道前行，在荡漾着顺从的风中前进，后面的'车厢'也会如此，谁的结局都会到头，除非发生出轨事故，不过那样谁都干不成什么像样的事。"

"到站之前可以靠脱节制动停下，"他还是显得兴味索然，"停下前，所有人都得听锉刀划铁皮折磨全身上下神经的声音。"

"那跟你有什么关系呢？声音令人不快不是借口，时间不会持续很久，而且不能总待在一个地方吧。"

"可以啊，我现在真想躺地上几小时仰望长空。"

"费解啊，搞不清你想看的是晴天还是阴天，是像模像样滋长颓废的心，还是在心里的阴暗处撒一把星星，搞不清。"似在接待冻僵的空气,她歪头想了想。

"搞不清?那就是将生命引向未来的契机,是怎样侧耳倾听都找不出声音来自何方的重点,搞不清前,噪声是出自头脑中幻想无数次的歪道的罗列;搞不清前,这句话是别无选择当口头禅说出没人放在眼里的内心独白;搞不清前,我们别来回兜圈子了,还是一起看太阳吧。"

"看不看呢?大概不看,会流眼泪的。"她拒绝了他的好意,朝树荫下走去。

他小心地试着擦了擦自己的眼角,并非牲畜响鼻里的湿气,几滴带着果裂的芬芳结结实实地挂在上面,眼泪会有那么少吗?定是心中那架弹奏不灭灵魂的钢琴,长年累月无人触动积下了灰的缘故。

……

不一会苟就找到第三枚地雷了,在是否挖掉地雷还是继续探索的选择上又用了一分多钟,见马上要超过心中为自己定下的时间限制时,他引爆了地雷。

出门后同组人询问情况,他说自家鸭子这边的危机已经全部解除了,对面的地雷应该不要继续探究下去,剩余的人应该去引爆拿旗子标出的地雷。

"不坏,可探索的乐趣没了。"有人不赞同。

"是呀。所以我一根旗子都没有留下。"苟承认道,"他们不应看着我们的方向来行动。"

"那当然好,你在我前面晃来晃去的身影我确实看够了。"怖徥从屋里出来,"我本来希望能公平、诚实地参加比赛，但你呢，什么提示都不给，让我随机应变对吧。"

"你是指公平地参加比赛，那一点也不假，你的结局是你自己定的。"

"我想除了我没有谁一下就中头彩了吧。"怖徕挨着苟坐在树下，"那股气的劲真大，掀开个缝气全扑我脸上了，我跟你说……"

苟啪地打了个响指，怖徕注意起周围，看在他身边路过的几人，通过这边的门进到屋子里去。

"不外乎是另一个队的猎人，马上要结束了。"他伸了个懒腰，"帮我去盯上一眼好吗。"

"可以是可以，但自己去看又怎么了。"

"看了后总得选一方支持吧。"

"你这么说是不支持自家队友了，虽然参与感低，怎么着你也是一分子吧。"

"你就会支持，嗯？早早出局的我们已经脱离参赛选手的身份，何来支持之物，咱们的猎人早对方猎人一步抓光鸭子，胜者会有五个。如果有只鸭子能巧妙地躲过猎人的围剿式追捕，并且把他们引入地雷的格子，胜者只有他自己。"

"等等。"苟打断怖徕，随着怖徕的想啊想啊说，胜者可能会一个不剩，"不能这么想，你所感受的生活是基于宣泄自己的情绪。胜者的身份是任何人都无法剥夺的。"

"从某种意义上可以，被记住的人才是真正的赢家，其余人只能算是输家、表现好的输家和赢家的队友，不注意的话险些连你是来干什么的都会忘记，刚才有位营员还询问我能否请假先回去,想到这些就是因为这件事。"即使被阳光照着,怵徕坐着仍屹然不动,"就是营服内穿也不至于被错认成员工,我的脸真有那么显老吗,是真的老态龙钟还是她单单没记住我是谁罢了,愿意的话我会一直想下去,但闷在脸的皱纹里会使任何东西被更改,终此一生想下去倒也不可取,不想明白也不算是真正的胜利,结果无论如何都要经历心灰意冷的过程。想可真是一件复杂的事,想明白时不如预想那般随心取意,安然无恙的世界也已不在。"

"所以你翻来覆去解释自己不能去看的原因到底是什么?还是还在想?"

"双方一定会展开徒劳无益的心理博弈,这对我来说等于暴露在灾难之下,一天只想一件事就够了。"

"一天只想一件事。"苟复述一遍。

"对的,我一天只想一件事,想下去便会想很多想很远,旅游同是如此,工作了一定时间后再去旅游的话,蓝天自然蓝得彻底,不过我指的是另一层含义,所感受的、所有权享受的、所借他人之手妄自菲薄的生活永远由自己做主,尽可慢慢来。"

"也许你真的需要休息了,说出的话像是好几天没有像样睡过觉的人说的。"苟摇晃着肩上的脑袋。

"可有证据。"他现在在乎的东西很多,但不能着急去想个明白,因此怵徕问他的室友。

"一天一次的宝贵机会,你竟愿意在别人随口说的一句话里毫无价值地消耗掉。"

……

和一名同伴把最后一只鸭子围在犄角旮旯的时候,壬子认为一切该结束了,时间倒比起初预想花得少。

鸭子往下跳一格,来到壁的边缘,下一回合只能左移或者右移,她招手让第二名同伴跟上,他竖方向的棋子一直跟在鸭子身后两格的距离,正好可以走过鸭子走过的格子,不担心受到隐藏地雷的威胁,她和另外一名同伴的横方向棋子之前一左一右各离鸭子有一格距离,继续跟着鸭子往下跳可能会踩中地雷,不如悬在鸭子的头顶限制它的行动,竖方向的同伴就趁此时威逼鸭子行动。

它会怎么做呢,不动会被赶来的猎人捉到,左移动还是右移动也会被其他猎人捉到,这只鸭子插翅难逃了吗?苟转过头看对面的棋局。

鸭子们接二连三鲁莽的行动像对勇气产生眷恋一样让自己的慌不择路一览无余。

嘎,嘎,嘎。

三只鸭子掉进了包围圈,五只鸭子选择到对面去,只有一只鸭子成功来到了对面的地雷区,当然它的运气到头来也只能够心安理得地客死他乡。

那么它从哪里逃才能拖入下一回合呢?其实已经不能用逃来形容了,最后的这只鸭子作茧自缚,出生在四面地雷的格子中央,本想当诱饵麻痹对方的警惕性引对方上当,无奈被对方识破,自己立刻被洗得白白净净。计划被看穿再多说什么也无济于事,最气不过的是老天也站在他们那边,对面

猎人从上半场进到鸭子的下半场，从一头来到另一头，选择毫不避让的捷径，竟无一人踩雷，假如存在那样的运气，固然可钦可佩，苟确实没有理由怨天尤人，但他还是想明白，运气好的人究竟带着何种念想前进？让运气的快船随便载着他们一起漂流到哪里去，要是带有各种各样的念头势必陷入徘徊的境地，搭不上一蹴而就的运气号快船。不完美的部分又是跟哪种心情自成一统？也许是抛除百无聊赖时，不再思考时间的困厄与力不从心，可世间万物，单单人生集百感为营，运气好的人能否看清人世间应有的面目。

本想继续看下去，但对于运气的想法使他的脑子昏昏欲睡，一点点理清战局的思路已不可能，不由后悔万分，一时弄不清去留与否。再次确认脑袋晕晕乎乎并非眼睛的错觉之后，只好放弃观战，他走出去，想随便看点什么新鲜事物，身体里有新鲜血液的话去任何地方都不在话下。

"出来了。"

听见怖徕喊他，苟回应一声。

"嗯，并非战局错综复杂，活生一头雾水。"苟环视四周，身边并无简单一瞥能看透的事，"答应你的事得办到。"

"那说说吧。"

"我说的可能加了我自己的想法，那样你也要听。"

"这是肯定的，不然为什么叫你去看，"怖徕静静打量他的一举一动，"我想你讲出的话肯定会公正一点。"

"甲盘的猎人和鸭子中规中矩，看似鸭子一方被逼得走投无路，双方换身份的话估计也是相同的局面，乙盘的猎人运气很好，棋盘上游刃有余，甚至怀疑过他们早就知道地雷的位置，总之双方对胜利的渴望都异如常人，谁赢谁输都让人遗憾。"

"乙盘鸭子的表现呢？"

"他们也很厉害，坚持到了最后。"

没有人说话的几秒钟内，屋里有人出来，又找了许多外面的人进去。

"干什么才能让我不受外界干扰，专注想自己的事。"

等确认与自己无关，苟才问道。

"我只想到两种方法，学习我的一举一动，之后看太阳，或者不学我的样子看太阳。你不妨一试。"

"看太阳会对我有帮助，为什么？"

苟显得有些费解。

"是否对你有帮助，无法否认也无法核准，适应不了的问题难免旁人发一句话就能解决的，"怖徕的眼睛还是闭着，"好像觉得，那样发起呆来专注度便会提高，现在人发呆的次数少了，快时代每步都有新的发展，怕错过便不好发呆，较之逻辑的是问问原始人，问问一步一个脚印地走来，适应了各个时代的原始人，吃饱饭的时候都在干什么，古代没有小玩意打发时间，看太阳是肯定的，不只是原始人，大家发起呆都有看太阳哪怕抬头的习惯，这是任何人撼动不了的历史事实。"

"你让我试着跟原始人产生共鸣？在这样一个大意不得的世界，主动放空思想，迟钝得像一个原始人一样不知是福

是祸。"

"解释得太过抽象，是交给超脱自然的想象力，说不定旗子这种五彩缤纷的东西也是看太阳时想出来的。"

"……我试试。"

在阳光下看太阳未免太引人注意，苟尽量靠着树荫坐下。

细心看了一会，天空形象相当不坏，从中透出近乎厚润的太阳，没有什么不合适的地方，尽管天空无云无彩虹，看见鸟儿在风中曳舞，看见空阔的不顾一切为飞鸟争取舞台的蓝天，已十足地觉得这便是天空最恰如其分的模样。整片蓝天仿佛寻觅聒噪似的，按自己意愿生长在苟的心田，款款飘落在所有风景和所有人之上，微微拨动太阳温柔、教人欣赏寂静的光线。

凝神注视之间，竟连事物的中心——太阳都视而未见，本该忠于自我欲望，不受世间外界万物影响，唯一的念头却是回避太阳，莫名其妙失去了看太阳的耐心，更唯愿它早点收场，敷一次额头就转面的六面冰块无别，下次不知什么时候再转到太阳——重新审视自己的心。

"继续看下去？我打扰到你了？"

怖徕的声音一如以往，干巴巴血肉尽失。

"没有，你不来过几秒也要睁眼看世界。"

"怎么样？看到什么境界了？"

"简直跟真的天空无异，用眼皮看太阳看好了绝对算是个高超本领。"

"嗯。比赛像是比完了,人们都出来了,绕到前头看看,太阳在那边也可以看。"

……

"你什么时候开始看太阳的。"

"在我没想过成为自身以外,等待自我归期的时候。"

宴火颓然答道。

"呐呐,你想到了什么?"

"带头冲锋的士兵,手里可能会拿着旗子对吧,对,大约是那面旗子。"

"此外?"苟试着问。

"现在被人踩着,我该怎么样把它拿起来呢。"

受到宴火的感召,三人一起站在阳光下,想着各自的问题,觉得周围的气温正一度度下降。壬子过来找他们时,他们还在看,她曾见过这个场面,又一次站在泥泞的墙根,没交上作业的人梦想着摆脱自己的躯体遨游天外,却从来不用行动改变当下处境,便把手里拿着的奖品给了三人一人一个,给宴火的是她自己的。

"我的问题不解自通了。"

顿觉如释重负,宴火接过奖品道声谢谢。

"解决了?"

"算是吧。你看,看太阳确实有用。"宴火回头跟一直在树下乘凉的侍旺都报告此事。

"那是因为你把那件事忘了。"她说,"而且也无须再为那件事操心了。"

向前进时，地上又多了一帮不知什么时候出现，面朝太阳沉思的人。

那是失败的人群，他们眼中的太阳僵死在了令人眩晕的顶峰。

第十八章　左手剑，右手盾，头戴棒槌帽

即使雨下了一夜，今早那片乌云也没有显出心满意足的表情，为讨它高兴，人们决定不做任何碍眼的行动，将今天的活动改为室内进行，正因为这样，窝洞铺才如此热闹。

"要不是图书馆没地方了，也不会把他们送到你这里来。"

"有我看着，放心吧。"店主在跟员工交涉。

"你人真好，顶不错。"

"……"

"我说她确实比部分员工让人放心。"

"仅限于那些欠她钱的。"

"哈……哈。"

没走出多远，那位员工向其他人打笑道。

受到夸奖成习惯依赖揣多少东西也不见鼓胀变形的脸，店主变得内省，好言提醒屋里的人不要动店里的任何东西，

除非已经有照价赔偿的决心。

"交给你个任务，照顾好他们。那张桌子可以用。"

再三告诫唯一的员工后，她从从容容地回到走廊上，里屋淡淡的光尚未被外面的灯光冲掉，门便关上了。

"来吧，你们先坐。"怖徕为每个人拉开椅子，"等我几分钟，我刚好知道有个可以四个人玩的游戏。"

趁他去拿桌游的空当，一人拿起减压者营地的宣传手册阅读上面的内容。

"觉得是什么类型的游戏？"

小c问其他人。

"还能有什么，不就是冒险一类的吗？"

"冒险是肯定有的，我是问，这个冒险是关于拯救世界的，还是自我救赎的。"

"不知道，我又不想玩。"也许是觉得自己的回答太扫兴，小b又补上一句，"马上就知道了。"

怖徕把桌游放在桌子上，又在桌游上面摆上一本超厚的讲解书。

"看来我们要拯救世界了。"

"很明显了。"

小b的身体重得像一摊泥，连耸肩膀的动作都十分困难，以这样的姿势习惯一件事真切感受不到发光的心灵。

听到几人谈话的怖徕摇摇头。

"钓鱼确实能拯救世界，因为它也算放松心情的一种方式。"

"钓鱼算哪门子的桌游。"

"本桌游主要任务是让自己角色的心情比他人先排忧解难,包括但不局限于钓鱼,里面放松的方式可多种多样呢。"

"我要去钓鱼,钓一整天的鱼。"

小 d 开口说。

"随你便,时间哪能那么浪费。"

小 b 爱答不理地回应他。

"那我们呢?"

"这游戏很自由的,完全接受自定角色,所以给你们个建议,要是第一次玩的话按照自身情况做决定能更快上手。"

"我要当女生。"把话脱口而出的小 b 刚来了兴致,马上不耐烦起来,"职业长相性格随你决定,业余爱好弹钢琴吧。"

"我当男生好了。"小 c 接过模板卡,"请给一个离市中心近点的工作。其他我无所谓。"

"游戏里能钓鱼的话,请找一个业余时间不来打扰我钓鱼的身份和工作。"

"我嘛,是有本科毕业证的无业游民,要就要地狱难度开局。"

从小 a 手里拿回模板卡,怖徕将手里的骰子摇到桌子上。

"第一幕,从'18 岁如愿以偿当首富'舞厅开始。此幕只有你二人,因为不是合作游戏,出现的互动一定只对一方有益,你是否接受他的跳舞请求?"

"跟她跳舞,算了吧。"小 b 说,"哪怕永远失去弹奏钢琴的机会。"

"遗憾的是许再狠毒的愿也没有用。都注意了,要投骰子喽。"

结果为二点。

"你俩的默契度太低了,应该掷到三点以上。"怖徕拍了下脑袋,像模像样地发出尖叫,"这下惨了,没跟上节拍,你踩到了他的脚,双方心情减二。"

"真倒霉。"

怖徕抽走两个摆在小 c 这边的心情指示物,自己安安静静数一下还有四个。

"这个游戏里面外面都在搞砸别人的心情。"小 b 说,"真是倒霉到家了,里面哪怕有一个安安静静独处的好地方啊!"

"有啊,你的家。"

……

"装修费白送不说,那边的钢琴也免费送吗?"

"免费送。"看房子的男人穿着一身潇洒利落的商务西装,她猜想是顺道谈生意,为谈房价而准备着装实在太过隆重。"装完修没住过几天,所以我坚持按房子原价卖。"带客人转房子前,她先把茶泡上。

"好说,房子地暖水电齐全我就没意见。"男人道,"不过我还是耐不住好奇,什么原因你会放弃这么好一个地段。"

"挨着街近，每天中午楼下大超市必有人搬出钢琴来弹，小星星还好，要是弹奏的是女武神的骑行，午睡必定泡汤，不瞒你说，已经丢了四颗心了。"

"如此严重，我中午都是从外面休息，对我关系倒是不大，带我参观一下房子好吗？"

"好——等等。"小b把书翻过来让大家看，"下面没词了，接下来该怎么说。"

"随意发挥。"

"哦，呃……厕所有扶手……全屋有二十个插座……屋子隔音差说明透气好，一下雨这里简直就是天堂……阳台窗户总是能公正地分清外面是晴天还是阴天……每一个角落都有上一个房主在日复一日地生活里、静静地仰望天空的痕迹……不知道我说的是不是都是你……求之不得的。"

斜向下挣脱无关紧要的眼皮，打量一眼木然伫立的男子，顿感不向自己述说任何话语的他，已追随飞得太低的鸟在人与楼间晕头转向。

"很完美，一切都是我梦寐以求的。"许久男子点点头，"我总觉得在哪儿见过你，很眼熟。"

"对，你在心情榜单上见过我，我倒数第一。"

一直跳出戏份，小c显得很尴尬，她嘴巴干得快要把舌头吞进去了。

"真是奇妙，弹钢琴却烦钢琴声，跟我谈谈钢琴吧，什么时候与它结的缘？"

"六岁开始练,每年不曾荒废练习,数到现在已经有二十个年头了。"

"现在你一定很厉害吧?"男人说。

"厉害说不上,倒是比一些业余选手强一点,毕竟没受过几天专业培训。"

"哎,那你参没参加过钢琴比赛?"

"参加过,一直输。"

"没取得理想的名次?"

"那倒不至于,"小b从自己的心情指示物里抽出一张卡攥在手里,"自己跟自己比赛,不就得一直输下去吗?"

"我理解,独自生活就得克服现实的重重困境,有时身边除了这座城市的风外一无所有。"

"风?"她感到自己的身体在走下坡路,连平日过于幼稚的幻想都察觉不到,"讲讲你跟风的故事吧。"

"无聊透顶。"男人说。

"那样更好啦,不然茶叶还得再过一段时间才能做好顶开壶盖的准备。"缺觉犯困的生活让她只对惹人瞌睡的童话感兴趣。

"往往在深夜,想把烦恼啦,疲惫感啦,连同自己全丢进风中,试着销声匿迹一阵子,但我抓不住风,它总能冲破我在屋子周围筑起的高墙,重新回到街上。"男人把一肚子苦水跟她娓娓道来,愤怒与真诚烧起的火焰,填进种种温和的哀求后几乎是让人哑言失色的,她认真听着。

"挑战命运,被生活打回原形的次数多了才想明白,它

是为了到达更远更孤独的地方，而不是为了成为我，才总是卷走我藏在心底里从不对人诉说的过眼云烟，它灵魂中心的抑郁依然和我们格格不入，就跟自发向上的品格和被迫出门的人一样水火不容。能随便弹一首吗？"男人问，不解口渴的干燥，先想着怎么清扫落满心中的一地鸡毛。

"很久没有人听我弹琴了，"她拖着脚步来到钢琴前，打开琴盖，"还记得哪些曲谱这点都稀里糊涂。"

"考不考虑参加下个月在文化宫举办的比赛，不用担心报名的事，我在那里工作。"

"真的不用。"她连忙推辞。

"为什么，已经输了这么多年了，肯定不是怕输对吧。"他问。

"兄弟姐妹四人都在练钢琴，除我之外都参加过比赛，无一例外都是倒数。"

"你害怕了？"

"话说得在理，我的兄弟姐妹输就输在临场发怯。"

"说不定你就是例外呢。"他鼓励她说。

"舞台恐惧症，家族遗传。我连参加都不准备参加的样子你也不是没有看见，上去舞台也毫无所得。"

"我相信你可以克服。"

"凭什么？"

"就凭你为我弹钢琴，足以说明你准备好在陌生人面前演出了。"

"在你面前演出，除了要有点礼貌，其他和在一百人前面演出不可同日而语。"她的手刚触碰到琴键,身后便传来清脆的提示音。

"哎呀——时间不早了,"手表响后男人迅速起身,"不打扰了,这是我的名片,想通了给我打电话。"

"不要走,我的房子怎么样,相中了吗。"

哒的一声清脆的响声,似钢琴失准的起首音也似屋门猛然关合,小b将手中的卡扔进了牌堆。

"实在忍无可忍了。"

……

"摇到六了。"小d说,"这回还是条大鱼,加心吗?"

"习以为常的小事不至于加心,拿掉一颗坏心情足矣。"

"那这一回合结束,排行榜倒数第一的还是我。"

"是的。"怖徕回答,"请把你的人物卡移动到餐馆,触发随机剧情。"

"也是这一轮对我的惩罚?"小b问。"好吧,然后呢?"

……

"女士您的餐,请慢用。"

"看上去很不错。"

"是吧,厨师长的匠心之作,在这吃饭还能听到免费的钢琴曲。"

"快餐店摆钢琴还是头一次见。"她环顾四周,寻找钢琴。

"不是这里啦,是外面的,每天可以听从广场那边传来的钢琴声。"

"那我知道是怎么回事了,今天倒是挺安静的。"

"是安静了,这几天也是,一到中午就没动静了。"

"你知道为什么——"

骰子摇到了一。

"对汉堡的香气丝毫没有抵抗力,狼吞虎咽的你噎着了,喝点水,真不幸,又呛着了。"

……

她来到十字路口,耳边响起钢琴曲时,午后阳光恰恰落在他的身上。

"你还会弹钢琴。"

"练琴的时间一点也不比你少,当然我也说过我在文化宫工作。"

"一直都是你在弹。"

"对的,借人家的钢琴一用,给比赛打广告,顺道也能练琴。你也来露一手?"

"我就不来了,快赶不上下一班车了,着急回家。"

"我记得你家不是在附近吗?"

"早搬了。"

"啊,那架钢琴?"

"也留给房客了。"

"啊,那比赛的事?"

"想好了给你打电话。"

"可我没留过电话呀。"

"祝你们举办的比赛顺利。"

"已经没有多少时间供你去想，下周报名就截止了。"

她失神地看着街角即将步入的阴影处，被路人惊惶地远远避开。

……

"这一轮结束，首先恭喜小 c 四度荣登榜首，好心情的颜色是什么呢？答案一定是青色和红宝石色混合而成的黑黄色。最后一名自不用说，重点是——"

"是不是不再有惩罚了？"

小 b 抢着问。

"这一轮你要和小 c 一起触发随机事件。"

没有听到自己被淘汰的信息也让小 b 难受了几秒。

……

黄昏来临夜幕低垂，走在走了不下上百次的街上，身边一冷清连归属感都消失不见。

今天是报名截止的最后一天，怕在路口遇见文化宫工作的男人，所以故意拖了一会才下班。

"真不见人影呀。"

空荡荡的钢琴前，似在回忆他弹奏时百人围观的场面而停下脚步。

"要是我会不会达到这种效果。"她左右看看，"现在没有路人，连车也少得可怜。我就像一只小鸟停在这里歇一下脚，平生只信仰喉咙里发出的音乐。"

可能是琴凳比想象的要过长过软，坐下时特别注意自己的坐姿关注起前方，下定决心才慢慢将注意力转到钢琴上，不知道看到了什么，心脏怦怦直跳，有好多话要讲才学亲吻大地的样子俯身趴下，看琴键上的毛毛虫慢慢从中音区的哆爬向西。

"你也要演奏吗？你是不是也想找一个没有观众的时间？"光看它在钢琴上活灵活现地爬也算一件快乐的事情，"我们合奏吧。"

紧贴着最后一片晚霞，轻慢起转映着车水马龙的云朵，手指有意潜逃那又白又长的面纱中她隐约的轮廓，只随夕阳晚照的飞红静静融入了天空，一大群挺漂亮的鸽子惹得她抬头时还要像怕晃眼似的手捂住脸，望远方出神时视野需要受限，不然把歌声放得太远，便成了旭日升起的一部分，以至于身边烟雾缭绕，再无把眼光放长远的机会，从此对自己水一般透明的未来尤其失望，无端善用寻常的苛责担心起多余的心事来。

她把中音区让给毛毛虫，给自己一个大大的供天禀漫游的手捧花，弹的曲子随意起来，谈不上好，不算一件声名赫赫的名牌衬衫，也称不上一件优柔雅致的长裙，就是一件能穿在身上，保暖挡风不被人注视布做的时雨微风，只有少数人心里的孤独才能在她音乐的土壤里永难平静，破土而出后结出划破长空的一颗流星，洗刷着天际昏暗的边界。

耳边突然传来嘈杂的声音，不知道为什么，没坐多长时间，车多了起来，路人也像企鹅蹒跚着步子聚集在周围，为躲避风声加重的寒气，统统赶往冰山的另一边，她坐着的椅子开始摇摇欲坠，她赶紧让毛毛虫爬进手里，带着在公众面

前第一次演出的笨拙起身离开。

"晚走一会看来对了。"

男人过来时,她本想急转掉头往回走,但转念一想没有那样做的必要,便抬头挺胸,庄严地迎上去。

"何等毛骨悚然的勇气,凑那么近,想必你是没听过人大限将至,发出的那种刀子捅进腋下,想笑笑不出,没等从疼痛中缓过来,嘴已经把从伤口中注进去的空气全呼出来的喘鸣声。"

"没听过,但我听过涨潮声,刚拿到驾照就一个人开车去了海边。"

"我也没听过。"她说,"只是那样觉得。"

"你要把它放到哪儿去。"

"什么?我要回家。"

"也要把那条毛毛虫带回家去吗?音乐家都是极其独立的个体,你那么攥着它它会不舒服的。"

"啊,我怕它出事。"

"随便放下吧,被人看一眼死不了的。"

"可是要是有人踩下去。"

"那是另一回事,算演出事故。"

她把毛毛虫放在草丛里,它停滞一会便往树上爬去。

"我有没有跟你说过我们家只有我考上驾照这件事。"

"没有,从未听你说起过。"

"你说了你的事后,我觉得我们的情况有点像,但又似乎不一样,回去想了之后,最终还是想把这件事告诉你。"

"嗯。"

"就是拿了驾照也不怠慢下来，即使没有车，也要租车或者借朋友的车来绕城兜一圈。"

"应对突发状况这样做是应该的。"她说，"突然有人找你开车什么的。"

"我想你也是吧，钢琴弹得一点不生疏，想必一直有练吧。"

"最近不怎么练了，那边的邻居可没这边的邻居包容。"

"是啊，"他脑海中浮出她在舞台上大放异彩的情景，"我想你是为了什么突发状况没有荒废琴业呢。瞧——"

顺着他手指的方向看到了，爬到树枝又落回钢琴上的毛毛虫。

"跟你差不多，不管多受到外物的干扰，但是总会围着钢琴打转，怪不得任何人。"她去捡毛毛虫时，他从后面问，"就选这首曲子当参赛曲目行吧？"

"我去放远点。"她没有正面回答，一离开街角马上飞奔起来。

他怅怅地看了下表，群众里面有文化宫工作的同事向他打招呼，交谈了一会他便坐回椅子上，了无所想间弹起她弹的曲子，这首曲子曲调单一，用不着所有的音，而且欠着身子弹实在不舒服，便往左边挪了一下，这一挪却挪得恰到好处——我们常见到早上的苹果林带有冬的压抑，身体上下开始像排成队列落下的树叶渐渐独立刀尖，一天下来什么事没干就没了奔头，其实只要用刀把头顶上的云朵切个几厘米的

口子，一天下来什么事都可以不用干了，最美好的事便是站在忽而浮现，忽而消失，如水滴一滴一滴滴落的阳光下——看着身后若隐若现的影子，心中藏着的春天露了出来。

……

"找我帮你练习？为什么冒出这个念头呢，可以请你的哥哥姐姐来帮你练习呀。"

"那就算了。"她说道。

"我是觉得他们参加过比赛，经验还是有的，应该可以帮上你。"

"请原谅，实在指望不上他们。"

"关系不好？你倒是很少谈自家的兄弟。"

她叹了口气，听见那边的刹车声吓了一跳，才反应过来自己是如此的困倦。

"小时候更希望哥哥姐姐能做到后空翻，滑楼梯一类很酷的事，但回到家他们能做到的只有没完没了地弹钢琴，即使自己也开始练琴了，说实话还是时不时对那段时间他们的行为感到失望。"

"这种情感尤其是在他们登台演出，没取得名次后达到顶峰。"他擅自解释道。

"差不多吧，他们什么都好，但是在弹钢琴方面已经认定他们不会开窍，决不请教他们。"

"……下午来广场这边。"

电话那头沉默了几秒。

"下午就算了，时间可不可以调到晚上。"

"先不练琴,有件事你得看一下。"

由于琴声实在蹩脚得过分,无从想起原曲是何模样。她来到广场,果然在弹钢琴的是别人,他站在一旁笑着打拍子。等人领着孩子走后,她才过去。

"什么时候来的,"他瞟了她一眼,"你看到了吗。"

"看到了,比我勇敢。"

"敢登上舞台本身就是勇敢者,你也不差。"

"你不会把我叫过来就是跟我说,要享受舞台的每分每秒对吧。"

"那是小半辈子,还有大半辈子我们得活在舞台下看别人表演。"

"到底要跟我说什么?"她不明就里地问。

"既然有人是为了自己表演,肯定也有人登上舞台完全是为了别人。"

"何出此言?"

"别看那位家长弹的时候灰头土脸,但是是昂首挺胸下去的。"

"遗憾,倒是没注意。"

"你去看过别人演出吗?"

"看过三场,不过是非常闲杂的比赛。",她装作看树坑的样子转过身去,"是我哥哥姐姐的比赛。"

"你有没有想过,他们为什么会参加比赛呢?"他不失时机地问,"既然是家族遗传病,你的家人怎么可能不知道呢,他们不会耍酷扮帅,不会头重脚轻地在你面前演杂技，但你有没有想过，登上舞台是不是他们能为你做的最酷的事。"

"也许吧，但为什么他们全都要去参加比赛呢?"

"我猜，他们要让你有足够的时间感受家人的温暖。"

"谁知道呢。"她回答道。

"我学得怎么样?"小c像抱婴儿似的把讲解书抱在胸前，可以看见她的睫毛微微颤抖着，"他是不是就应该以见到久违阳光的幸福语气说。"

"谁知道呢。"小b不以为然，"我没有这方面的天赋和经验，连心理剧都没演过。"

"你配合得也很不错，很久没见你这么上心过了。"

"为什么这么说我?"

"念最后一句时你完全进入了这个角色，交给你的琴谱，也弹得滴水不漏。"

"因为无事可做。"小b脸红起来。

"谁知道呢。"

把手中的剧本交给怖徕，两人离开摆放在窝动铺中央的钢琴，坐回自己的座位。

……

大雨本如朝露般短暂，眠春徒然飘零于世，晨光皆彷徨。

"为什么总是我们俩遇上，其他人呢?"仅凭从容地享受起最后一名的优待，小b不再把自己所面临的最恐怖的事当作惩罚而是玩笑话必须向他人抱怨一番。

"钓鱼勿扰。"

"找工作呢。"

其他人半真半假的表情丝毫没有给他内心的旧伤丁点安慰。

"可惜了，雨伞只剩一把，掷骰子判定吧。"怖徕遗憾地说。

"等等，我能把雨伞让给他吗，没有原因。"小 b 贫乏的灵魂反而在小 c 下定英勇决定后抢先竖起屏障的冷酷面孔中得到了平静。

"真的吗，想好了可得，你的体质孱弱，淋上雨的话，骰子得摇到五以上才能躲过生病，生病了得浪费一回合的时间去医院，心情排名垫底的话，要换你接受这一轮的惩罚。"

"好耶。"小 a 在一旁幸灾乐祸地偷笑。

"为什么？"小 b 咬着牙，然而在略微习惯的语声中间，早已化作切肤痛。

"我也好奇，不应该对跳舞的事怀恨在心才对吗？"怖徕问。

"他明天要是参加不上文化馆的钢琴比赛，你的人物会伤心的。"连他自己都忘了的比赛，有人比他还在乎，以自己为模板创造的人物，是不是也有人比他更放在心上。

"大不了不去，那么多人比赛少一个人没多大关系。"

"我会去看。"她信誓旦旦的样子也像在相信他会回心转意，"也联系到了你的家人。"

"真的？"

"没说谎,主要是票卖不动,他们特意来捧场的。"

"既然你都这么说了。"下定某种决心一样,他红着脸向怖徕询问,"我们……能不能试着共撑一把伞,要是连累她的人物生病看不上演出的话,我的人物说不上更伤心。"

"我也会去看。"小 a 插上一嘴,"明天一早就去应聘服务生。你就不能去了吧,啊?船长。"

"虽无法亲自到场,雨过天晴,风会如同点燃一般向周遭侵染起高温而蝉噪的空气,命运依依怀抱于短暂的季节,微风拂面,藏着你们几度邂逅,几度相遇那段独一无二旋律的轨迹,耳边自会回馈你的琴声和她的赞叹,还有许许多多得意忘形到越来越不向玩笑发展的发言,也许这就是某些人口中的游戏人生吧。"

"哦,有趣。本来不就在玩游戏吗?"小 a 期待其他人跟他一起笑。

"按道理不能的,但每个人都有选择不幸的权力,况且天也放晴了,"怖徕点点头,"我们提前结束,开始最后一幕吧。终于等到了这一天,你坐在钢琴前,汗流浃背,手指打战,开始默默回想起刻苦的练习与他人的鼓励。"

怖徕刚想掷骰子,小 b 打断他。

"最后一次我来投行吗?"

"当然可以,大于三才不会有人生病。"

骰子悄然停止转动,二这个数字灼烧着他和游戏中人物的生命。

"终究没有大于三。"小 b 叹了口气,"我的下场是什么,

演奏演砸了对吧?"

"马上开始前,你听见了熟悉的咳嗽声,他还是感冒了,但没有爽约,他在第一排向你微笑,你好像多少明白了,即使之前多倒霉,踩了多少次别人的脚,心情多委屈,多时运不济,被打成万千碎片的人生还是充满万千启迪,有限的人生活出无限的希望,那便是有限的祝福被赋予的意义。你调整呼吸,镇定下来,手找好琴键,闭上眼睛,仿佛能听到从那架未为他弹响的,亦是自己练习最久的钢琴中传出的乐声向自己飘来,清清楚楚地看见象征命运的毛毛虫一动不动爬在钢琴上,如你提心吊胆所许愿的那样——破茧而出。演奏即时开始。"

……

"今天干什么去了,你不在图书馆。"苟看着怖徠把他穿出去的最好的衣服叠好收起。

"玩了一上午的桌游。"

"什么桌游?"

"就是我们前几天玩的。"

"噢,怎么样,熟练一点了吧,宴火写的剧本不太能适用所有人。"

"还行,就是下回你要再去玩,记得不要把鱼都放到一起去,风一来不全飞了吗?"

第十九章　雨中行车

然而孩子并未回答，几秒钟前他从无法翻越、陡峭且存留着荒蛮的山坡上滑下，挡在队尾几人和大部队相连的羊肠小道，直勾勾地盯着苟脖子上挂着的源戏原的铭牌。

壬子想再次问他从何而来时，他自己回答了。

"我家在山那头，过来挖野山葱的。"

"跟家人走散了吗？"

"我自己一个人来的，不算跟他们走散。"

"是迷路了吗？"

"嗯，"暂且不确定遇上的人能不能帮上自己，孩子依旧沉着脸不露求助的倾向，"山路我从四岁便开始走，偏离大道的次数真不少，不是不记路，只是常常追蝴蝶跑到大道外面去，唯独这次是真迷路了。"

"谢天谢地你遇上我们了，下回看你还追不追蝴蝶了。"

有人吓唬他道。

"这次不一样，没有蝴蝶，只对你们的谈话感兴趣。"

"我们有说什么关于英雄拯救世界之类的吗?"

"是凶杀案一类的,你们还说要找出凶手。"孩子说这些话时两眼突然放光,"我可以帮忙的。"

"可能不是你想的那样,也许是有人死在营地里,但已经是很多年以前的事了,凶手早就被绳之以法了。"

壬子向前走了一步,孩子还是太阳,无论哪个都靠近不得。"过来,我带你去休息室等你父母来接你。"

孩子警觉地注视着壬子的脸,他当然知道和刚刚谈凶杀案的人打交道不会有什么好事,况且这张脸又是张女性的脸。

"不跟你闹了,事多了,你个孩子应该理解不了大人的烦恼吧。下回不要从那么高的地方跳下来吓人了。"

排除危险,落后的营员们神秘地咕咚着,开始从孩子身边挤过,大家作为大人的集合体一人说一句,绝对不用担心自己在孩子眼里落得个无情的印象。

几乎所有人都走了后,壬子蹲下身子,哄婴儿一样拍拍手,鼓励孩子走过来。

"我不是小孩了,我十岁了。"孩子红着脸把头一扭,大约是相近的缘故,躲在了苟的身后。

"哦,也对。"壬子慢慢直身站起,音量很低,勉强让身后的宴火听到,"记不确切,你是比他小对吗?"

很可能的确如此,他每天坚持散步,也应该知道一步落成既是起点也是终点这个事实,死了后又重生,那今年十八岁的他又是什么时候死掉的呢? 宴火想了想,那年夏天之后，自己便死在了他姐姐的心里，也许不是死掉，只是见面次数少了，年龄定格在离家出走的那个时刻，从此一直眼不容沙小时心里最深的恐惧。

"上天哪，我和你只差一年。"

他只能声称他喜欢这一切，对此感到骄傲，相信自己成了雨点，在开过的花间抬头仰望，风来了，一切都莫名其妙消失了，只好回到曾仰望过的蓝天，等到某个美好的早晨，无风，花也开，就从灿烂的云霞间跳下去当单打独斗的太阳雨，去把石砌泉池尚存的记忆备忘。"你不会连自己的年龄都忘了吧？"

"开始习惯你在身边后，便不知道怎么跟更小的孩子打交道了。"

"没怀疑过是自身先天的缺陷？"宴火说。

"不如说是后天的不幸，哪怕别离很久，只要进行两分钟的家庭会议，我的话语权依旧要比你重。"

"家庭回忆？你终于肯试着接受我了。"

"不算你。"

"哦。"他传达出一种心平气和的态度，似乎并没有对被壬子接受抱什么希望，刚才没哭现在也忘了哭，看来预先就没有抱什么希望。

宴火放松身体休息肩膀，有一滴水落到了他的鼻尖上。

"下雨了？我们往回走吧。"壬子也淋到了雨，皮肤变紧习惯性警觉起来。

"没事，太阳雨，一会就停了。"宴火说，"你需要的太

阳还在上面。"

"我需要的是它认同我的身份,不是当我是孩子一样催我前进。"壬子用手挡着雨,仿佛头顶顶着整个燃烧的太阳。

"它当然认同你现在的身份,双方都心知肚明的。"

"希望你能解释清楚,雨越来越大了。"

"我当然有一个很好的理由解释,"宴火走过去把壬子挡雨的手拉下,即使她看上去心不在焉,有点像坏掉的闹钟,不明不响,但是也自觉地注视起太阳,"不觉得它总以出人意料的方式提醒你想起来,要跟别人谈一谈忘了的童年素材。"

"跟谁谈?能跟谁谈?"

"一起走过青春期历程的人,小时候我们一同收集了这种童年素材。"

"记得小时候一个人搭过便车,但不记得小时候见过太阳雨。"

"你是一个往回走的影子,"宴火故意避开了壬子的眼睛,"让常常困扰你的过去蔓延至人生每一处,一柄勺子要是想刮干净猪油碗里的猪油,绝不能过久放在猪油碗里,不然会无法触底油腻在同一个位置。"

"猪油好呀,勺子泡过后会纯净得可怕。"壬子不喜欢这样的对话,拿日常生活打模棱两可的比方,有多掩饰不住把别人的生活全看透驯服才罢休的自我满足,他人懂与不懂都是对生活的蔑视,"当然我说的是铁勺子而不是瓷勺子。"她根本就没留心。

"是呀，在一个平常的世界里生活，见过的事大约总有些道理，雨中只能看见自己，身边都是狂风宣泄的能量，眼前偶然出现的一张人脸也是可怕的景象，彼此之间越来越孤立，非得太阳和雨一起出来，才像在梦中回到童年一样，不用收衣服，散步的旅人不会掉头回去，地翻一翻能找出秋雨寂寥的咯咯笑声，车辙都往天空的方向开去，沉埋在土里的死种子也能获得重见光明的机会，优雅的现实带有一些想象的成分。"

壬子咬着下唇沉吟片刻，宴火又一字一板地重复一遍。

"原谅我不懂你这么细致入微的描述，但你解释这么长时间我可能想起了点，那天谁做了什么出格的事，哭完之后我困了，笑醒后事情便过去了。"

壬子很高兴有自己强烈的天气预感当借口，认出天上的积雨云时，她想让他看看自己是怎么看出来的，是用多挨浇的经历，用完全失去刻岩家长女的傲慢神情，还是用信任的代价，换来的自己重新建构的种种童年素材——白日梦一场。

"大雨快来了，前面的亭子等你们。"

"不至于每天你们见面都要闹个不愉快吧。"壬子走后，苟反感地说。

"对我而言，我困扰在对她合理存在的质疑中，我不知道今天的她是不是我想象出来的，所以每天我都要确认一件事，明白她讨厌我就行了。我另一边先行了。"

宴火的脚步声渐行渐远。

孩子一直克制自己脸上的窘迫，叫刻岩的人都走光后，他装出不以为然的样子问苟："他们真的是姐弟？"

"他们说他们是。"

"那就是姐弟之间该干的事？"

"我不知道会不会因人而异，但因他们拌嘴而起的话题越拖到最后总能变成不可救药且快乐的争执，起因谁都忘记了，就像一锅加盐加糖加各种食材最后乱成糊糊的菜，但尝起来不会真的糊，甚至还有些可口，那是因为他们即使不知道对方的口味，彼此间也都掌握着各自的火候。"苟闲谈一般地说，"不要害怕成为哥哥或弟弟。我带你去接待室。"

孩子想了一会，点了点头，说道，"我也有个哥哥，跟你同名。"

"源戏原吗？"

"对。"孩子语气骄傲地说，"很久以前，他也来过这儿。"

"咱们仨还是挺有缘的。不差的话其实这就是你老哥的名字。"

"我知道，我来就是为了这件事，"孩子向前走了一小步，"我哥没有杀过人，我是来证明他的清白的。"

"那你可得好好地跟紧我，不要跑丢了。"苟回答说，"我现在就是你哥哥的替身了，证明我的清白全靠你了。"

"包在我身上，可我想起我还没买过票。"孩子灰心丧气地说，"被人发现就得回去。"

"今天是个例外。"苟拿起树上挂着的铭牌给孩子带上，

"忘了你自己吧，现在你有了一个新的身份。"

"这个吗？"孩子认不全上面的字，戴在脖子上反而对他来说是个负担，他收起放在了自己的衣服里，"接下来要干什么？"

"有人怀疑我是嫌疑人，先去他那儿。"

"我以为要先找线索。"

"把他说动了比找到一万个证据都有利。"

"他是警察吗？他现在在哪儿？"孩子问。

"他现在在一家餐车兼职当服务生。"

"现在要去餐车那儿吗？听说你们用花朵付款，是不是真的？"

"是真的。要摸摸看吗？"

"不了。"孩子拒绝道，"你的花朵留下我的指纹会被人怀疑我们是同伙的。"

"想到指纹令你不安？没什么关系，反正总要花出去的。"

"那现在摸了的话，放回一起容易弄混，一会让我付款就行了。"

"考虑得真周到。"话是这么说，苟出门从来只带一朵花朵，是自己一天的饭钱，他从来不买，不对，是从不走进好看但不实用的世界，苟忍受着每次孤零零站在礼品店外面，背负其他花钱大手大脚的人卸下的全世界的重量，总是认为是最后一次完全看清双方累积下来的热情差距，其实他最接近自己汗水和用心灵丈量远方后蠢蠢欲动的热量，但那

段时间的不堪,跟花了足够多的时间在门口提心吊胆推测的那样,大约成了自己还能吃上饭的好运气。

"快到了吗?"孩子一路问了很多次。苟想应该不是走累了,而是出于强烈的怀疑,他应付不了路边人的眼光,颇有远见的假正经充斥着复杂冗长的规则,带他与现实全然脱节,才多次向自己搭话,活生生的现实里,这样装得自然很认真的行为,礼貌、秩序、无处安放的好奇心从背后伸出来挡住了他的眼睛和耳朵,是可以被他人和自己接受的。

怖徕最近很不修边幅,躺下遮凉的地方都没有树荫,额头挂了红,头发乱糟糟不知道剪,胡子也长到了牵着身子动的地步。出来找客的他本来在路边背靠太阳,见到苟领着孩子过来,身子一扭,脸转到阳面去,对于老顾客和耳熟能详的以生活为主题的硬板盒装游戏,他往往拙于应付。

"杀人现场?"孩子问。

"别乱说呀,这里是餐车区,有人还在用餐呢。"

"那他是干什么的,是嫌疑人?"

"跟我们一样,莫名其妙活到现在的路人。"

"他真不是嫌疑人吗?"不用孩子再次提醒,怖徕起身迎接他们。

"二位是来小泛舟浅尝店主手艺的吗?"

这种时候,孩子和苟之间的对视,很像尝了坏的蛋糕,故意压低嗓门,腔调里时宜透出的那种不得体的动与静。

"下回不要从背后出来吓人,好吗?"苟用脸上瞬间的惊疑否定怖徕的回答。"那位置是要留给天灾的。"

"这么不经吓吗，好了，我道歉。"怖徕热爱交际，对遗憾的个人表达，就用不倦的厚眼皮眨出来。

"他是那个怀疑你的人吗？"学着任性的模样，孩子在苟的腰处搭了搭自己的脸，"我们就去他那儿吧。"

"你真是好眼光。"怖徕的语气传达着不动声色的喜悦，"这么有趣的天气，咱们还是应该慢下脚步，多注意身边的美好。"

"走慢点不会甘于人后，吃不上饭吗？"孩子问。

"有道理。"苟同意地点点头，"我们跑起来吧。"

"要比赛吗？"孩子的回答远离人类的复杂性。

"比赛……噢，快跑，谁先跑上山头谁赢。"

"慢点，等我呀。"见追不上两人，怖徕扯着脖子喊，"就说是我带你们来的。"

……

怖徕来到餐车前时，面板上已经放好了客人点的午餐。

"怎么回来得比客人晚？"

"凡事都有例外，每次我办错事的时候您总贴着我耳朵喊呢。"

"所以我得出去？"

"不然嘞。"

"你等着。"

眼见店主靠过来，怖徕小心端起碗筷，留下一句'您不是也能出来吗'，旅顿到餐桌旁必然会有的客人身边。

"所以，你也来点？"

服务生终于光临,却没有解释坐下的原因,顶不住脸上全神贯注的静默,苟问他。

"谢谢你的好意,本来是躲店主的怒火,我吃的话性质可就变了。"

"你受到她的剥削了?"孩子问怖徕。

"不是,也不算不是,我本身也能被挑出点毛病,我就像是拿心擦别人脏手的人,要么不在乎心被污染,要么心本来就是脏的。"

"原来是这样。"孩子心有苦想地点了点头,"你是替店主干脏活的人。"

"是啊,钱是脏的,我又是收钱的,不想收还不行,"怖徕极为低调地摆了摆手,"店里一向是后付钱,又每次要求我加班。"

"想起来了,你要付钱吗?"苟对着孩子拿出花朵,却被怖徕毫无秩序地抢过。

"你客气,慢用吧二位。"在怖徕眼里,谁来付都是一样的,几乎肯定的是,换人付,终归一点用都没有。

可对孩子来说,花朵被拿走的瞬间,没有什么可以期待的了,难以言表的情绪顿时涌上心头,令人侧目的现实和格外顽强的精神结合需要一阵子,要马上接受结局不可能,他半天后说了一句话。

"现在是犯罪现场了吗?"

"为什么?你们不是付过钱了吗?"怖徕飞快地回答,说完他走下坡道,像在找某个还没到的人。

苟内心的失望和孩子差不多,无奈口袋花朵已无多余,出来时无钱一事既让人不安,也让人变得懦弱,开口安慰人的话说不出,只能把自己那一份的水果夹到孩子碗里,这是他对同情的个人表达。

孩子主动把碗拿到餐车时,店主要孩子过去,拿出点东西交到孩子手上。

"原话大致是收得多了,半朵花拿回去吧。我用指甲捏着拿回来的,指尖没有指纹对吧?"

孩子回来时轻声说,不知所措的模样盖过了忙忙碌碌的孩子气,他想要的东西很简单,半朵花便充分表达了自己。

"你留着吧,当作护身符,风头过了再还给我。"苟很确定付的钱是一定够的,店主也是懂规矩、文雅的人,不能做到肉体上的刀枪不入,至少不会轻易毁坏花朵,店主脑袋不时偏向这边,她的想法就像十瓶水中间的那瓶汽水,隐约看见气泡浮上水面。

吃完饭聊过天,苟毫不费力确定了自己在孩子心目中的地位,只因孩子打的一声哈欠,他便给他指明了一条算得上让人满意的道路,但在充满好奇心的年龄,一切未知领域都是神圣的存在,孩子对新生事物的看法,成了这条路上的奇迹之花,小小仪式的日升月落,伴随着孩子的选择蔚然或衰微。

来到白屋时,屋子里未收拾的场面多少让人有些抵触,但孩子缩着脚,找不到哪里可以放心落脚,看见堆满衣服的床倒是兴高采烈,悬崖之上,生活成本就是如此简单,有人

居住过的气息便能使紧绷的神经松弛开。苟想应该敲松白屋的几根支撑柱，再在门牌上挂一个标牌，上面写着：此屋包治心灵方面的百病。

"北面的窗帘不能打开。有只鸟在外面筑了巢，看见人便叫，能叫得很。"

"我也能叫得很。"孩子这么说，但并没有把窗帘拉开，他很在乎那只鸟长什么样，也想验证它是不是真的能叫，但他尊重每一个世界上的生灵，就是有时会为这种落伍的感觉困扰。"你应该跟其他人住在一起，证人还能多一些。"

"想法挺好，住在狼窝怎么办呢。"

"那你也变成狼。"

孩子回答时，苟被自己身后的影子吓了一跳，以为是它在源源不断地传递鼓舞人心的话语，加剧午间的闷热。

"我是人，似乎显而易见，已经不能回到丛林了，退化了。"

"那为什么其他人能变成狼？"

"哦，忘了跟你说了，其实有一种人是能变成狼的。"

"何人？"怕被认为是这种人，孩子说话时故意显得老成。

"没掉光'害人的牙齿'的人。"

"我的'害人的牙齿'掉光了吗？"孩子大张开嘴，正给牙医看蛀牙一样说严肃且胆战心惊的话。

"它们还没长出来呢，现在看为时过早。"

"什么时候会长？"

"过了今天再说。"苟回答。

"为什么过了今天——算了,我们谈点别的忘了这件事吧。这里真如你所说,是犯罪现场?"

"是的,罪犯事后睡了一觉待到午夜才离开。"

"那我们来这儿要干什么呢?"

"不干什么,到休息的时间了,正好你困了不是,躺下睡一觉吧,没准梦到跟罪犯同样的梦,手段、动机什么全都知道了。"

孩子点点头:"我马上就睡着。"说得像在帮别人的忙,他确实也是这么做的。

孩子休息时,苟就在一旁打起精神,想怎么把下一个犯罪场景融入现实才能带孩子老老实实逛完整个营地,思路受阻不仅是他想不到的原因,也因为他只知道营地的那几个地方,到目前为止他把知道的地方都逛了个遍,他索性闭上眼睛在地上躺了一会,以为自己回到了家。

山洞前的步行道静悄悄。左眼疲惫,右眼警戒,欢乐经悲哀无限膨胀化作微风,盘在藏进清晨的眼窝中做着倾溢的梦。宴火口中念叨的话都是一再地重复,自打他走路开始还没有这般听不进去话的时候。

"你在干什么?"孩子问。

"你还没回去?"

"对,没回去。"

"好吧。"总有三四个人来到这里,踩出歪歪扭扭的小道,无论如何孩子宁愿找他说话,为了留住唯一的交流对

象，宴火觉得没有理由再问下去了，自己零星的期盼和孩子的不请自来，背后的原因都要由滞留在心里的孤独一词告一段落，于是他说："啊，你问我在干什么？我在阻止营员私自进入。"

"里面有怪兽？"

"没有怪兽，只有抢着要送你礼物的人。"

"他为什么要送你礼物？"

"误入他人领地，解释不清的话会被误认为强盗或小偷，"不愿意领送礼物人的请，宴火低头看自己的手，仿佛在选奉上哪只手作为惩罚，"送上礼物可以证明来者不是敌人而是客人。"

"你们一定见过面吧。"孩子说，"你收到了什么？"

"创可贴。送礼物的人真是料事如神，下午送完晚上我就被火烫着了。"

"那不是正合适？"

"是呀，我们也说清晨的暖阳正适合林子里归来的守夜人，月亮的阴晴圆缺适合哼唱人生的起起落落，可礼物不同于其他生命轮回四季交替，"多年来积聚在皱纹深处的伤感，硬是把宴火的脸挤出一座'悲'来，"它用完就没了，坏了就坏了，出于勉强和无名小草等不配有墓地的东西一样，生它养它的土地便是此生的终点。"

"不过很少有小草能一辈子待在一个地方，大部分被人连根拔起，死亡……呃……绿茵藏身风中。"身边气氛不同寻常，孩子盯着路面寻找施过魔法的痕迹，"礼物是友情的

延续吧我想,你有送回礼给他吗?"

"本来是今天的计划,也可能明确自信是未来某时的计划,再不济想象力填补一下,把过去与他说不清道不明的好时光,当回礼糊弄一下自己呼吸间未名所以的感受也行。"

"所以没送?"

"没的选,我们没熟到互相串门的程度,我只有拿那张白的成功的蜘蛛网,埋了它的份。"

"蜘蛛网?"孩子假装自己知之甚少,"和创可贴有什么关系?"

"我说蜘蛛网了?口误,算我求你,当没听见吧。"宴火给孩子找一个背阴的地方——自己背后,"听没听过这么一个典故,湖水之神在献给凡人最后一口泉水时,以流浪汉的形象出面示人。"

孩子摇摇头说:"我知道蜜蜂的刺连着心脏。"

"总之我们说的死亡都是伴随着自我奉献,发挥最优价值时总绕不开给予他人最大诚意,我们有那样的机会收到礼物,终日所做只要让生死相隔如同一场无稽之谈,拉扯开凌乱而深刻的绶带,礼盒里面躺着的是别人的最后一丝生命力,化作朝霞的机会无声无息退给自知天性的觉悟。"

"你是英雄吗?"

他驮着的身子像老香蕉一样弯,支撑起内心的信念也像老香蕉肉一样日渐软糯,看他憧憬着更多,孩子想找一段对话让他精神大振,不知道为什么想说这么一句话。

"如果是一个需要英雄的时代,我永远不会是。"他回

头看了眼山洞，不太想郑重对待这次对话，"何况现在正处在人才辈出的年代，我心目中的传统英雄就像汤中的苍蝇马上被人认出马上不受人待见。"

"你心情不太好，我应该拜访一下你的朋友，把你的事告诉他。"孩子一点也不惊讶地说，"得找个人听你倾诉，可他送我礼物怎么办。"

"你当然可以去找它。"宴火岔开的五指不妥协、保有尊严地压着它的对手——另一只手上的五个指头，"它就在我们周围，而且也不会送你礼物了。"

"我没看见有人呀。"孩子努力开动脑筋，不巧对方做梦的水平太高了，他连陪宴火想象的空间都没了。

"我相信它长成小草了，从上一处土地的伤口里长出来，茂盛地发着光，伸手不见五指的山洞里那样，在人们望不见日落时，留一个微如指盖只供窥视的缝隙，缝隙那头天崩地裂，所有人都掉进了一道长长的峡谷，下落过程中抱在了一起，手拉手围成一个大圈，圈中心熔浆滚动，火山正在喷发，缝隙这头迎来明晃晃地狱之圈里贴近皮肤的光焰，照清了身边人的脸，所有人凝望着前一个人的背影，手拉着手走上回去的路。"

待了半晌，宴火正在等待中琢磨着孩子会说什么，回头发现孩子已经不在了，分享自己的情绪前没有如实告诉名字和岁数顿感有失体面，转头又觉得孩子未经世事，便也没什么。

孩子本想找个本地人问问路，就在眼前的房子前停下

了，他总觉得这个房子很像悬崖上的那个，色彩斑驳的遮阳棚摇摇欲坠，前庭有一小撮地种了一小撮光秃秃的蒲公英，在午后的阳光下闪闪发光，可人造流星缺了引人注目的长尾巴也就没人去许愿了，露台下的木质走道上多走几回便全是泥土，不能好好地玩躲避大灰狼的游戏，因为安全屋不应该存在大灰狼的颜色，否则谁都会将那抹灰当成一种缺乏了安全感的浑浊焦躁，无法把心中沉淀下的俱怵以过瘾毫无顾忌的方式过滤干净。百叶窗也拉上了，敲敲门无人应，门没锁一推竟能进。

"你竟敢擅闯我的地盘。"背后的声音充满了带有主见的愤怒，孩子认为在这种比明智更通情达理的愤怒里无需他争辩什么，而且自己与声音主人的距离比心脏与喉咙的距离还要近，没有什么时候比现在要更加注意自己的腔调。

"门没锁，我以为没人住。"孩子谦卑地，不，以他这个年龄，应该是怕死小心翼翼地回话，"我很抱歉突然进入。"

"吓着你了？"黑影中的人迈了一步，闪着银光的盘子先与阴暗隔绝，几只圆头圆脑的旅鸟凭栏而立的影子雨后春笋般冒在上面，"放心吧，我不是坏人，看见了吗，我正准备去送饼干。来一块吧，我可不是每天都做饼干的。"

"谢谢你的好意，但不了。"阳光从门缝里溜进来，与屋里的黑暗比赛似的造假景，孩子眯着眼睛环视屋里的情况，"这里是你的烘焙室吗？"

"不是，但我希望是。"

"你手里不是正拿着饼干呢吗。"

"在食堂的厨房烤的,端回来分袋。"

"那这里是储藏室。"

"哈,"她笑了一声,声音恢复往日的生机,"比储藏室还神秘,听没听过十年前的命案,这里就是案发现场,看看像不像。"

"这里也是。"也没想这么做是不是得体,孩子忙着四处看。

"先走了,"她出门时抚平了孩子的头发,"我不在的时候帮我看家好吗?"

"等等我,我跟你一起去。"孩子与她并齐行走,"我也跟你一起去。"

"要当我的随身护卫?这份恩情得需要一顿晚饭才能还清。"她把盘子上的一袋饼干递过来,"路上得走很久,挑没碎的吃。"

孩子这次没有拒绝,喉咙中某种庞大而脆弱的肿块在阳光下化开,已经能正常吞咽了。

"你没有锁门。"

"没必要,已经没有多少人认识这条路了。那是什么?"她看见了孩子戴着的铭牌。

"这个,"孩子捧在手里,想到会叫人给念上面的字便立马举高,"你自己看吧,我也弄不清楚。"

"看见了。"近距离观察过后她语气格外客气起来。

"先去哪儿?"

第十九章 雨中行车

"哪里都一样。"她心平气和地说,"我只需要一条通行的路而已,只要人们还在勤勤恳恳地干事,具备足够的判断力,惊喜走到哪里都一样理所当然。"

"行吧。"话里听出她要见很多人,孩子突然意识到自己跟上她不是什么好决定,脚步慢慢变得迟钝。

"在这里等一下。"她在一间类似俱乐部的秘密基地前停下。出来时盘子上的饼干少了一大半。

"他们会分下去,说是有很多从早上到现在还没有吃饭的人。"

"那不是雪中送炭了?"

"并不是,饿怕了的人才会想怎么快点把肚子吃撑起来,饿习惯了的人多吃一点才会觉得不习惯吧。"

"是吧。"

接下来是一段长长的上坡路,枝繁叶茂筛出的最安稳的阳光,透出一股毫无生气的温柔,没能清晰而骄傲地展示出太阳的优点,却着实投射出树枝快要散架了的影子——一抹一目了然而突兀的清静,地上每一处皆是如此。

孩子丝毫不用担心她是否带错路,单行道没有犯错的可能,就跟数学只是一小段实话,不需要用哲学的眼光看待一样。她背过身推开门,熟悉的感觉扑面而来,总觉得柜台后的店主在哪里见过。

"我还在外面等。"孩子抢先说道。

"进来吧,喝点茶,我们可能得说很长时间。"她的回答属于说给外人的秩序,告诉他们不用再东躲西藏。

进去后,孩子找个小角落坐好,低头看着自己手心的饼干碎,警戒着不让它们住进房子里。

"来了。"店主低头忙着做笔记,听出了确凿存在的她,没有看见随时都能为岔路口行个方便的他。

"看我给你带了什么?"

"什么?我瞅瞅。"店主抬起头,"又是饼干?倒是总比没有好。"

"草莓碎还是奶油曲奇?"

"还是跟以前谈妥的那样,苏打香草夹心饼干。"

"那个没有了。"

孩子看着被自己吃剩半袋的苏打饼干,不知道她们在聊些什么。

"算了,你随便打开一袋吧,我去给你煮上一些咖啡。"

"多煮点。"

"知道,只有你的话我就烧水泡茶了。"店主合上账本去了厨房,柜台上的账本活像抱紧身体以防被人用刀撬开的贝壳,怯掩着之前从远一点地方望见的:多多益善的饼干和来客,已用燕麦拿铁和十足心意还清。

两种饼干,她各取一半装盘,盘子放在柜台玻璃上,她又招呼孩子过来坐。

"也加些这种饼干进去吧。"孩子把饼干还回去,"我已经吃饱了,多谢款待。"

"怎么,要走?"

"想去看看一直想看的真相,晚了太阳就落山了。"

"你说的真相,是否在路的尽头?"

孩子点点头。

"还是担心你会迷路,"好在她没多说什么,"路上小心。"

里屋传来一阵收尾的窸窣声,店主端着盘子出来。

"唉?不是说没有苏打饼干了吗?"

"现做的。"她不用站起身,就能让脸抵住店主每每计划落空后狂乱的身体,以防她裹挟进啁哳或其他左右自己生活的情绪,"太抱歉了,我刚想起临时有事,我们改日再聚。"

"唔——都到这个点了,我也得收拾一下准备出摊了,下次见了。"

去年秋天草褐色的山丘旁,孩子望着太阳停下脚步,望着被阳光照亮的栅栏出神。

"看见白栅栏,我还以为回到家了。"

他对抱着被子出门的粉砖缘咚说。

"这儿?这样的午后,觉得天下都是自家的地盘也没有什么。"

"没觉得像你说的那样,只是不像我心目中对栅栏的印象。"

"可能它只有一片吧。"

粉砖将被子搭在栅栏上。

"可是它能用来圈谁。"

"谁都圈不住。它只有一片。"

"这样的午后,不怕一片栅栏管不住别人的野心吗?"

孩子抱着求学的好奇心,谦卑地问道。

"栅栏吗,圈住为荣誉而生的火种,挡住为荣耀而战的火把,也可以帮着天火把困于被子中的罪恶洗涤,"见孩子一脸愁容,她进一步解释,"我是说它能晒被子。"

"我就觉得这里不可能是犯罪现场。"

"呃……很像犯罪现场吗?"一时之间,粉砖缘咚心情陷入两难境地,不知道该高兴还是该难过,她已经很用心去打理图书馆了,故事内容对不上故事的内核,这首儿歌毫无节拍、童趣、耐唱度,她照顾的图书馆是一出由暖意过后的寒冷、人不是在逃离便是在做梦的争议、双眼睡去才进言的习惯、死亡也新鲜不起来的徒劳构成的闹剧,好在这些加起来多多少少给人冷清的感觉,她的初衷仍当作警钟长鸣。

想知道孩子对图书馆整体的想法,她邀请孩子进里面坐坐。

里面令人难以置信的干净整洁,明面一尘不染,信心来此,不再是拉低脸上半截品相的那一把被拔下的头发——满含报复的恶意。

"你的屋子里真干净,人坐在地板上都可以。"孩子望着满屋子书出神,眼珠子快要掉下来了。

"人离开人群,寻求片刻的静愉前,随角落的尘土团伏而倾,想在他们心中摆出笑模样,单有扫帚和抹布是不够的,图书馆应该对此前的事只字不提。"粉砖忘了几日前也曾允许灰尘在自己鼻子底下晃悠,"不管在哪儿,保持居住环境的整洁总要放在前几位。"

"你闲下来的时间里都在看书吗?"孩子盯着门看。

"我忘了都在干什么了,可能吧。"想把衣服也拿出去晒的粉砖找不到合适的位置,对生活的解读难以继续,双臂扫兴地松垂于身体两侧。

"也吃饼干?"

"饼干吃过几次,无一例外是别人送的。"

"今天也吃了吗?"

"没有,昨天送过,今天不可能送了。"

"饼干碎和灰尘有什么区别?"

门开了,伊奕饰进来了,粉砖勉为其难地去接了饼干,回头也没有回答这个问题。

孩子看她吃饼干时,饼干碎掉在了地上,放着不管的话,过一段时间饼干碎就会在灰尘中藏得很深,不时常打扫的屋子便能看见,扫出的灰尘总会掺杂着头皮发麻的东西,一个又一个无可避免地被自己吸进体内,进来看书的人最能体会这种毛骨悚然的心情,熟悉的东西化作惊喜出现,在稍偏一点的角落里接受饼干不眠不休庸俗的热情。

"又见面了。"

"你好。"看她站着说话,孩子想站起来把填棉絮的椅子让给她,却又总觉屋子里哪把椅子都讨她喜欢。

"我还欠你一顿饭呢,对吧?"

"啊,我得回去了。"

"那么着急干什么。"

"不知道。"待久了房间里有一股淡淡的酸味,孩子盯

上了桌子上放着的油布,"在这里做饭?"

"不从这儿,去食堂,先找本书看,我们六点出发。"

"推荐你看这本,带插画的。"粉砖取下一本包上书壳的书,书壳上只能看见一朵彩色的花。

"我早不看童话了。"孩子说。

"不是,是一本侦探探案集,你应该看看什么是真正的犯罪现场。"

孩子看书时,其他人也曾有过的若有所思一出现在他脸上便想象不到得遥远陌生。

"又不是学校课本,为什么苦着脸?"伊奕饰不太明白。

"有句话确实让我见到了做题时的自己。"

"读一读。"正如作为陪同孩子进商场挑选衣服的同伴,伊奕饰乐于鼓励他试穿一番。

"是凶手被抓后的内心独白,从这句开始读吧:他们认为我的生活日渐腐烂,其实已经腐烂彻底了,没人定下腐烂的规则,说句中肯的,凡是土里的都算罪恶,我从出生根就连着身子,都埋进了土里,结的果实土生土长自然也是坏种,唯有日不落的光芒永远耀眼夺目。"

"觉得他说得对?"仅仅从孩子读的这段话中还看不出孩子的想法,大意无非是一个似人生物穿得很像人罢了。

"他道出和一部分人相似的遭遇,像讲述他们曾经听过的故事,他们会在任何角度和标准,脑补出太阳和果实分庭抗礼的画面。大家丝毫没有犯错的可能,都做了果子。"孩子说,"可我好奇的是,我为什么会跟一个杀人凶手产生

共鸣。"

伊奕饰假装翻起书,显得有点窘迫,书不是她的,本来以为粉砖会向孩子做出一番解释,结果她一句不说,满心欢喜去窗口找夏日的风了,她只能说。

"请让我占你点便宜好吗?"

"什么便宜,土里长出的果子顺手就拿的便宜?"孩子眼睛诧异地眯起,缩了缩脖子。

"露出笑容来,不要去想那些没志气的话,"她对付过脖子套进绳索里拼命挣扎的动物,耷拉着的耳朵表明它们现在开不起玩笑,"即使果子从土里长出来,太阳也毫不吝啬把微笑的光芒洒在果子身上,给果子的灰尘留下一个无法消除的印记,使它回忆起往昔时,能够记起它们一路走来互相扶持,共同进步。"

被风吹得热不可忍的粉砖转过头,问果子帮太阳干了什么。

"果子从来没有给过太阳什么,也绝对不会把笑容传递下去,因为它也受过雨的恩惠,下雨时难道要哭到蔫巴吗?"孩子用压低的嗓音说,"唯一有关系的便是果实喂饱人们,人们才能写出太阳的赞歌。"

粉转实际上一直在听两人的对话,而她确定眼下该郑重对待这件事时却只能说"是呀"。

"是呀。"伊奕饰几乎忘了自己向生活笑的经历并不比哭少,她认识的大多数也都过着和她一样的生活。

听到两人的赞同,孩子合上书,用往常手头吃紧时前几

秒的泰然对自己和别人笑,实在坚持不下去了又翻开书。

他这么说完全是麻痹自己的心情,手里拿着东西的时候,身体某处总会暗暗使劲,使之得不到完全的放松,不把犯人的心情抛掷脑后,脸上也只会堆满无关紧要的谨慎,笑容荡然无存。

……

苟醒来时,孩子在看着他,被人这么理所当然看着,苟萌生出自己处在作为一道美味留在最后被享用的位置,从而脑海中出现一个又一个由笑柄托词串起的猜想,为了不被人明显从他醒来时充满的新的好奇、新的焦虑和老调重弹的聒噪中看出心境,'撑'呼为一种无可归根结底对自己荒废了一天的反感。

"你醒了?"苟对自己睡了多长时间并不了解,他看了眼窗外,"天都快黑了,你饿不饿,吃饭了吗?"

"我已经吃过了。"孩子回答,"给你也打包了一份回来。"

起初苟认为他只是说说,但当他看见桌子上的饭盒子和报纸时,立马脖子前伸,坐了起来。

"你犯了个大错呀,今天你走过那么多地方,见过那么多人,甚至连犯人都接触过了,你不可能没有接触过,还戴着别人的名字,也许这个名字就是受害者之一。"

"我一天确实走了不少路,"从孩子一直在捶发酸的腿肚子就可以看出,"但我找到犯罪地点了,你们做活动也好,给皮肤擦护肤霜也好,只要所有人都有不在场证明就

行了。"

"犯罪地点?就是火烧的那间屋子,报纸上说不是烧没了吗?"

"只是烧光了通向那条路上的小草,屋子还在,草疯长起来后,屋子于知情人心中自意自安。"

"你只是猜测吧?"

"即使是猜测,总比你们继续找不存在的凶手好。"

"那那个你说的地方,在哪儿?"

"记不清了,我也是碰巧找到的。"孩子拿下铭牌,递给苟,"上面写的什么?"

"伊奕饰。"

"离这位小姐住的地方远一点。"

"她吗?哦,先不说让所有人都远离那儿,总不能阻止房子的主人回家吧。"

"邀请她来你的小屋,或者把她困在某个地方,别让她回去就行。"

"再说吧,你要怎么回去?"

"送我去营长办公室好吗?该叫我的家长来接我了,再不回家赶不上今天售卖的最后一批苦楝果了,今天是我的生日,求求他们还是会顺道去商店买给我的。"

那就是孩子留给营地的最后一句话,他在会议室沙发上睡熟之后被他的家长领走,醒来可能是明天了。

第二十章　天一早去捡甲虫尸体

高空也是，汗水也是，遮风挡雨站着会摔卧着会滑，躺不下的玻璃式容器。

"这不公平。"

维嗣看着自己面前的狼脚印说，其他学徒猪手里的脚印新鲜无断纹，梨膏放上去更容易在太阳下凝固成型。

"谁是顶替逃哼哼这只猪的那只猪？"

"是我。"维嗣举起手。

"你的做好了吗。"

"已经定型了，但是，你还是自己看吧。"维嗣拿起的狼爪形面点被一道从小拇指延伸到大拇指、贯穿整个十字纹的线形伤疤毁了。

"这不是挺好的吗，缝隙里多加点明胶就看不出来了。"

当然看不出来，评委猪又不是你，维嗣内心尖声叫道。

"只改变一些无关紧要的东西并不能真正改变错误。"

"可我看你这个错误就是无关紧要的。"

"再看看这儿。"维嗣把脚掌翻过来,露出跑了空气皱皱巴巴的脚背。

"这个老模子也有点漏气了,有猪说像老太太狼的脚印。"

"胡说,分给你们的明明都是森林之王的脚印。"

"对,其他猪都是好的,可我这个⋯⋯"

"噢,你想换狼脚模,想要好的,只能自己去林子里找。"监督不耐烦了。

"好吧。"维嗣垂着头,"我只是问一下。"

"切记,要换脚印的话,找半公里内最锐利的五个石头当狼爪。三位评委的话,我算算,三五⋯⋯"

"十五。"

"对,要准备十五个石头,不过有个评委牙口不好,他是例外,五个尖石头换成五个圆滑石头,就是十五⋯⋯"

"十个尖石头和五个圆滑石头。"

"对的。"

话说完监督离开烘焙室,别的猪都做完已经无需再看。

维嗣锁上烘焙室的门,门也是,窗也是,都极为老旧,言不由衷,窗不能总对着太阳看,门投下的阴影如同一片无人能接近的湖。

算算有四天不出屋了,放空的脑子不认识古老心脏的历史,于是策划起一场新鲜的冒险,不可思议地跳过每头猪形孤独每片心碎时来到海边度量的宽广,抹去每一朵蜂拥而至的白云,所余唯有为世界充当龙骨的局限,有点像放晴的

天，一点风吹草动就能为各种生物提供良好的生存环境。他呼吸了一口新鲜空气，想沿着干涸的河床碰碰运气，周围可以透过田野的空旷看见天空，狼要是从天空下来不至于措手不及。

结果一出村口便碰上狼了，维嗣立刻往回跑，他从未见过狼，就认定张牙舞爪，长满毛直立行走的活物就是狼，只觉得转身逃进坚固的建筑里才是正道。

他找到谷仓里的门闩，但谷仓里没有门，就大气不出蹲在谷仓的角落，从稻草的缝隙间看狼，捉摸不透比自己小一半的狼向手中吹气的原因。

"你蹲在这里干什么呢，中暑了？我正好随身携带藿香正气水。"

狼没有对维嗣造成麻烦，相反他的口气还带着格外的客气和关心。

大城市里的狼，维嗣脑袋向左倾斜着，头戴农夫帽，赤裸上身，腰间绑个白布衫，他觉得自己穿得倒像个流浪汉。

"不必麻烦了，"维嗣见他这么好说话，更盼着找到老狼的脚印了，"如果不麻烦的话你能不能把爪子按在地上。"

"为什么，我从小到大就没干过那么恶心的事。"小狼展示手中闪亮亮的排笛，"弄脏了怎么办。"

大城市来的狼，再次加深对他的印象。

"有我也不需要你的，你的爪子太小了。"

本来也没被招惹，维嗣却回嘴道。

"你要找多大码的爪子，45？"

第二十章　天一早去捡甲虫尸体

"森林狼王那么大的。"

"森林狼王？那是我爷爷，我和他比过，他的爪子也没有多大。"

"他老人家现在在哪儿呢？"

"不知道，我也在找他。"小狼神情黯淡，"家里人说他回到了曾经待过的地方。"

"他来这儿了？"维嗣站起身，忘记了装死的想法。

"很有可能。"小狼朝他这边微微偏头，"我们可以一起找。"

"我有个更好的意见，我们先各找各的，等中午在这儿碰头。"维嗣觉得小狼只想到外头玩，真干活的时候会给自己拉后腿，而且他不是咱们猪一派的，信不过他。现在听到了重要信息，他十拿九稳能在刚刚下过雨的森林里找到森林狼王留下的脚印。

……

维嗣见到的影子确实吓人，从没人看见的地方低声细语，出现在人眼前比无血色的脸更空荡，他立刻就跑到了野外一间棚屋里把门锁上，用全身堵着笨重的门，维嗣感到自己全身的血液都汇集到快站不稳的脚底，怎么说呢，脑子是到一边凉快去了。

"你怎么了，被困在里面出不来了？我去找人开锁。"

"省点心吧，我是被你吓到才躲进来的，你走了我就能出来了。"维嗣当然不这么说，他说自己受到指引来此，问小狼找到线索了吗。

"没有，你不能出来说。"

"里面挺舒服的。"

"有我的容身之所吗？"

维嗣摇了摇头，想起外面的人看不见又大声说没有，他不知道自己为什么这么害怕小狼，据说亲眼看见狼的猪应该自豪才对，而他已经两次从狼嘴下逃生了，很可能会有第三次。

当他以为小狼走了的时候，笛声传了过来，维嗣当然不明白他为什么要吹笛子，就像不明白一只猪非要做好狼脚形状的面点才算成年，外面的世界宽敞又明亮，却要在他人拥护的呼吸间自成一方岛屿。

"你为什么吹笛子？"维嗣问。

"每当我遇事不决时都会吹笛子放松心情。"小狼说。

"现在什么事难着你了？"

"你明知故问吗？"

"那你找到线索了吗？"

"我说了没有。"小狼对维嗣的糊涂感到冒火，想走。

"你吃午饭了没？"维嗣大胆地发问，心里又紧张得急打鼓。

"没有。"小狼双手搭在一侧的膝盖上蹲下，"事情比我想象得难多了。"

"我有吃的。"

里面传来翻布包的动静，外面的笛声断了。

"站远点。"

第二十章 天一早去捡甲虫尸体

为了让维嗣相信自己走得够远，为了暗示自己相信维嗣手里有吃的，也为了能有一口吃的，小狼边吹着笛子边往远处走去。

门刚开了个小缝，他立刻就跑了过去，不是饿疯了，也不是释放压抑在心中太久的东西，而是看见里面伸出的手把面点放到地上时，没有在底下塞任何东西防止土沾上去。

听见棚屋里传来哇哇大叫喊疼的声音，他掩饰着理了理发鬓上不存在的杂发。

小狼向屋里的维嗣道谢，里面没有任何动静，看来维嗣在食不言饭不语这条语录里倾注了所有的力量和热情，表现出好像在自己家里那样。

维嗣从被头顶的杂物砸晕到重新苏醒过来已经过去了五个小时，他动也不动地闷坐着，无处安放的眼神渐渐投向货物架，那曾是他吃饭时给眼睛用的饭桌，上面的瓶瓶罐罐匠心独运地剪裁和拼接在地板和自己身上，必须另给眼睛找个地方落脚，有个地方绝不出错，在眼皮下的阴影面，不用维持世界运转而一瞥世俗，唯一做的事就是在四面八方袭来的一瞥中过分期待。他不自然地动了动脚，默默等脚的麻感退去才站起。

"今天先回去吧。"不切实际了那么久，开门时还是有点犹豫。

维嗣晃晃悠悠回到自己的屋子，打开门，猛地咽了下口水，脸上的失望之色非常明显，以前回到家是想方设法穿过地上堆满的陈年杂物，现在看见卧室门半掩，脖子被热烘烘的微风弄得刺痒,屋子与他的联系改了样子,再也不是以勉强活着为目的,心中愈加对没死过感受不到的痛苦充满敬畏,存心跟努力适应屋子黑暗的眼睛区别开,因为就在刚刚,热爱生活的人变成了世界有福之人。

小狼盖着毯子,躺在他卧室的地板上呼呼大睡。维嗣小心翼翼关上室内门,不久打开后又关上,以这种简单道出和命运同街毗邻的方式让自己有事可干。

"是你吗?"小狼在客厅灯的一去一来间睁开眼睛,"你回来了?"

"我回来了。"维嗣不知道为什么无缘无故回答他,"你怎么知道是我的屋子。"

"我闻到了,在卧室也看到你的照片了,你能不能别开关门了。"

维嗣一下把门全打开,叉着腰,一副主人家赶人的模样。

"我想干什么就干什么。不想痛苦就赶紧醒醒。"

"晃眼。"

"你发现什么线索了?"维嗣看见小狼蜷缩在原位,把整个脑袋埋进身体的动作里,他随着浑身颤抖了两次。

"睡觉去吧……睡觉去吧……我困了,你能不能不赶我走……"

维嗣关上门,今晚他会去沙发睡,睡在床上明早起来身体准轻飘飘的。当你站在猜疑的海岸边,同样是站在离无眠之海三步远的位置,即使有没有意识到,推你下海的浪潮是

一开口便羞愧的浅薄。

睁开眼睛，身体下的触感比往常更软，还怀疑自己的身体出了什么毛病，心被什么给触动跳出来了。他推开屋门，看见小狼依然躺在那儿，呼吸自洽、不徐不疾、来得如此自然，仿佛一个人过生日吹蜡烛前双手合十实实在在地心藏秘密。

站在小狼跟前，跟站在身上的衣服前一样，他的行为绝对不离开维嗣对他的认知，就如裹伤口用的纱布，一旦当作牵领命运的缰绳，曾经的苦难挂于头顶明镜高悬。

小狼慵懒地翻了个身，借住的眼睛向内凝视随心取意的礼仪，没有足够的东西可供反省便张牙舞爪，想拖延一下再起来。

他却忘了对方还在等挡路的火车开过。

"你想干什么？"维嗣捡起一把衣架狠狠指着小狼边退边喊。

"什么？"小狼揉着眼睛爬起来，蓝眼中发着冷光。

"你露牙干什么？"

"打哈欠呀。"

"爪子为什么出来了？"

"伸懒腰没控制住。"

"为什么这种眼神看着我？"

"我觉得是因为我饿了。"小狼刚说完这句话，便站起身，走到床前把窗帘拉开，跟跑到外面浑身发抖的维嗣打个招呼。

"早安,你睡得比我晚,起得比我早,还准备晨跑去,在自律方面把我甩了一条街。"

维嗣倒是真想离他一条街远。

"你上次吃东西是什么时候?"他趴在窗户上问。

"昨天中午到现在就没吃过。"小狼从窗户里探出头,维嗣立刻移到门前,"昨天饼的味道也不好。"

"因为在我的包里捂了一上午。"维嗣不动声色地说,趁小狼不防备的工夫回屋拿上工作服离开。

小狼出来时,外面已经没有人了,相信维嗣只是散尽在历史长河中了,以后有缘肯定会再见,而且贸然在外面过夜,家里人一定担心坏了,自己在附近找个早餐店吃完便回去。

"你在这儿呀。"

在烘焙室里揉面的维嗣脸上,小狼与晨曦相遇在不止洒落一片玫瑰花瓣的幽径里,花瓣又吸尽一腔断了线的潮气,引来经枯枝的泛黑残调升华了的雾的缥缈,致使光芒错估了高度,落下时,一片寂静略大于败叶。

"我看我要一份——"

"什么都没有,没熟呢。"

小狼走了过去,维嗣起身关门。

"我能在店里坐一会吗?"

"不行,你回去睡到中午再来。"

"我出来时把门关上了,你有钥匙吗?"

"我现在不方便拿,去外面转一圈吧。"

宽敞的主街旁盖着几间舒适的小屋,窗户外贴满了各种

标识牌，周围建着仓库或围了栅栏，其余地都荒着，街上一个人都没有，远处的泥地上有一个人在挖地，目的不是为了种树或挖通水管道，哪怕快挨上了林子边缘，棚屋或栅栏也延伸到了那儿。小狼来到维嗣从出生叫到现在的猪村中心，这里开着几家早餐店，摆在外面的蒸笼里冒出雾气腾腾的热气，没有一家需要等待。

小狼注意到跟老板闲聊的回头客，老板回后厨后他走过去搭话。

"烘焙室是干什么的？"

"做面点的呀，我以为人人都知道呢。"

小狼又跑回去问维嗣，你在干什么？

"做面点。"

"确实人人都知道。"

再次回到早餐店，第一位客人已经吃完快离开了。

"再次打扰，烘焙室的面点很好吃吗？"

"他们做的是祭祀时候摆的贡品，以前吃不到，现在都当特产卖了，劝你不要买，本地人都不吃的。"

"附近有卖做这个的模具吗？"

"等比例的只有烘焙室有，拐角面包店有烤饼干的小模具。"

他回到烘焙室，把门敲得震天响。维嗣才打开窗户的小缝。

"什么事？"

"祭祀用？"小狼问。

"祭祀用。"

"我刚刚知道，你身上承担着那么重大的担子。"

"没有你说得重要，还有其他学徒在做。"

"为什么摆森林狼王爪子模样的贡品？"

"不仅仅是狼的爪子，我们还摆其他不见了的动物，我负责到狼而已。"维嗣眼睛死死盯着火炉里的火。"为什么不见了呢，说是走着走着掉进了森林里的深坑中，地面就是这样起伏不平的。"

"狼消失了？"

"我没有散布谎言，你们已经消失了几百年。"

"那我是谁？"小狼一头雾水。

"鬼魂之类的，总之搞清楚你们没有灭绝，我要跟领班说一声换成别的动物，狗就不错，我从没见过狗，名字是我从一堆书籍和书信中翻出来的。"

"不，你要做完你那份。"小狼有自己的想法。

"为什么？无意冒犯，可我不想天天做噩梦了。"

"把门打开我就说。"

"你说吧。"维嗣打开门，今天天气不太好，阳光在常荫地浓缩不见扉影。

"其实，"维嗣能出来，小狼感到那么愉快和舒服，他讲出足够的话语，"去年的冻土一直没有融化，我们族群要向南迁移了，抛弃住了几千年的居住地，可能很长时间来不了这里了。"

"寂寞单调的大迁徙，连炊烟都看不见的大迁徙，最后

会有一个什么结果?"维嗣问。

"我不知道,我还没有对那种生活厌烦起来,每个人应该都会活下来吧。"

"你喊其他年轻人传下去不就行了。"

"既然狼都现身了,有人会认为没有继续做下去的必要,而且附近没有其他年轻人像你一样见过我了。"

"村子习惯供奉灭绝的动物了,放还在的物种上去,你不觉得,"维嗣低头看着手指上的狼毛,"有点不吉利吗?"

"我想下次来的时候还能看见我祖父留下的印记,你懂回到家了的感受吗,懂家被霸占了的感受吗?"小狼一副精疲力竭的样子恨不得让所有人听见。

"我有家,当然懂。"维嗣挠了挠脑袋,接着他拿起水壶,往地上的土地里浇了点水,"我也不是不能照你说的做,但我缺点东西。"小狼立刻会意将手印印在上面,五指手印收缩进泥土里,重重叠叠的甲壳虫和根蒂将发出的力与这片土地层层分离,交融出一点影影绰绰的原始格局,对照自己的手印竟出奇的相似。

"这哪里是狼的脚印,分明是我们猪的。"

"我知道问题出在哪儿,"小狼因为手上有泥的原因不能上手,"把脸上的面具摘下来。"

拿下的面具,如苍鹭羽毛贴着起雾的水面摇曳飞舞,初露风中的云雾一眼望不穿的寂静。

"我们都是猪?"维嗣不知所措,为此决不妥协,"我们都是狼!"

"也许。"小狼点了点头,"如果你更中意这个的话,但要知道我们还称呼自己为人。"

"人,这倒是头一次听说。"维嗣疯跑过玩疯过,从没想过一生中最有意思的事是静下来思考人这个字,"感观上人比猪要好,叫起来确实顺口。"

"跟狼一样好。"小狼说,"觉得比狼好也没关系,我习惯了。"

"既然我是人,你见过猪的手印吗?"

"我没见过,我期待见到。"

"我成年后会去找猪的手印。"

"很有抱负的理想,祝你成功。"

"要是不再举办祭祀,我也会开家博物馆把模具收藏起来。"维嗣想了想又说,"所有的。"

"真希望永远不用走到那一步。"

小狼再也没有什么要求,骄傲地向四周看一眼,走进与自然万物同一个屋顶下生活的森林中去。他不喜欢村子的陈设,灰尘使它显得阴沉,开花的地方长满荒草,底色悲凉,像跟动物的尸体一起沉在湖水里。

森林里的夜晚很冷,他隐去狼的面貌,长出厚实温暖熊的毛皮,掺杂着狼毛和不远处梨膏的气味在凹进扩张的熊鼻间烟消云散,满是抛诸脑后才有的陈年埋怨涌上心头。

"总以为能以狼的身份走遍世界上每个角落,怪不了任何人,但——怎么可能不遗憾呢,世间已经没有最后一匹狼了,它从人的村庄出来后冻死了。"

那天究竟什么时候回到家,维嗣自己也不清楚,他借了块黏土,靠脑海中的形象捏起整只狼的形状,起初是按小狼的形状捏,但小狼的隐蔽性做得很好,始终没露出脸或一只手,大概轮廓捏完后,才想起他和自己都是人,便安了自己的脸上去。

"可一个人的祖父怎么可能是只狼呢?也许活到某一时刻靠某种途径人是可以变成狼的,甲虫幼虫也是这么变异成甲虫的,不过我不该想了,对未来的蓝图知之甚少时应该少用彩色蜡笔乱涂乱画。"

晚上他躺在床上,想着不管明天能不能接受自己属于人的事实,先从不互相称猪开始。

台下响起稀稀拉拉的掌声,台上表演的人舒了口气,看见观众的反应,一定会打消编剧和导演拍续集的想法。

有两位鼓掌的观众坐在一起,他们也注意到了观众对这出戏的奚落,于是两人讨论起来。

"不知道你有没有发现,对全体工作人员的致谢放在了戏中,要打的广告放在了最后。"

"我没注意。"店主说,"天太热了。"

"为谁鼓掌呢?女士。"

"我的员工,你看见他了吗,他在里面扮演石头,不管戏砸不砸都会功成身退。"受到邀请,免费观看的店主看着免费提供的糖果,无所谓甜无所谓苦,参与感只有与记忆和欲望在一起时才受重视,可想而知,免费的东西注定是要失去特点的。

"没有,我没有看见他。"

"你又为何鼓掌?"

另一人弯腰拾起台上扮演维嗣的演员扔下的面具。

"为我自己,我很久以前就想为我自己鼓鼓掌了,但鼓掌不分场合时间的话会被人看作异类,其实现在也不太适合。"

导演一面听一面想,对这出戏的抱怨何必说出来,奇迹也好,绝望也好,人们迟早会接受它的,就像乐衷于染发的人接受了自己天生的黑发,接受那段命中注定要有的缘分。

第二十一章　营地很美丽，以后会更美丽

副营长，身材矮小，总是皱眉的老男人，即使已经得到证实，知道他跟其他员工没有什么不同，遇到细枝末节的麻烦事，还是第一时间将他推到副营长的位置，正所谓历史没有回答，心里回答了。有很多人因为他不近人情的蛮缠态度打心底讨厌他，他自命不凡地卖弄文学也曾使营地的读书人做出一番传奇的戒读活动，不过，有一件事倒千真万确，他在力所能及的范围内，确实兼顾了营地的许多事务，人们在他面前喊副营长并不是做表面功夫。

"营长不在的时间太久了，很多营地的问题需要处理。"他第一次站在晨间训话的台子上，本来是晨间早操的时间，他来了，便变成了晨间训话，"要选出一位一日营长，来帮我们处理这些问题。"

"为什么你们自己不派人去处理呢？"

台下有人问。

"因为问题是你们弄出来的。"

有营员想反驳,但副营长把刚喝进口中的那口水,大口咀嚼得像令每个人心头不安的一块肉。

"怎么选?"

副营长朝所有人微笑,皮笑肉不笑的样子不知道是隐藏心中的无所谓,还是单纯的身体恶习。

铺满沙砾的地面是那样辽阔,蝉褪去的壳掉下来,不过是微不足道的冲击。

念出号码时身边还有人闭着眼睛双手合十,仿佛随时迎接发生在自己身上的奇迹,苟拿着抽中的号码向前一步时,至少有半数人没注意到他。

站在台子上,众目睽睽之下,后背冷汗直流,苟想背过身去,就跟每天早上领操的人一样,但迫于副营长的威严,他的计划没有得逞,指尖叩响门扉的声音满十下,满足于缓慢休憩状态下的坏笑,于藏头露尾般逝去的白日里与陈年旧事冰'戎'相见。

某些人的兴趣从没有改变方向,他们死死盯着台子上的任何人,不想错过任何灾难性的一幕,从领操人的失误,到苟的局天促地,短暂而充满恶意的快感成了一切倡议的灵魂,出于内心需要,肤浅的人只想及时行乐。

苟一直把视线放在台下,看不见的方向并不为某个人停留,他只看自己途经的小路,也许能从中找回一路走上来的勇气,旁边的副营长没好气地咳嗽一声,苟摆出的一副沉思的样子才面露满脸的忠厚老实。

"我能下去了吗?"苟悄悄问。

"时间还太短,小朋友,人生很少有这样的机会,让他们多看看你,你也多远眺台下的全貌,你们的潜意识会在内心里承认这个营长的归属。"

"不,我很确定我必须得下去了,再看下去营长会颜面扫地的。"

副营长听完仔细看了看面前的年轻人,他粗糙的脸仿佛是水泥钢筋做的,可怕的清醒中紧张害羞烧不起分毫,比对其他神秘复杂又精致发光,给人无限思考的脸之后,他无比认同地点了点头,今天的训话到此结束。

副营长把苟带进了一间屋子,往前踏出一步前,苟一直以为营长办公室因为要起到待客办公的作用,所以会是极周到、格调高雅的装饰风格,现在看来,一切摆放都太随意。能坐十个人的大木桌摆在最中间起着镇海石的作用,地毯落满灰尘,说不上是什么颜色,蜡烛放得有点多了,巨大而空洞的吊灯上连一盆让眼睛缓解疲劳的绿植都没地方放,蜡油滴在地上直至形成黏稠的泥沼,远处和角落都氤氲着雾气,整个屋子就像一条活生生被阳光刨开再由世界联系你我的丝线挂在凉台上风干、除下雨外再也不管不顾的鱼。

看见桌子最前面放着一沓厚厚的文件,苟以为要坐到正中央的椅子上去。

"不对,你坐最后一把椅子。"副营长纠正他。

那时,苟才明白,座位是按参加会议的次数排的。

"我要处理什么事?"苟坐在最后一排靠左的椅子上说。

"我们找回来了几封被松鼠偷走藏在树洞里的信，趁着里面的情绪没被与写信人一时的心血来潮极不相称的郁郁寡欢卸下负担前，你负责写回信。"

苟接过纸张，细细阅读，曲曲扭扭颤抖的字体在前几页讲述了虫子爬进右耳道后对生的渴望，后来受害者又表示是多么担心虫子是从左耳道进去的，而最可怕的莫过于自己一直用手电筒照右边的耳朵。信里多次用长长的爆炸的轰鸣生动展示自己所唯一负责的受苦的部分，虫子对他的羞辱至今未鸣。至于为什么写这封信，写信人迷信地认为知道此事的人越多，那次长长的爆炸的轰鸣会让他即厌恶又期待明白写信的本来面目——向死而生的渴望，看完后苟按照他所言，在背面写上已阅，全体员工致上。

有不少人实名提出建议把小众的东西平常化，比如种种营规禁止的一切，苟微微点头表示赞同，同意这封单是那一个目的就让营地离坏榜样一步之遥的信，不过他静静温存了信中几乎自我陶醉的贪婪，修剪了各种麻烦又无关紧要的提议，尤其特意在信背后点明要大家比以往多打起十分的精神去遵守营规，因为遵守营规的人才算少数。

信件处理到一半，远处传来鞋子踢走石子的踢踏声响，副营长委派过来协助他的助手走了进来。

助手坐进他常坐的第三排座位，无所避讳地盯着苟，希望能恰巧碰上需要自己帮助而露出的求助眼神，但苟不声不响学信里的人对一切感恩戴德，唯一的区别是他将珍惜到的福分送回了施舍人手中，由他们自行解决。

"这些信是解决不了的吗?"助手指着苟只看一眼便堆在一侧的信问。

"不是解决不了,所有的信都是一定会处理的,"苟说,"比如停不下的妄想,不可能一直成功地深藏不露。"

助手一点也没听懂。

"要处理的话,我就先把其他信件扔进火盆里了。"

处理信件是一部分,走进群众中,听他们的苦衷,切身实地为他们解决问题也包括在苟作为营长将错就错的职责中。

身上披着太阳的光,手里拿着该处理的信件,苟像是赶走烦闷似的伸了个懒腰,助手并没有跟在身后,而是去完成苟下达的指令去了。

有封信提议营地连上网络,不然连动画片都看不了。苟邀请发信人去食堂后面的冷库一游,给他找了块冰块,冻了又化,化了又冻,他看了整整一天,每次新鲜感消尽便从冰丝罅缝中看出热门动画人物的神韵,惟妙惟肖的程度几乎和电视中看见的无异,他紧紧盯着眼前散发着冷气的无头骑士,无需兜圈子便一探这部动画片的本质,也就是其他动画片所传达的一切。如果说善于模仿和表演不断重生的魔法冰块自始至终不过是想象力的轮回,从每部动画片在开头传达出同一种不相上下的美好,到高潮时内心无法承受悲喜相交的刺痛,再到对结尾代入无休止等待的现实里,每一阶段都骗他做出本能做出的这些反应,又何尝不是另一种轮回。离开食堂后,他再也没沉浸在对动画和芳华岁月的怀念当中,

他把专注点放在了人生的轮回中，第二天更是充分发挥自己的想象力，一觉睡到自然醒。

在被突如其来的事打断计划时，苟正要去帮人寻找丢失的猫头鹰，不过见到怖徕可怜巴巴地靠剧院门口的扫帚才能立住自己，他觉得没有什么急事比开导一个从未摆脱第一天紧张的人还火上眉梢。

"你有什么事需要我帮忙的吗？营长不是随时都能出现在你身边的。"

"我有什么事？"怖徕理清自己的回忆，所积累的怨念整齐排列在脏污的指缝间，"不过是对辣椒和店主的尖刻刁钻没有免疫力罢了。"

试吃新品时问了一句可不可以少加点辣椒，店主立马变脸，工作餐便泡汤了。

"准备去吃口面去。"怖徕说。

"拉面？"

"面包。"

店主从剧院里拿着饭盒出来，几分钟前来到此地逮住了躲在里面的怖徕，对怖徕的私事一无所知，对他的挑三拣四却像揭穿他荒谬一生除适逢其会外什么都没发生过的回顾，发火时自卫的热血直冲脑门，他的人生也搅乱了她，她需要冷静片刻，开始用理性的眼光苦中作乐，出来时嘴唇红肿得像哭过的眼圈，斤斤计较争执的灵魂和因饱经风雨迟迟不来的自娱自乐貌合神离，到现在还没有完全发泄完对怖徕不告而别的愤怒。

第二十一章 营地很美丽，以后会更美丽

"要装做好吃。"苟鼓励怖俫拿出勇气。

鼓足勇气吃了一口，嘴唇膨胀得像一对受诡秘性格牵连不去澄清的谎言，行为却表现得像一个彻头彻尾的追随者以让它们物尽其用，怖俫承认这是自己吃过最好吃的'脆辣过头大危机'，这么说一点儿也不夸张，他自出生到现在，还是头一次吃辣椒炒青椒。

"辣椒还是放多了，显得青椒过苦。"

这份应得的同情找上门来时，苟认为是自己拖延了它呜呜其谈的时间，心中自豪感油然而生，帮别人找到了寄托，一刻也不停歇，留下两人赌气地打点起最后一丝力气，从辣不渴言的嘴巴里窥探对方的内心，完成其他人交代的任务去了。

"他们已经集合了。"下午一点，助手从身后靠近，苟打消了回去睡一觉的念头。

"每一个参与清扫宿舍的人，将获得一朵花作为报酬。"即使之前助手说过，但再一次抛下的橄榄枝，还是让人群带着野蛮的喜悦爆发出一阵愉快的轰鸣。

"看他们如此努力，用来兑现承诺的花朵呢？"助手问。

"营地没钱给我做好事。"

没有钱，苟仍面不改色站在中央的台子上，静静等着收拾完屋子的人在面前集合。

"都是收拾好屋子，你检查合格的好小伙们？"他问。

"是的。"助手跟好小伙们站在一起，不打算上来跟他并肩站，"每个人都合格了。"

"好吧。"

苟感到自己一个人站在高处太格格不入，于是走到这些脸上带着胜券在握的完美微笑，衣服被脏水和汗水打湿，袖子撸到了肩膀露出健硕肌肉，很多事都不喜欢的人中间。

"我要去再检查一遍。"

"从一号宿舍开始吧。"

苟对助手的建议无动于衷。他从树上的鸟窝里翻出了应该送往垃圾处理站的袜子，掏出有人因为好玩堵住蜂巢入口的卫生纸时，请大家随口说的死神在一旁冷眼旁观，又追着风漫山遍野跑，救下充电线还缠在脖子上的松鼠，最后整个手臂伸进去好悬没拿出来，才在灌木丛中够出一次性筷子和馊掉的米饭糊糊。当苟宣布所有人都不够格来拿澹容风貌奖时，周围隐藏的敌意伺机而动，但事实摆在面前，满腔不甘心难以言表，所有人不得不咽下这口恶气。

"你有什么问题需要解决的吗？"苟问助手，"不是什么时候营长都会出现在你面前的。"

"晚上总有强光闪着我睡不着觉。"

"那我们就去找找。"苟说。

离案发现场不远处，不长草的山坡上有一间屋子，屋子年久失修，破旧不堪，散发着掘墓小屋般的气质，很难不让住惯了好房子的人浮想联翩。

掀起门身上的黑纱，恶臭成为另一端窥探而来的眼睛。

门口有一张脏兮兮的桌子，苟随手搭上去，便和用烟灰摆成的不知何人名字的首字母水泥般黏合在了一起，助手打

开灯开关,强光闪了几下暗下去,光下是一间早已被负责人遗忘了的标本室,满屋的动物盯着一处——肉体腐烂灵魂归去——头顶天空的方向,本来张开的嘴是为了向人描绘最原始咆哮山林的模样,现在喉咙深处硬塞进闯入者吸过的烟头,就像制止孩子哭泣那样喂给奶嘴,修复后粘在陆行鸟或其他禽类身上的羽毛,一根一根被人拔走,破坏者假仁假义留下一根羽毛,装饰着最美丽的陷阱,正是这个污点衬托这鸟再也无法起飞的悲剧。加金色号的口红一点也不吝啬地涂过所有动物的面颊,似骄阳漫无目的地踟蹰在野性、长满野草的街道。

对动物了解得更少,苟得靠人工留下的痕迹仔细辨别哪个是动物,哪个不是,可往往在微风季节陷入常规的乱麻后,动物终究不过是动物,不是生活中最重要的东西,所以不管是动物的躯体,还是在世俗迷人的外表下备受煎熬的某种负罪感,都像不属于这个世界的树长在空荡荡的小花园里,与正逐渐让理智失去判断力的情绪价值相勾结,旱的旱死,涝的涝死。

"我找到让你睡不着觉的麻烦了。"不想受良心谴责的如意算盘让苟登高望远,唯一允许做的只是让自己和往日一样略微怀疑一下意料之外的令人眩晕的轻浮,靠不曾到来的希望控制对它的厌恶,凭一毛钱不相干的幸福记忆接受它那副眼中钉肉中刺的样子。"不敢相信,动物晚上都活过来了,聚在一起开派对。"

"是呀,真不敢相信。"助手小声回答,看过最里面摆放节肢动物标本的玻璃箱,此前他唯一无法承受的成熟之光,竟仁慈在蓄锐下毫无戒备的眼神中悄无声息消亡了。

"你发现什么了?里面的舞厅倒像是新建的。"

"没什么。"

"真的吗?我去看看。"

"柜台里是空的,舞者还没入住呢。我们往回走吧,你得去念辞词了。"助手阻止他进里头时浑身颤抖,极好地掩饰了自己身上忏悔的灵感:衰老的味道,苟再一次心生出无端的美好,手段更为堂皇幼稚,为了维持世界多年前儿时的模样,这里变成了人间最美的地方。

苟也珍惜这次来之不易的机会,坚持不找宏大的理由来推卸责任,在想跟他们偶然有所分歧的片段时,已经被助手推到了台上,所有人看着没缓过神的他,苍老且坚称自己无辜,大势所趋于是表现出准备承受一切的样子,在所有人面前辞掉了营长的名誉。

最后在这片混乱的掌声和无休止的批评中,他下台了,享受营长最后一次的特权,奔小路仓皇而逃。

离漫天的嘘声越来越远时,有人突然拉住他的胳膊,苟有些慌乱,但还算镇定,他不着急找好失调的脚步,手先护住了脑袋。

"你等一下,我们要给你今天的工作评分,不要走了,会有礼品相送。"身后苍白的月色下,不可取代的惊悚继续在温和的目光里埋深另一种无力,"请你去营长办公室前面等待。"

忐忑的等待中，梦想经生活磨炼脱缰后与醒悟的海市蜃楼远在天边相聚恨晚，使他忘记了副营长的面貌，也忘了停留在外的种种不快，今日浮生框进了曾忙里偷闲看风景的窗户里，只求别无所求，于是副营长再次出来时，那双充满渴望和忧郁的黑眼睛丰盈了哀伤中特有的真诚，副营长以为他知道了结果。

"你做的一切营地都会记住，你让其他营员认识到，你处理事务的能力低劣、令人泄气，推卸别人的帮助是你了解人的一贯做法，跟营长坦率的处理方式简直云泥之别，你让营长这个身份一落千丈，"副营长也因没睡午觉而脸庞肿胀，说话期间总是低着头，苟对他那谢顶的光头，心里打不起半点同情，上面光滑如镜，偷借来的身份连巴掌大的葬身之地都得不到，"你这个反面教材当得很好，反而让大多数营员期待起营长回来的日子了，你让大家有盼头了。"

无尽的黑暗笼罩着回家的路，苟摸摸鼻子，很有风度地走掉了。

第二十二章　今夜蚊子去找谁

深更半夜人穿着邋遢，看上去也像夜的主人，帐篷搭得不好看不要紧，住进去时是无虑的。所有人在果园旁扎营，等午夜开放的洁花落下，好立刻收集起花瓣，做来年营员使用的货币。

"你们尝尝看。"壬子取下果篮上的布，"熟了吗？"

"我很想尝，但是不行。"苟想了一些通情达理的解释，"我想等去皮后，刀切成小块用牙签扎着吃，怖徕可以试试。"

"明天吧，今天刷过牙了。"

"不，你不能辜负好意。"

"你为什么不吃。"

"我先说的。"

"我先做的。"怖徕开口前已经疏松了枕头，他年轻的声音参与话题后必须马上精致地保养好，他向来不是靠体力吃饭的人。

"你知道是苦谏果了？"壬子钻进帐篷，双人帐篷挤进三个人，她和苟各靠着一侧才勉强不打扰躺在中间的怖徕。

箱子里的苦谏果像一般的果子一样，青里透红，散发着清香，大小不一。看来大小、颜色、气味统统不是区分熟透的标准，人心中会落往何处的想法才是。

"这就是苦谏果吗？我头一回见。"苟回答说，"我只知道数量上是够所有人吃的果子，给我们所有人的？"

壬子点点头。

"以谁的身份送，营地，刻岩农场，还是你自己？"

"怎么想是他们的事，我对那些东西并不在意。"

"没人会轻易接受莫名而来的礼物，何况多数人不知道这种果子，你得告诉他们。"

"那我就在大庭广众下穿上苦谏果样子的布偶装。"

"光有气势可不行，用我跟你一起送吗？"壬子离开帐篷去搬洁花旁的箱子，苟探出头。每个人的帐篷都搭在角落里，陪伴着长在阴影里的几束含苞欲放的洁花。

"不麻烦了，正好我想单独走走。"

这样不易被不可靠的人，还有自己绝非偶然的渴望发现，诚心诚意向往着的什么也不易跟难以解脱的无奈困囿于疏离人世间后的生活，反复衡量把太多责任视作忘了拆线身体已经开始容纳的伤口。

"给你们都留下了，想吃了不用出来找我。"

第一顶帐篷她逃避了，她很想盯着看他们吃下果子的反应，又不想让别人感到被冒犯，只能等耳边刮起新鲜的风时，

把面带疑色的脸好好洗一番，永远向往憧憬的生活终将在成长时错过，终将在成长时才拥有压抑孤独的灵魂。

她先向西走去，一个接一个帐篷拜访下去。

第二顶帐篷，看见她的熟人躺成自己喜欢的姿势，壬子连面都没打就走了，之前总觉自己唯独在熟人面前更能自如，傍晚的天际只有一小片明亮清静，抬头把天望了一下，沉默的云渗进身边的一切，沾湿了她所有的热情，想得太轻松的事反倒成了负担，熟人面前解释苦楝果怕掉档次，是心里没底？不是，单纯是怕自己为了平息愤怒，去重温没见过世面的样子，结果连累苦楝果得不到该有的尊重。

"不进来坐坐就走？"侍旺都出来，"怪没意思的。"

"我过来送点东西。"

侍旺都接过苦楝果，控制不住自己去看她乌黑眉毛下骄傲的眼睛，想起自己曾经在那双眼睛前不懂装懂，感到非常难为情，显出不快的神情。

"再来一个吧，我们有三个人。"

壬子回身弯腰去拿果子。

"我昨天梦见我在游戏里杀了一个来使，没问他是讲和还是宣战就杀了他，真是愚蠢，使者是只飞蛾，我也从来没有认真对待过我和飞蛾的关系。"

侍旺都讲闲话似的耳语向她。

"嗯嗯。"壬子动了动嘴唇，听闲天似的举动反倒鼓励她继续往下说。

"我永远记得当时下达命令时张开的嘴，烟熏过的牙，

第二十二章 今夜蚊子去找谁

离浓雾缭袅的太阳，差霞舟一吻步出云归去。用我陪你走一段路吗？"

"不用，我自己去就行了。"

她和自己一样高，手掌比她厚了一倍，不给留丝毫靠近的空当，正是爱美的年纪，该留长涂指甲油的指甲却被漫长而枯燥的工作磨平了，自己的脖子比她的更长更白，可总讲荒唐的话，拥有一家时而一瞬间方圆几里都处于可怖忧伤的农场的她，甚至比自己还要贫穷。侍旺都轻轻咬了一口苦谏果，无感，在个人惊慌和恐惧时嘴里才会蹦出一丝苦涩，回味过来，也只是惭愧用来刺激鼻子的酸味。

"都说了不让你吃。"拿下苦谏果前，两位同伴捏着鼻子欲要离开帐篷。

"好吃极了。"

一如既往，侍旺都只在壬子不在场时维护她。

第三顶帐篷里待着几只松鼠和一只乌鸦，帐篷的主人不知去哪儿了？怕它们不吃或是吃不完，她把苦谏果掰一半，松鼠围过去，蘸各自捧着的坚果吃，那只乌鸦飞在了她的肩上，用大圆眼睛四面望，趁她不注意啄了她的手，乌鸦呼扇几下翅膀，庄严地鸣了几声，像胜利者一样享用掉在地上的果子。

壬子觉得这里可以暂时成为自己的容身之所，不用在新班里重新建立新的人际关系，不用回到不公平的社会，不切实际的幻想不会总是在独处时开始，她也会有时间估摸自己三十来岁所谓何样，前途一片大好。

松鼠湿漉漉的小爪子印在她父亲留下的格子衣上，乌鸦也挑出桃仁般大的种子，甩到她脸上。

"那个不能吃。"壬子想抢回乌鸦嘴里的种子，但乌鸦叼着种子飞了，松鼠也被吓跑了。

壬子沉默了一会，抱起木箱继续上路了。

第四顶帐篷和第五顶帐篷挨在一起，搭它们的人聚众娱乐，错将焦躁一晚当成漫漫成眠梦，冲锋号角般胡乱敲响的鼓声在她脸上升起一阵与良夜隔绝、临终弥留之际才将掌握并遗忘的温度，她一时间找不到他们负责的洁花长在哪儿，最后从两顶帐篷中间的夹缝里发现了它，只有一束，昨天就枯死了。

"你们的花已经死了。"壬子闯不进不客气、粗俗、饱足得意的话语里，她只能跟帐篷里独自看书的人说，希望他在这帮人间有点重量。

他抬起头，把做笔记的笔夹进书里。

"你也注意到了，我早就跟他们说了，枯萎的土壤只能开出枯萎的花，没人听，我又没有能力劝他们跟我去找别的花。"

"这个地方不需要你的话，为什么不离开前往别的地方呢，别的地方需要帮手。"

"不是多大点事，我和我那不长膘也不锻炼的手足，曾让我们的妈妈在'养猪大会'上丧失了一周说话的话语权，不会有比那更严重的静默期了。"

"不是话语权的事。"

第二十二章 今夜蚊子去找谁

"肯定是,你不懂,我打牌输得最多,又出了老千,他们不信我是有原因的。"他屈辱地低下头,被人抓见作弊带给他的影响丝毫不比自己吃不胖带来的羞愧、焦虑与无能为力更加践踏自己的荣誉。

"作弊不对呀,是有什么心事吗?"壬子小心回避在十一点后的疲惫中越加自省的愧疚。

"先是有人传火车每天开出去,是清晨四点多钟的事情,后有人说自己有那趟火车的票,我想要。"他走过来,鼻子上起的火泡打灯下一照,很像覆盖了一层青苔的水洼,跟暗处完全没有什么两样,不过光下的一切见了很难忘掉,"你手里拿的是什么?"

"苦谏果,你尝尝。"

他咬了一口壬子递过的果子。

"名如其果。"

有人进来也看见了果子,随手一拿,好像和果子的主人是一家人似的。

"别吃,苦的。"刚看书小伙劝他,那人没听他的,咬了一口,眼睛湿润了,摆出心满意足的样子反而易如反掌。

"明明好吃得很。"

进来的人马上当他的面吃完,出去时把果核塞进壬子的箱子里,好像她是打扫卫生的服务生似的。

"我早就说了,他们一句话都不听。"他耸耸肩,翻开书,吃上一口果子写上一句,"我要把果子的味道描述出来。"

"又没人信怎么办?我还是建议你去一个谁都不会怀疑

你的地方。"

"你说家人身边吗？我是想回去，那不是打牌输了回不去了吗，你不用担心，加个笔名人们就会信了，我的笔名嘛，我想好就叫'从不作弊的牌圣'。"

壬子离开时，他站起来送行，手合拢放在身前。

"果子静下来慢慢品尝还是别有风味的，拿在手里，第一口以为它腐烂了，口感就跟缺了酸度的葡萄酒一样单薄，化在嘴里味道丰富，我至少吃出了樱桃和干树叶的味道，果子释放的温度也给果体带来了意想不到的清新感。"

"我知道。"理解他的想法是悲哀的，壬子愿意为苦涑果取另一个名字，使他不再记得吃过它。

"你看到我在读书，"他继续说，"其实我并不懒散，与手握青春的邮票作伴，我也会焕发新生。"

"什么？你说了什么，我没注意听。"

"没什么，就是念念无望出版的诗歌，忘掉现实的烦恼而已，你不想听也没事。"

"跟你相反，我无法记清的不愉快岁月够多了，接下来的每一步生活都是合理的，不用出来送了。"

"由你决定它的命运真是幸运。"他在壬子背后一遍又一遍地喊着，别无所求。

第六顶帐篷位于远处山坡的青色石头上，林梢下立个闲杂人等禁止进入的牌子，进去会怎么样，里面人的身影单单坐在那儿，跟其他做事的人一样。一点不像一个忙忙乱乱的星期一，反倒像是已经一无所有又不得不让人注意到的诞辰

之日。

"那样最好,因为我不是闲杂人等,我来送生日礼物。"

于是壬子在月光下的松树间呼喊。

里面的人赶紧开门把她迎进去。

"别叫了,你快把咚咚吓跑了。"

咚咚,那个长毛野人,流传在减压者营地的传说,身高两米,体型粗犷,力气是远近闻名的,镜头前有的人永远也演不好普通人,利欲熏心的人却信手拈来,咚咚是前者。

"你们要抓他吗?"

"抓是抓不到他,我想拍下他的照片投给出版社,他下一周去一个剧组演野人。"

"我来学习野人的动作。"演员主动与壬子握手,他挺了挺引以为傲的高鼻梁,电视里能拉近观众距离的动作,到了现实壬子心里反而这样盘算:他一向跋扈惯了。

"你们要捧红他。"壬子并不意外,"万一他不想进入人们的视线呢?"

"要是真拍下他,就意味着他已经进入我们的视线了是吧,不想上杂志封面他为什么不好好待在大山里。"

"你们观察他,他也在观察你们。"壬子说。

"为什么要观察我们?"杂志社记者真该拿上笔,他怏怏看人的眼神就像要把壬子下一句说的话记下来至死难悟。

"山里只会变得越来越不清静,他在找一个新的藏身处,人的身边藏得住他。"

"不对,"来观摩野人的演员有重要的消息报告似的,

选了一种连外界对野人的一切推测都不带提起的理念，而不是用尚未证实的超自然形象来反驳，好像他就是有这么做的一定权威，"即使我们接受了他，那你怎么证明他能做人能做的事，我们在剧组里能演路人，他进去会被一万双眼睛监视。"

"我没考虑这点，想融进我们确实不容易，我们都有欲望，活在人世间不能失去它，否则大家会哄堂大笑，笑你的演技差，演不好普通人，白活一辈子。"壬子打开箱盖，"家里老人总说，三个愿望也至少要许更快、更高、更强吧，来一个吗？"

"苦谏果？有没有人跟你说过很难吃。"兼职记者认出了，难看的表情要用两个嘎做前缀。

"有啊，我忘了听了之后有多悲伤了，工作上耽搁了一天还是两天，反正很悲伤，时间错乱了，不再相信一星期有七天，最简单的意图也会妨碍我的思考，伴我为人的承诺意在抹掉过去。"

"我不吃。"

"我来一个。"演员把果子咬个稀巴烂，流汁的嘴巴一下张开又一下合起，从从容容碾碎着那个通过自己的生培养了壬子人生中一小部分失利的果子。"我像不像野人？"他没咽下去，吐出来的果糜有那么几分像一颗未被触摸过的心，失去颜色不再跳动。

"很像。"记者拍拍手，"你要怎么处理这坨废弃物？"

"让那小姑娘收拾一下，"演员轻松地回答说，"她人呢，什么时候走的？"

"不如放在外面吸引野人吧，碰巧的话我们找到了他穷尽一生所搜寻之物。"

第七……还是八顶帐篷，壬子心里默想。她早不刻意去记路过多少帐篷了，松林地的路面潮湿得像冰面一样难走，土里不时还会有睡熟的老鼠伸出腿绊她一下，最重要的是要送的果子不见减少。虽然现在是晚上，她还是有办法数清箱子里面的果子，只需要让里面的果子在天空飞啊飞啊，飞到月亮上面，借月亮的光去照果子，接不住果子太嫌麻烦的话，把月亮装进心里也不错，留几个小孔透光线，凡事从心里解决。她对边际发生的事，仿佛太阳挂在天空上一样清楚。

一道宽宽的石头墙挡在前面，延伸过来的雾气夹杂着一股股湿气，远处看起来一片朦胧，壬子停下脚步，她从没来过这儿，四周空荡荡的。

雾散去，她看见远处有一伙人，走过去知道是前几日演舞台剧的剧组，正在排练新的剧本。

预演在石台上进行着，男女主演像没对过脚步似的乱窜，不过跳舞时动作轻巧飘逸，姿态大方优美，纤细的脖颈像张开的船帆那样鼓动着，歌声中的力量也不像从纤细的身躯里发出的。

"有什么事吗？"导演脖子一仰。

"我来给你们送果子。"

"我正好需要果子解渴。"女主角不等导演喊停，"是什么？"

"哎呀，你们看颜色多像毒药，这事办得漂亮。"拿出来的时候导演先拍手叫好，"这是什么果子？要是场场戏用上它，我保证这种果子会火的，会有很多人模仿巫婆递果子的场面。"

助理模样的人解释，导演一直不愿意用常见的水果，毒果子就要标新立异，花了很大力气也没有找到满意的。

"要知道，即使是用作道具也不能浪费。"虽然这么说，壬子也不免为种出苦谏果自豪起来。突然台上传来痛苦的哀号。

"去看看。"导演跑过去，颤颤巍巍爬上石台。

"吃了果子，嗓子唱不出声了。"女主演捂脸仰天叹息，被晾在一边的男主演表示自己并不知情。

壬子也走过去，她不敢为自己的果子担保。

"嗓子发不出声了？唱一句试试。"

虽是试唱，女主演走进灯光下，拿果子的手搭在前额，另一只手用跳舞般的姿势提起裙摆，以心事重重的样子开口了。

嘶哑的声音立不住脚，达不到平常的水平和高度，如同稀泥一样倒在乱石中，女主演还在撕心裂肺地尝试，丝毫没有停顿的意思，在月亮被乌云遮住的氛围里，听起来分外凄厉和悲哀。

"你停一下。"导演陷入沉思。

"不可能呀，我从没有见过——"

壬子刚想去辩解，女主演冲过来，把她拉向一边，绸缎般靓丽的睫毛落下无助而内疚的光芒。

"帮我演一出戏吧，装我是吃你的果子后嗓子才哑了，求你了，今晚洁花要开了，我得去看，我再也受不了高强度的练习了。"

不答应的话不知道她纤细的身躯会做出什么出格的事，在她的声音上，已经见识到了，壬子虽不情愿，但也无可奈何。

"行吧，但是果子要吃完。"

"你真好，演出当天你一定要来。"女主角顾不上体面，匆匆离开了。

"既然女主角演不了，先排练剩下的戏。"

其他人纷纷解释说自己也吃了果子，嗓子肿得走不动道了。

"一群废物蛋子，谁还没吃。"

壬子举起了手。

"你举手做什么，我相中的是你的果子，你的嗓音又不动听，在我这儿只能演乌鸦，带着你的果子离远点。"

反倒是光杆导演先走了，他心里非常矛盾，本来遇到了心目中的果子，又因为果子的原因不能在舞台上吃，忽然想起自己还没吃过果子，返回露天舞台后发现那里一个人都没有，散去的雾又回来了。

"我想知道那小姑娘走得那么着急的原因，是因为这世界无法存身，还是被我吓跑了，"浓雾里面同样夜般温柔，生命的血肉、体温、心灵震颤皆是幸福的花样，他害怕在雾

中迷路,"我可没有要为她的世界做主的意思。"

壬子听见团团围住自己的雾外传来动静,隔着雾看不清是谁。

最后一顶帐篷搭在香蒲和灯芯草前面,很远就能看见顶部在密密实实遮挡视线的树木间亮起光,它大到人睡在里面,从梦中惊醒跳起来也不会碰头,员工完全可以在里面,任选其中一条宽阔的路面走来走去。壬子进去时他们忙成一团,有的为呕吐的营员找止吐药,有的准备接洁花的花园铲和网兜,有的什么也没做,在劝自己的同事把心放开点,她第一回进到员工中间,斗胆预感自己将会大祸临头,令她安心的是,她没在那儿待多久就出来了,不是自己的意思,有人拽了她一把。

"很忙吗?"

"你说呢,明明活动是昨天通知的,有人还把怨气撒在我们头上。"手头处理了几件不轻松的活,丝变得简单而阴沉,"安羽斯士去接车了,你得等一会。"

"不着急,这是给你们的。"壬子双手不自觉攥起来。

"谢谢,放旁边吧,其他人得很晚才会看见,现在太忙了。"

车来前要干什么呢,已经无法再从原路返回,闭上眼睛回忆昨天睡觉前的情景。

她记得和丝住在一间屋子,屋子很小,过道摆一把椅子,一个人坐在上面,另一个人想留在屋子里就得爬去床上,丝从来不在宿舍吃饭,但只要是早起晚归的日子,总会顺道回

来和她在屋子里见个面，分不清身下床的标准，比家里的床小，却和营地所有人的床一般大，大门紧闭时她习惯面朝窗户睡，夜里发生了什么，早上一睁开眼就知道了，叫醒人的阳光从未如约而至，直到天色大亮，夜夜好梦。今早窗前云落得很低，衬着变得耀眼的蓝天，一起隐没在灌木丛中。眼前淡黄色的小山丘，直到昨天还是没有一点绿色，草里白色的细沙像贝壳般露出来，被阳光冲刷的异常光滑……

没什么可抱怨的，她不是来摧残自己身躯以至于想不起本来模样的，而是抄捷径重走一遍没有心情去回味的来时路，应该感到满足才对。住到现在才观察全局的环境，自己应该是没有预谋的，对所观察事物感到的兴趣，丝毫不比光天化日之下晦暗的启示要多，再次试图证明自己并不偏心，她继续使用操心明天或以后的口吻，打发自己快点忘了已属于过去的生活，眼睛刚转到别处，整天整夜脸上所接受的温情又由足够的注意，不可避免引向喜怒去管的窥伺。轻松的空气有不少，不需要从任何人手里换取什么，是一次完全友好的光顾，就只谈论物质文化对思想社会所欠下的债，再简单也没有了。

长夜降至，壬子为一路以来的所见所闻留下果子，自认为确有把握记住营地的空气，称得上考验的恰恰是要她主动接受家乡的空气，她无法左右他人的批判，只能允许寻找过的面容拥抱自己好故作冷淡。

有位员工让壬子挪下地，她很快把原已记得的事给忘了，顺流而下的水溅不起波澜，自然而然的事也是不会留下记录的。

……

"少年的眼睛再也看不清夏夜的蒲公英,少年的头脑不再年轻,少年的胃吞吐着少年的天空。"怖徕突然叫嚷起来,旁边人可怜巴巴地哆嗦了一下。

"你这是说梦话了?"

"店主让我想一个新宣传词,趁你们现在脑子转得比往常快,听听合不合适。"

"你旁边就我一个人。"苟已经盯着外面的洁花好一会儿了,现在数到第七只萤火虫落在上面,"不会有其他人来了。"

"连卖货郎都不来?"

"从来没有见过他们。"

"白把店主的钱包拿过来了。"怖徕一动就累,不愿见光,埋怨一句便躺下了。

外面听到有人在说话。

"有几朵洁花快开了,最好快点把大家聚过来,给他们演示一遍接花的流程。"

不久人群汇集成乌泱泱的一大片围在外面,挡住苟的视野,连一个小角都没给他留,他不清楚洁花开花前的预兆,最后一眼只看见花上的萤火虫飞走了三只。

洁花浑身上下全是泥点,多数转印着暗淡无光的神采,人们把泥土弄在花上,等花内部炸开,五颜六色的内胆会推着花朵升空,继而被风分割得支离破碎发出空号的哨音,天

第二十二章 今夜蚊子去找谁

空中没有星星没有月亮，带点不一样的颜色能让花瓣更容易被人的眼睛发现。一层薄薄的雾气在头顶留存着，人之间的温度热得互相喘不过来气时，水轻微的流动声从天而降，出来打湿皮肤下面所有跳动的血管。

有些洁花飞上天，把整个营地的景色都尽收眼底，再不下落，有些连着你的身体，切身体会你从出生便如此的人生态度，花瓣瓦解的程度快一点，落在手上的位置准点，谁能想到你，一个无足轻重的一环，不讳地说，这个疲惫时代的归属，却和随时都可以离开的人那样，是有一点运气在身上的。

人群散去，苟凝视着前方又不愿看见什么，没错，萤火虫全不见了，安慰自己才会对自己说它们生死不明。

一辆破旧的卡车沿着回农场的捷径向前行驶，咚咚——刻岩农场的名誉卡车司机开着车，壬子坐在副驾驶上，十多天前带来的箱子放在车后座，拐上主街时，颠簸的路程晃开了装苦谏果的箱盖，里面多了几朵洁花花瓣，鲜艳的，沾泥带土的，大的小的，螺旋v字形的，来时苦谏果已经去掉花瓣，凭空多出来的花朵也许会让人以为是风带进去的，不过在花下面，还可以看见谁把红布袋也放了进去，布袋里面又塞了送行礼物似的，不随车里的一切任意颠簸，怡然不动的篇幅与愉快的心情协调一致。

终究没有见到苦谏果被人接受的场景，壬子在副驾驶端坐不动。回去该怎么办，要么凭着匆匆的印象，变得容易满足，要么挑一个飞过大海的好日子，远渡重洋，从此再不与

他人相见，可不管选择什么，树坑的位置永远为下一棵树而留，清空的心或已被其他东西填满，心中的不朽或已渐行渐远在他人制造的黑暗中，不断碰壁的幻想却由小小牢骚做出天衣无缝的推测，一段旅途结束后，如她这般模糊得可怕的人，更难以自拔于平平静静走完剩余的旅程。

初秋季候沁人怀念的心悸温暖而迟缓，她还来日方长。

第二十三章　地上的归狗，迷宫里的归猫

迷宫是每个人分工合作制造出来的产物，大家手拿开荒的工具，进入及腰高的绿篱田地，随便在哪边选一个入口进去，开辟一条自己的足迹汇成的道路出来，有人手中的镰刀钝了，察觉出迷宫困住了自己，站起身，看见全貌回到起点，留下一条堵死的死路，有人一顾往前走，碰到别人在前路留下的荒野，斜穿过别人的痕迹，在别人的入口迷失了自己，成为众多追随者的一员。终于有人出来，本着迷宫只有一个出口，大家都出来，谁都不知道出口连着哪个入口。

"他们出不去的。"其他开垦荒地的营员想再进去一次的迷宫，苟位列观众席，冷眼旁观里面挪动之人的身影。

"我要进去了，有什么忠告给我吗？"宴火拿着一团毛线，走过来时把一端交给苟。

"他们选你进去了？"苟问。

"不用太惊讶吧，二十分钟下一个人进，"宴火慢条斯

理地回答,"我们队五人,过了一个多小时,我自己还做不了自己的主?"

"入口在北面,像被劈了一道口子的天空,出口在南面,靠近会打瞌睡。"苟只记得出来时的方位,他认为自己帮不到宴火了,至少可以减少他的恐惧,"你也可以在其他地方找到别人留下的出口,你有什么打算?"

"听弃权的人说,南边进去会碰到纪念品商店。"

"开在迷宫里的纪念品商店吗?"

"你看见过吗,整家店镶嵌在墙里,有先前进去的营员值班。"

"没有,不过迷宫不算太大,费点心找是能找到的。"苟眼睛望着别处告诉他。

"最近几天打工挣的花瓣我要全带进去,谁知道会不会遇上其他什么东西。"

"谨慎一点是没错,里面卧虎藏龙。"

迷宫前的桌子上,关停的红色闹钟不再重新计时,它几分钟前完成了自己的使命,终于能挤出时间休息了。

宴火围着迷宫转了一圈,入口都看了一遍,没什么特别的,怎么说也不像裂开的天空,绕来绕去倒让他想到喝茶的日子,围着茶壶摆放了一圈的茶杯,他总是最后一个选,脸不由自主地抽动了一下,这类事他已经习惯由命运牵着鼻子走了。

他终于选在了西面的第一个入口,进去时便得佝偻着身子,哪怕直身起来歇一秒,也会被裁判喊停丧失参赛资格。

第二十三章 地上的归狗，迷宫里的归猫

两边掺杂荆棘的绿篱像外露尖枪的碉楼耸立着，棘手程度不亚于炖了一锅没摘丝的豆角，乱麻成一团，周围都是油光发亮的焦色，垂柳慢慢朝着后背上灼热的阳光倾斜，一个粗制滥造足够清白的鸟笼将他和天上的太阳困在了一起。宴火闻着湿润的泥土味和身上的汗味，静悄悄地在轮廓分明的光线里挪动，不知道当初拿园艺剪的人，是怎么在跟石头差不多硬的草中间开出一条道的。

在下一个拐角处，口干舌燥的他出现了幻觉，于是，带着一股幸福的劲风，味蕾邂逅到花蜜的余韵暗流，同指尖静待立足之地开出平静而健康的姜黄色小花，他以为找到了咖啡馆或驿站，不是，只是各队最有希望的人，丧失了希望，神情沮丧，三五成群蹲在那儿闲谈，过不了十分钟，要是在同一个岔路口迷失三回，我也会加入他们，宴火心里早已想好了加入他们的说辞，你们的眼睛下陷进了皱纹里，面颊上的汗都聚集在那儿醉生梦死，趁我还新鲜，当你们腰酸背疼的狂想正合适。

他不知道自己为什么会胡言乱语，昨天等洁花开花很晚才睡着，今早起来头昏眼花，看身边一切都匪夷所思，一念及此，总觉错过了什么大事。

实在弯不动腰了，宴火试着蹲着走了几步，发现累得更厉害，索性爬着走，一爬就停不下来了，他不希望自额头流下，吸收了一路沙子和泥土的汗水，流进眼睛里时带着那样的油腻，要他装作品味自己梦想的残调那般转动眼珠，想到汗将要在快速的爬行中风干在半道时势在必得的激动，他爬

得更快了，不久体力渐渐透支，进退两难时才想起进来是要找出口，而不是在命运的抉择中把问题断视为从眼睛里望出去交给时间埋葬的体面。

"来这儿坐会，喝点水。"前面的拐角处传来温柔的女声。

坐在椅子上时，宴火吓得倒退了一步，带着椅子一起向后倒去。坐在比地面高的地方，天的外面万古长青，他吓破了胆。

"没事吧。"有人走过来，他看见白围裙的束带下露出两条带条纹的裤腿，他联想到在纸上写模糊计划时用的笔，脑子空空习惯看向左边——随处可见的盘子周围，今早的微尘化作透明的抹布，风牵引它上下擦动，初露淡纹处眼泪飞白的脸庞。

"姐？"稍等了一会儿，他说。

"热晕了？快来喝口水。"伊奕饰扶他起来，送来的水他婉拒了。

认错人往常他该感到脸红，现在却显出疲倦和出神的样子。

"我能搬张椅子走吗？"

"累了的话为什么不弃权呢，没必要把命丢在这儿。"

"你是裁判吗？"看见她胳膊上没有绑区分队伍的袖标，宴火有气无力地问。

"不是。"

"那你来这里干什么。"

"我拿被人拿进来的东西。"伊奕饰说。

"什么东西?"

"生活用品,还有家具。"

"被偷了,还是被抢了?你不生气吗?"

伊奕饰待在那儿望着远处夹着自己大头照的镜子,她的另一张面孔有欠安托,额头在一片燃烧的热气中晃动,半闭的眼皮底下似乎很平静,她个人却很难为情,随时间推移,拉长的影子逐渐遮住假面孔的嘴角,太阳究竟升到了什么高度,她月牙形的头饰居然长到宽到,仿佛一把假牙穿过照片人的面颊,撑起照片人的嘴角,使其不可捉摸的表情差不多在笑,她明白自己为什么会有奇怪的印象,燥热的天气是这样响亮,把谈天说地、满意时的气氛顺着重拍一次的愿望起进脑海,鼓鼓不漏气为止。

"意外而已。"

她解释说,她只是进来转一圈,高压锅里还炖着肉,发现草墙里挂上了她的咖啡杯,以后每走几步,都会有熟悉的物品挂在上面,最离奇的是有一堵草墙特意被挖通,就为了把她的沙发摆进去。

"靠咱们两人是搬不走沙发的。"宴火看了看自己瘦弱的胳膊,他担心不出力的是自己。

"放在那儿也好。"因为是站着,她看见沙发两侧都躺着人,袖标是同一颜色,各不相见,正把从很遥远的地方带来的烦恼一忘皆空,隐约的、温雨的气息在两人中间升上来,习习微风懒洋洋的,她把当时脱口而出的话又说了一遍。

"对了。"宴火拧过去头,他一直背对着伊奕饰,"你见过纪念品商店吗?"

伊奕饰说自己才到这儿不久,不过可以陪他一起找。

"你为什么要找纪念品商店。"

"想长长见识。"宴火如此说道,"也因为不习惯。"

"不习惯什么?"

"不习惯什么都不知道。"宴火感叹地吁出一口气,"怎么也习惯不了只接触认识的东西。"

之后他们上路了,椅子留在原地,某种程度上说,象征着新的起点。

遇见见过面的人时,宴火还相信他们是在跟自己打招呼,盯了好一阵子,人家心事重重,又一声不吭了,看来随便哪个熟人东张西望就能骗走自己手上的一块块硬皮。

"也许,什么都不知道还有好处。"他有些不知如何是好。

"什么好处?"伊奕饰为了配合宴火,俯身行走在他左侧。

"如果之前见过你,你是不是也要装作不认识我。"

也许这种想法有点孩子气,伊奕饰露出要责备的神气,向他投去困惑的视线,他怕了,皱着眉头不停咳嗽,推脱说自己在开玩笑,伊奕饰信了,情绪低落的样子今天是第二回见,上次是在劝导别人捡起扔掉的垃圾,宴火还记得那个人的描述——她远没有看上去的开明。

有扇门。

第二十三章 地上的归狗，迷宫里的归猫

"门后会是出口吗？"

"不会。"她面无表情地扫走门边挡视线的杂草，冰面下一张严肃的面孔浮出水面。

宴火惊讶地看着她慢慢把房子上的草全部扒下来，最后扯开盖在窗户前面的绿布。宴火无法提前预想房子什么样，但他确实知道将会看见，属于房子的宽敞明亮一旦暴露在阳光下，生机、秩序、想象力马上体现在窗玻璃和房脊上，某个夏日，看见可悲的房脊凌乱在稀稀朗朗的柔光中，窗玻璃里又出其不意倒映出，一个大家庭成群结队的松弛，两者都是马上能展现给外人看的一种自给自足的状态，你会相信，本可以不用那么恼火的心情确凿存在了。

"是陌生人的房子。"宴火说。

"里面看上去像是我的家具。"伊奕饰探头进去。

"是吗？"宴火用不知所措的眼神看伊奕饰，"我再看看。"他尽可以放之健康、幸福、人生圆满的眼光去构想四时佳兴，但那个注定无法战胜记忆一轮又一轮在莫须有的骗局中打转，顶天立地而又无法不惊恐自问的形象，即使过了安于天命的年纪，永远也不能从刻岩农场每天一去不返的第一缕阳光与希望中抹去，美梦由此编织而成。

屋子里起初闷得不行，沉浊的空气跨出窗户抖散自己后，里头飘来炖肉的香气，闻到肉味，伊奕饰有些焦虑的脸才泛起微笑。

"他们连锅都搬来了，最好别忘了餐具。"

"外面多的是。"宴火说。

"我去拿几副过来,你在这儿吃吗?"

"葱姜蒜都放的一顿是多么可遇不可求。"宴火同意地点点头,"我得干点什么,不然心里过不去。"

"其实什么都不用你干,如果你坚持,去看一下周围还有没有人,叫他们也过来。"

宴火门还没出,伊奕饰又以怕他迷路的理由,微笑挽起他的胳膊留住他。

下午的日子走得很快,宴火提议找张椅子休息,椅子很好找,两张舒服的露营椅,挨着很近,宴火先坐上去,伊奕饰站了一会,以为她会把另一张椅子拿远点,但她一动不动,追溯记忆似的望着天,他感到她十分孤独,一点睡意也没有了,他询问她是否要即刻动身,她点点头。

本来驻留时间越久身边的人会越少才对,宴火问伊奕饰是否注意到了,她说她可以看到身后两侧人两眼闪闪发光,怀疑他们不怀好意,他便让她走在前面,结果前面也来人了,一副不买账的样子。不知道为什么会走在一段螺旋路上,视线没离开盲区时,他撞在前面人身上,又被推了回来。

"交出你们的花瓣。"带头的人扬了扬手上的白瓷杯,里面有点花瓣,"主动扔进来。"

杯子离宴火很近,他想抢到手,不料对面反应更快,他还被一个胳膊抡圆划水的动作打中了肩膀。他想硬闯出去,还怕伊奕饰掉队,面对着前面两人,不住地盯着他们。

前面的人耐心耗尽后,宴火才感到和他之间隔着宇宙那么远,害怕重新找上门来,他满脸通红,几乎窒息了。

蒙着眼布的人伸手要抓住宴火的喉咙，没碰到，离着还有几厘米时，手不受控地扭向一边，额头冒的冷汗流进紧紧蜷缩在一起的蒙眼布，那手是被送进了狮子口中，使劲也不能从迷宫的墙里面拔动分毫。另一人抢戏般哀号起来，原来他的膝盖被人奋力踹到似的砸进地里，可他身后没人，他原原本本就知道要在此刻被踹到似的。

屈服于不知名的威慑力之下，蒙面大盗二人开始慢慢后退，一直与空气对视着，退到相当远的位置，向后飞快地跑了。

打斗中，身后的人不知道什么时候消失了。

"你没事吧。"宴火用略显疲惫的口气问道。

伊奕饰带着一丝不苟的神气摇摇头，精神方面并未受到过大波及。

"抢劫这种事太恶劣了，为什么会发生这种事？"

"很正常。"

"正常？我理解不了。"宴火看着她，表情复杂。

"没有出路的地方待久了，忘掉的东西就会越多，撒手做的第一件事难免会空虚到往本能靠拢。为了掩盖对一切的一切失去的暧昧态度，我们也没多着急找出口。"

说"我们"时，她用冷淡的视线瞥了一眼宴火，宴火脸色发白，打消了不再使劲往前走，想回到椅子前休息的主意。

"走啦。"

伊奕饰举手向宴火亲切地摆了摆，有那么一会，他差点

真的以为自己跟她素昧平生，到说自己如愿以偿，该分开的时候了。

天暗下来，礼品店变得好找多了，出口、礼品店、夏日的七月，跟着亮光走总能找到其中的一个，礼品店和迷宫一般高，猫着身子才能进，所以顾客都是从外面挑好后，请里面值班的店员从窗户递出来。

来到礼品店，本来伊奕饰可以直接走了，但没见到售货员，又陪他多等了一会，直到怖徕来的时候，她才告别离开，直起身子，明确而平稳地走在石道上时，头也不回，专心致志地走下去。宴火感叹她还算温柔的陌生中若即若离着一种无依，足够跟不期而遇的人，共享这份从容里空空如也的星辰，在那里多么容易暗生情愫，受幻灭之苦，输掉即将到来的一天，不过她似乎没有注意到。狂风呼啸着穿过，吹得穿着的围裙蓬松散开，毫无腰身可言，她收起围裙拿在手上，把一切短暂的瞬间，由永恒的当下否定，那部分随即成为掉落的缠结，消失不见了。

她走得太仓促了，宴火内心空落落地，第一时间反应是见到礼品店，内心满足后才有的谦恭产生了自己的理解。

"真是太奇怪了，她说从没见过我，难道不是每天她在充当我姐的幻影，不然短短几步路，为什么我已经习惯跟她在一起了。"

"她当然不是你姐的幻影，你姐也不是她的替代品，两位都是活生生的人。"怖徕无奈地嘀咕着。

"你知道?"

第二十三章 地上的归狗，逆官里的归猫

"我知道，"怖徕问他，"来的路上太平无事？往常都是要吵起来的。"

"怪我，我忘了挑起争斗了，我还是太年轻，一年中总有几天对拖延的表达言不达意，"宴火也进到礼品店里，店里没有写注意的事项，他就堵在门口，进进出出，在真诚与不够真诚之间保持一种迷茫和依赖的心情。"你之前去哪儿了？"

"这边看看，那边瞧瞧，带薪休假。"

"那你见到是谁把盘子带到迷宫里了吗？"宴火压低了声音问道。

"知道，但我答应他要保密。"怖徕装模作样地咳嗽了一声，"钱袋子装不满，袋子口难松呀。"

宴火低头看自己的裤子，膝盖光秃秃地，很难在一大片剥落的空白中找到之前的颜色。

"有裤子卖吗？"

"对不起，我们不卖裤子。"

"有针线吗？"宴火再问。

"也没有，但我们有创可贴。"

"我为什么要创可贴？"

"不要一张嘴就问这么无知的问题，难道你是无缘无故才找到这里的吗？"

"如果是的话呢？"宴火犹豫了一下。

"那我只能说，"怖徕变了脸，拿起扫把送客，"你很不尊重这家店，出去，没东西卖你。"

"那就这样吧。"宴火站起来,前方传来裁判锐利尖啸的哨声,突如其来的惊吓理解他,不明白自己属于哪儿时,它永不厌烦模仿出门时,鼻子底下来回晃悠的瘙痒感。

回去的路上,宴火觉得头发太长了,胡子也该刮刮看了,不然与熟人相见,评头论足是免不了的,谈他必连带他的敏感和静默,他感到有一种强烈的难以抵制的信心,希望把过去压在心头的事重新做好,灵感涌过后他如此严肃,其实不过是使命感心甘情愿带着不可挽回的偏见。他活出的人生经不起推敲,一个灿烂的金色穹顶从思索命运的空白迷宫中徐徐升起,墙上由长日尽头初不可知的黑暗,打出童年大小的洞,里面听出身体消瘦的声音,被扣成了人质。

……

咸菠萝味道的晚风垂落在地界边的暮景周围,引得她喉头以夜色慢慢坠落下来似的速度咽了口口水。

想知道毛线头在哪儿的伊奕饰,跟着在出口处捡到的毛线团,来到了悬崖边,屋里亮着灯,日常用品齐备,看起来很温馨。

她认得是谁的住所,现在主人不在家,她等他,好把毛线还给他。在灯光下伊奕饰用树枝一个字一个字写着,等待时间越长,她创作出的及时行乐诗就越疯狂,竭力克制自己不要对眼前的东西着迷,是打发漫长时光所不可缺少的手段之一。

八点半,她图书馆的朋友过来了,带着双人用的被套和洗漱用品,本来没有流露出对屋子多注意几眼或感兴趣的表情，现在粉砖进去了，一切都变了样，进一步思考的她丧失了分寸感，她不安地站起来，在窗户里看她笨手笨脚地换床单，踩到地上的睡袋，然后把桌子上的水打翻在地，她焦急地等待粉砖能阻止水流到相机上，可是水蔓延速度太快了。她紧张得几乎透不过气来，等不到粉砖转过头了，大门商量好似的半开半掩，鼓励她进去解决，她冲进去，慌张又坚定的程度像是去抢周五晚末班车的最后一个位置，拿抹布吸桌子上的水时，没多注意手上的事，而是面对着粉砖。粉砖抬起眼来证实这一点，不是偶然的目光，这道目光一直落在她或者别人的身上，不管是她企图逃避十年前室友被烟熏死的现实，还是克制惶恐，一反萎靡不振的常态住回事故地点，她都企图不要让这道忧心忡忡的目光表露出心声，强迫他们关心起自己。

"今晚住在这里。"粉砖用梳子打开她打结的发丝，开营后每天见到她她的头发都来不及梳理，散发着哭泣后重整旗鼓的味道仿佛只为徘徊在某个灾难的边缘，"明早起来我们互相梳头发。"

她摇了摇头，心中的狂热已经由指尖传达给了粉砖，她的鲁莽使粉砖也不再像以前那样遮遮掩掩。

"现在不管你心里有怎样的忧愁，等到明早，我的头发给你消遣。"

伊奕饰为她的朋友对事态无知了那么短时间感到失望，另一方面也由于不管她怎么想不开，世界总会找到办法跟她重新建立起联系，她也总能对世界给她的旨意心领神会，不

过今后的日子会变成什么样,她心里一点主意也没有。

她带着难言的苦衷,想离开,但粉砖说什么也不会让她回到迷宫中的屋子里。

"你的那只黑猫呢?"伊奕饰知道,她不答应今晚住在这里,粉砖是不会离开门的。

"我从没养过猫,猫过不惯苦日子会跑的。"

"或者我说的是《见鬼》里的那只?"

《闹鬼,见鬼,靠近鬼》,图书馆里的一本探案集,里面的侦探透过一只黑猫的眼睛观察身边的灵异事件,只要一有灵异事件,猫就会出来。

"我记得,有只猫对吧,解决一个案子后,会约主人公去咖啡馆里喝上一杯咖啡。"粉砖仰头靠在门上,双手交叉枕在脑后。

"有给猫喝的咖啡?"

"它不能喝,但它会一遍一遍蹭主人公的手,要知道麻痹心灵的微笑尚未归于沉寂,前戏充其量不过是两个相遇的灵魂互相安慰、良心未泯的挽歌。"

"他们真的找到凶手了?"伊奕饰并不满意这个回答。

"要我剧透?恶魔附身我也不能做那么没有良知的事,我去拿一本,你看了就知道了。"

一提到书,粉砖来了兴趣,顾不上保持想倔强不要作怪礼仪与修养方面的高傲,好奇渐渐袭上心头,想知道不靠岸独自漂浮在海浪中,用自己最喜欢的箱子装着的别人不知情的东西到底是什么,像是有一项得赶紧用手指将它捅出无数

第二十三章 地上的归狗，迷宫里的归猫

数不清的洞眼的任务摆在眼前，门也没关就跑了出去。

她却不敢踏出屋子一步，粉砖为自己尽心尽力表现出的慌乱使她因感到负疚更能想象妄念出现在黑暗中的样子。

夜深人静，黑猫跳上窗户，绿琥珀色的眼睛蓄意不良地圆睁着，半透明的爪子紧紧扣在窗栏里，影子如奄奄一息的烛火半飘在空中，哒哒触地的声音还是响在环状地板上，唯有一个忧郁的灵魂才会这样大有来头。

看惯了夸夸其谈的家常琐事，意料之中它散发着惑人的气息，它进来时闲庭信步，任不再柔软、随风摇曳的躯体形同虚设。

"别靠近，猫。"她后退，猫跑进了阴影里，借着毛色遁入黑暗，地板的叩击声却越传越近。

既来之则安之。猫说喵。

猫迈着缓慢的步子，审阅领地似的跟屋子里的每个角落亲昵无间，她陪它四处搜查，猫只在涂过白漆的边角处显影，剩余的地方全都以她倾泻悲伤时幻想出的形象宛在眼前，有时屋子里凭空多了三个人，有时只有一个人和一只猫。

她没跑起来时，猫总在不远处关注着她，内心深处升起一股达不到目的的苦涩，突发暗气，想抓住猫，猫不见了，她就围着屋子跑，猫突然出现在伊奕饰的两腿间时，她被绊倒了，猫旁若无人地在边上走过，她看着她的室友离她越来越远，说来奇怪，她停下后，她们才肯背过身正对她，其中一人挥舞着手臂，身上那点残留的孩子气逗得猫百般示好，两人冲她打招呼，浅浅表示能摸到猫的得意，当然不能在她

们脸上找到为重逢喜极而泣的蛛丝马迹。

"被猫喜欢是幸运的，我就不会有那么的好下场了。"

大概作为鬼魂与世界作对产生的灵光脉动一下，她说完这句话后，猫转眼又不见了，她没让自己失去理智，正视了粉砖一眼，看她脚下有没有毛茸茸的东西溜出去。

"他们，就是看见鬼后，"伊奕饰眼皮发肿，脑袋困得奄奄待毙，"为什么喝的是咖啡？"

"为了惩治难熬的瞌睡。通灵的人是很忌讳做噩梦的，怕对方的怨念潜移默化成了自己的不幸，又因自己还活在世上而变本加厉，"粉砖轻描淡写地说，"甚至受冤者的幸福无以复加，本人还没有睡上一个安稳觉，终将放弃对过正常人生活的渴望。"

"哦，我知道了，"伊奕饰心魂深处，从小时每纵容自己忘乎所以，便与日俱增的乖张油然而生一种跟落了水的狗似的——已经认命，为生存破罐子破摔的结论，"把我的家具搬出去，不仅有你一份，也有她们三一份？"

"不知道你在说什么。"粉砖故作姿态起来，神采奕奕欲言又止，"先起来，嘴啃地的姿势很奇怪。"

她费了好大劲才起来，粉砖早已移到了门口。

"猫什么时候再来？"

"猫？看过书你就不会问了，"粉砖的形象要比趴着看时更苗条，头发平垂些，手里拿着书和保温杯，"它不会再来了，你下定甩掉它的决心如此强烈，我看了那么多本书也没有做过一次露首露尾的梦。"

"它是鬼使神差吗?"

"差远了,看看书就知道了。"

伊奕饰把之前看到猫的事告诉了粉砖,粉砖也把她进来时看见伊奕饰做噩梦从床上摔倒在地的事跟她说了。

"我理解为它是你强烈的求生欲望催生的虚妄,你平时对世界都忽略了的人的处心积虑,让你受气似的咽下了人生的不公,你的自怨自艾完全建立在,对什么事都关切的幻觉之上,一旦马上与现实隔绝,想死的时候寻求上天的意见,却靠着家人朋友的肩膀哭,抬头见人之事做不到坦率对待,于是,猫,你固执的自救手段,除了你没人看见的猫,出现带走了你跟无形的伤感迷雾相谈甚欢时卡在喉咙里的心结。"

"但它是跳窗户进来的?"

"窗户没开过,不然我为什么要走门。"

"它吓到我了。"

"我也被本不可避的恐慌吓到过。"粉砖说,"分担至亲之人的苍白和沉默。"

"它在哪儿?"

"在你心里。"

伊奕饰觉得她没把自己的遭遇放在心上,因为粉砖只是带着一副悲天悯人的笑容看着她。

"干吗对我这么笑?"

"我进不去你的梦,只好认为你在梦中也是这么让失语的自己,敞开心扉的。"

粉砖走上前，静静搂着伊奕饰，本来还在为开花投入精力的玫瑰，跟粉砖的肩膀不熟，只不过是在碰到的一瞬间，它爱上了这个地方，完全没了判断力，不再空劳神思，当真找到了发自内心的落落寡慰，显出放松戒备的疲软，沉沉睡去，和屋里其他几人共度人生的片刻。

过了一会，猫回到她们身边躺下，耳朵警觉地竖立着，尾巴缠上一人的手臂，胜利后用每一根毛发来闪烁的慵懒惬意或许会永远陪她们等下去。

此处行云来得比花好。

晚上九点，苟等到结束工作的怖徕，问他是否要改变一下生活方式。

怎么改？吃顿好的。

不是，苟说，动点凡心，去离天空更近的地方住一晚。

远远地看见有人过来，宴火端详了一番别人的模样，一下看不出让自己对明天期望过的亲切，知道在迷宫中抛弃了曾驱使自己只问不答的东西，为此他选择了自己认为最好的道路，要将长长的漫步当作迈出的第一步，一如自己的声音成为阳光的仇敌在黑暗中回荡那样。

苟和怖徕从一号车厢进去，摸黑走到中间的车厢，晚风安稳到连月光做的梦都会有容身之所，两人决定选在这里过夜。

"你们是无缘无故找到这里来的吗？"宴火正躺在椅子上，仅盖着一张单薄的报纸，数星星大赛拿的安慰奖——和世界妥协的眼泪，一滴一暖附托在上面。

"算是吧，心中五感替印象找到了路，但一切发生在自由活动的时间，人人的世界大都格格不入，所以我觉得我们碰面是偶然。"

"拿一张报纸吧。"

苟随即躺在宴火对面，报纸随便叠几下垫在脑袋下面。

"我呢?"怖徕东张西望寻找第三张报纸。

"报纸是没有了。"

"为什么没有了?"

"因为今天连着以后从不相遇的每一天，不再相通着可能与不可能。"

第二十四章　小肚子拖延症

怖徕要去打工，苟便提议一道去吃早饭，宴火对三人一起醒的事实惶惑了，一个人享有的命运庇护误解为三个人的不幸旅程安排在了一起，他说想先出去走走，答应在老地方碰头，游客浑身湿得像落汤鸡找地方避雨时他没有露面，以后也没有在营地的任何一个地方出现过。那天不知心中迸发出何种提心吊胆的疑问，他步行回到了刻岩农场，没过大门便晕倒了，因为他扭曲的身影倒在半夜的朦胧下，只有壬子敢碰他的身子，把他拖到他原来居住的屋子里。

宴火从没领略过足以忘忧时所能产生的愉快，在自己原来的房间，存或拿东西才开锁的地方，支了张小床，睡了一天一夜，醒来后，窗户外透出的闪烁不定的灯光已被更美丽的阳光代替，身边的空气流通畅快，散发着瓜果的飘香。他坐起来，好奇自己是怎么能在长一米五，宽一米的折叠床上来去自如的，他看向卧室摆设，浑身一阵战栗，十几天前，自己正是从这被虚设的良辰美景里睁开眼睛后开始启程

的，现在莫名回到原点，一切付出的努力白费了，带着一事无成的屈辱想继续睡下去，可肚子饿到能和糟糕的心情不宣而战，出去看见所有人围在餐桌旁吃饭，他也过去，喝上第一口粥时，发现大家多像地地道道的一家人，担心便烟消云散了。

壬子带着一睡不醒的宴火回到了谴脸镇，不知道会不会是最后一次去，五年前，她也觉得跟其他人的缘分到头了。五年后的见面没有洒下相逢的泪水，没有七嘴八舌嘘寒问暖，记忆中的他们没有一丝一毫的变化。他们从来不是多愁善感的人，得知壬子要回来，鸡叫头遍便在门口守候。

果真如宴火所讲，她卧室里的一切都保持着离开时的样子，包括那张床，她没怎么意识便长大的身体再也躺不进小时候的床了，发觉想留下来也没有自己的地方了，又惊觉为什么会有了留下来的心，即挨肩擦掌经过幸福人生的人，如梦初醒后，对虚度几寸光阴去暗自较劲的自我吹嘘也不是充耳不闻，梳妆台前的镜子里，她把披散在肩上的头发绑起，也正是五年前，自己从这面镜子前，任头发自由生长，做一无所获的争斗。

一纸妈妈绝不允许家人们再次分开，她提议要搬去刻岩农场住几天，壬子第一时间同意了，当机立断的劲不失体面地争夺按自己心愿张开的机会，幸福的保障也就赫然在目了，同样，谴脸镇屋子的钥匙也给了她一把，找不到适合淡忘那些不幸日子的天地，她随时可以回来看看。

家庭人员齐整的第一个夏天，壬子吃腻了树上结的苦谏果，吃腻了回程时路上的覆盆子，却吃不腻一纸阿姨在无数次等待中，练就的一道讨所有人欢心、富有人情味的招牌菜，太想吃到反而聚集全部感未所感的味觉，一口简单的菜肴，一切如宇宙一般在口中膨胀，回味无穷的同时不免陷入，与时有发生的虚张声势行为相吻合的回忆中，有时一顿晚餐能拖上一个多小时，一家人盯着她一个人，毫不掩饰对她那不大体面吃法的沮丧与同情。

钟敲响七下，似乎又重新回到了第一次坐在同一张桌子用餐的时候，她脚不挨地地坐在象征着一家之主的位子，心中怀念着对故人的失落，对付不了情绪的变化无常，对其他人不理不睬，一点也不顾谁。随着年龄增长，精神和行动力一天不如一天，但视野开阔了不少，从只在乎自己的小树，到轻微接受别人的帮助，及时懂得绕开必不可少的麻烦，最后能透过热气腾腾的菜之间，看清差点闹得整个家庭东奔西走的纠纷，是多么一件不值一提的日常小事。壬子坐在原位，眼睛开始噙满泪水，今天的任务就是纠正自己的过失，势必做完五年前从餐桌上落荒而逃后后悔莫及的事。

面带幸福的表情，毫不起眼地吃下多年来由固执培养的勇气，享受亲如一家的生活，在苟眼里，是多么无比常见的一幕，他永远也无法将一顿饭与近乎自责的想念联系在一起，可也就是定格下来、以后会在脑海中回味上千遍的迟来的顿悟，好像是为曾经的草木皆兵量身打造，无论是好是坏，仿佛这就是坦诚相待的全部意义。

和怖徕也就是前后脚，去餐车时已经排上了长长的队

伍，排到苟时，不知道哪儿出错了，后面刚来的营员插在了他的前面，店主像明察秋毫的裁判一样洞悉一切，所以那两位不'素质'客抢着点餐时，她先点头收走了苟手里的钱，问苟要什么。

"得先给钱，她拿钱认人。"

前面的女生受不了恶臭似的捂着鼻子，她想讨回公道只能放出占据在心中的魔鬼，魔鬼做什么她做什么，魔鬼当疯子，她当后面跟着的傻子，魔鬼疯言疯语，她高谈阔论。

见没人搭理，他们想再释放心中的魔鬼时，怖徕横在他们和店主中间，对上视线的一刻值得细细考究，两人目光游移，绷紧了身子，脸色煞白一片，像踩到钉子一样，远近闻名的活泼天性和爱交际的社会活力戛立住，整张脸维护最好的反倒是两双明亮的眼睛，无声的眼泪支撑了从中乱爬的目光。

两人明显是看到怖徕的脸吓坏了，可怖徕一转头，有一种预感，他不想被别人发现自己赤裸裸做短梦的样子，五指红印所留下的几许感触承受着暖融融的阳光，分明在残酷的现实中努力克制过，脸上不祥的寂静笑颜来过般转瞬即逝，又是故作轻松遮羞的行为。

"你们店的生意到头了。"两人离得远远地如是说。

果真一天没人过来，好像全世界都在跟她一个人作对，怖徕及时注意到人们的动向。

"比起人流量最差的时候怎么样，没有人愿意来。"

他说完这句话，店主停止了手中拍蒜的动作，打开最内里的抽屉，拿出一个玫瑰色的红布包。

怖徕想她写了一封表露对他勤恳工作的感谢信，拿在手上，轻得不像话，问能否打开，店主说随意，天空已经乌云密布，透出阵阵凉意，他蹲在餐车前，对着餐车灯看。

他输掉的一切完好无缺地放在里面，除了最上面的床票，上面的字迹越来越模糊，使他确信是字慢慢都会像现配现用的罐装魔药一经时间的偏私一滴滴溢出来，变成一种宿命的徒劳烟消云散的，他不想要，觉得好像不是自己的东西也不行，那是唯一能干净利落的表明，他与绕不开的僵局比邻而居的信物。

"这是什么？"然而就是因为没有任何的理由反抗，怖徕想问个清楚。

"你的床票，你自由了，最后一天才还完债，是不是有点讽刺。"

密密麻麻的雨点落下，店主关上餐车门。

"不走，那我就给你放个你不能拒绝的，时长为一天的假，好好休息。"

店主和颜悦色地说完后，关上玻璃窗户，哪怕怖徕想再看她一眼也不成，窗户已经被一层浓雾的雨幕笼罩，雨把玻璃外的东西冲刷得更加崭新，尤其是午觉噩梦的场景，混着隐隐传来的偏偏流水声，在他的脑海中激荡回响。

店主凭对路的印象操纵餐车转个圈后，才拨开雨刷器，不是对自己的车技过于自信，而是她怕雨帘中若隐若现的身影，猛然间，再次深刻地展现在路中央，本来已经变成了另

一个时代的云雾,全身上下,就应该放射出缄默的清冷,不该使路过的人眼花缭乱。

她不会固执地以为是他的粗心,她跟他面对面,突如其来知道了真相,他才不是一个需要花朵的人,倒是一个找遍整个营地,拯救最悲哀的人于水火中的不露面的主角,怪不得她能比打不死的小强还做作,总以为自己有额外的吸引力,只不过是有人背着重如大山的包袱,关键时候助她一臂之力罢了,两人非亲非故风马牛不相及,所以他一直是在怜悯她,而且是一场处心积虑且旷日持久的行为,掌握这个秘密的人有很多,她自认为精明的情怀,不止一次分散了她的注意力,美化了享受到的喜闻乐见的节目,没有及时将别人给的反应浓缩起来,此刻为时过晚地领悟到,自己永远都是一副不体面、上不了台面的样子,每一件东西,也包括屈腿迈着小矮人的步伐走来走去的家伙,都应该在它应在的位置,建立在根据天气和场合、习惯成自然的基础上,他的位置现在既无涉舞台中央,对弈的人还下得心不在焉,屡屡悔棋,一如看上去的那样,把所有做错的事重新猜疑一遍。

路过拐弯处,为了战胜覆在皮肤上的闷热,本已经如坐针毡,偏巧刀哐啷一声掉在地上,她心里的想法冷不丁话锋一转,找回中断的头绪后,信任自己的理智,随即让许久以来支撑她隐藏自我,担任起保护者身份的触动——在成长中不知不觉宣泄无助,一个并非装出来的受伤的目光,把他从记忆中抹去了。

那天她又是一个人在店,习惯狭隘的见解终身陪伴在身

后，脾气越加难以控制，回忆过去的所作所为往往也要大惊小怪，窗户没关，在灾难性的暴风雨或摄人的热浪来前关上就好了，她却宁愿再耽搁几分钟，过分地责怪打开窗户的人——她自己，其实她在生闷气，想知道为什么唯一一个店员不出来关上窗户。进来的客人被吓跑后，世界安静下来，她才知道是自己辞掉了他，接下来她花了一下午时间想明白为什么辞掉他却又忘了这件事，并在时针正好指到六时跟摆在柜台上的手模型一拍即合，本想跟他进行一场严肃的交谈，在喧闹和无法挽回的冲突中彻底忘掉他，结果她自己都不相信仅一句话就把他打发走了，时间短到挤压不掉一张完全陌生的脸，甚至没察觉到是自己偷偷摸摸地拒绝让他在失之偏颇的不信任前低头。

也不是没有想过和他重新谈谈，他有钱了，可以点一份想要的菜了，她又没有心情给他做了，怕像往常用只怕不够严肃的口气吩咐他，或以对公众发呆的样子等他自己来拿菜，对他的要求如同提出的十分严肃的问题得严肃对待那样感到措手不及，珍珠般滑皮的蓓蕾与耻辱留下来陪天照一方的含羞孤口留意，实在不称其为对打算把之前他骗她的事一笔勾销的人吐露出来的事实。

她想消除苦闷，扬弃掉天生对毫无缘由不开心的恐惧，去了食堂帮工，把全部感情放进随遇而安的答案下大显身手，包下了所有人的饭。

怖徕一直以为自己是碰巧为她工作的，所以每次遇面，他都以不知情偶然碰面的角度看，如同在街上突然听见一支

欢快流利的乐曲，心中会燃起一阵跳舞的热情，这种热情驱散了惹人注目的孤独，得以用现实不畏恐的眼光投入工作中，两人本没有弃营地的任何地方于不顾，偏偏不能找出一次奇迹般的相识。今天再没有以凑巧的方式见到她，他感到真是难得，终于不用忍受想睡时而不能入睡的节制，为此拾起了一直否定快难以追回的东西，他要去食堂大吃特吃，把此前经店主磨炼已经消失了的小肚子找回来。欢天喜地地来到食堂，坐下发现菜单上种种一掠而过的菜名，没有任何足以和自己的品味刚柔并济的滑调，不敢在渴望回到以前的温馨中——自被店主雇佣后六神无主迷失在自己思绪中的恭维的上一个花样里——多待一秒，立刻被季夏时闹腾的蚂蚁窝一样的暴雨征兆吓得弃船登岸了，去的比来时还快。

　　之后他去见了属于他的床，a区三栋四号床，他一眼就认出了他的床，靠近窗户，处在群众的边缘，摆满了闲置杂物，比起别人也不能说多整齐的床，像骏马群里混进来一头做苦力的骡子，从没人问起他，没人关心床的主人去了哪儿，怖徕是谁，竟无人知晓，他自己也正处在群众的边缘，毫无伤感地从中享受孤独对这个封闭社会的宠幸也无济于事，解脱边缘的他难逃衰败的命运。

　　男生宿舍区的小路上，每走一段路就会过来一伙并排行走的人，心好的人留出地方让怖徕能过去，但有些人眼睛从不落在人身上，好像那段路必须风风火火走下去，几次都逼着怖徕跳进路旁的灌木丛里，出来时新伤混迹于精疲力竭的皮囊里。他感到浑身不自在，茫然失神陷入沉思时想起小时

候去买酱油，见到的被人围起来的猫，猫刚要走，有人就一步挡过去，她自认为娇嫩欲滴的好身材在猫眼里犹如罗刹恶鬼，刚断奶的小猫出于避敌本能回到了包围圈里，人们又开始怀着敬畏与容忍的温柔选择飘忽不定的方式关照猫，拍照或者用似恼非恼的哄笑声安抚它。怖徕为它受到的野蛮遭遇心生愧疚，可自己不比旁边街椅上昏睡的大爷或者整条街了解得更多，也许小猫在最初的流亡岁月，被培养成一个始终不曾完全离开人类的动物，遇到无法匹敌的力量，会第一时间毫无颜面地投降，好过殊死搏斗后的垂死挣扎。

他已经溜进来了，确保花瓣留到周六烘干做成木乃伊的看管人员仍旧不见踪影，不知什么时候回来，他动作麻利地把本该在今晚燃放的烟花换成了洁花花瓣。

男生宿舍小路和女生宿舍小路汇合的主道，聚集了不少人，形如在架起的烟花筒和树林之间隔了一层防护网，怖徕再也不怕火星会溅到树上引起火灾了，手中的火把也不再承担时间流逝消亡的痛苦，仰面朝天躺在一包包堆起的白灰与生活所留下的伤痕中，少有受受害人掌握的界限里，烟花绽放的光晕占据了地平线最初的几道亮光。

怖徕有那种幸运，能用烟花每一次在空中绽放落下的碎片，来拼出新的连接和意义，只要再学会聆听，就可以满足于所见所得，不再浪费自己的余生，但他是个没有自己信仰的人，宁愿相信选择接纳一切，身边人的笑容才会明快如意，天空下的阴霾清澈安详。他试图自欺欺人，坏情绪渐渐离他远去，过往越来越与他纠缠不清。

第二十四章 小肚子拖延症

　　有位员工短促地瞧了一眼，便立马喊停，营地并没有出售任何烟火一类的易燃易爆物品，很可能用的是前天夜里收集的洁花，话传到人群中心，人们恍然大悟，扑过来将他压在身下，脑袋被死死摁在地上，他品尝到了土地里的铁锈味，记起了晚上偷偷跑出来时看见的场景。半大猫崽子冻得瑟瑟发抖，杂草烂泥从耳朵的豁口垂落，眼睛瞳孔细得跟蛇眼一样，要不是他也能感受到温度，还以为颤抖的胡须是难以抑制见到人激动的心情，他把它抱回了家，算小家伙命大，除了被冻瞎了一只眼外，胃口好得不能再好，十岁还能登高，活到十五岁寿终正寝，唯一的缺点是整日赖在枕头上，不亲近人，他大概知道原因。可能是有人后退踩在了他的肩膀上，往下的压力痛之入骨，他感到左边脸火辣辣的疼，无论是土里的石头还是地上的落叶，嘴堵得再严实也没用，都像猫毛莫名其妙灌了满满一嘴。越是随自己心愿回忆，自然失去的、遭现实篡改的记忆中的某部分想念就越多。

　　营地的街紧紧挨着老街，像两条同样长度的蛇并排行走，褪下的皮都要首尾相连，太阳穴跳动的回音从这两张尚未裁开的书页中一阵沸腾，不清楚前因后果和人物关系那般，书写着过去与未来不可逆转的岁月洪流，埋葬了猫的土地同样也正在埋葬他。

　　街是齐全的，充斥着死皮细胞，昼夜交替又回到了夏日那个，没有为悲剧做好安排的天真日子，嘈杂和各种难闻的气味都有，两者也有时混合为一，随叫随到。路人的热情消遣过后，空气中潮湿的烟沫子一窝蜂瞬间而至，给一周的其他几天，注入一种无论干什么都会瞬间爆发的躁动，多浓厚的思乡之情也不会对这股扰得灵魂深处心烦意乱的衰败毫无顾忌。野街的荒芜统治了一切爬着及其飞着的生物，没有表现出感兴趣或反感的自尊既归想象中的美德，同样归它调遣，怖徕的言行举止也处处表明，在街上，无论如何挣扎也没用，人们怕他逃跑，至少有四个人坐在了他的身上，有人勒着他的脖子，害他喉咙和舌头都痛得要命，有人给了勇敢反抗的他面角一拳，眼前金星直冒的一刹那，天空中最后一次灿烂也极致短暂的烟火，在头上画出一条把一辈子再过一遍的圆弧，和一道始终保持记忆畅通的渠道，两个莫名念头一左一右经过他的双鬓，他从惺忪未醒的梦里，听到了清除精神上痛苦煎熬的，烟花在满天星斗中炸开的声音。

别人手中保留一阵子的灵魂就是这样，归还之后会学着流落异乡的方式思考，计算着在看在听天明、在忘前途的时间，用尽方法磨灭后还能倔强地展示出有枝可依，抬头望天空，能看出被攥在手指间的那段时间是快乐的，每朵花，作为回归某个自控的状态和某种感到甜蜜的象征，都仿佛是围绕她许的不可抗拒的愿望，释然淡然，偏偏如此沉默。

比谁都明白，已尽其所能表达了好意，他无怨无悔，永远怀着感激的心赞颂值得纪念的东西。做了那么多年生活的囚徒，再一次不经意间向他人诉苦，他想他的猫。

店主尊重他，随时随地、不分场合地命令他，不让他在讨厌的公众场合吟诗造句，他也对得起每天她翻过来覆过去把他当作自己人打来的招呼，不会拿他取得的成就在她面前

炫耀，昨日被扇巴掌前还从没有被别人抓住哪怕一次过失，既为对方也为自己的辩护建立在不容置疑的明智与尊重中，避免了互相毫无意义的依赖。处在表象的捕风捉影混淆了事实，店主和怖徕都只说对了一半，将两人联系起来的不只是绑在腰间离得过远就注定徒劳的麻绳，理性的对话需要双方怀着大胆的勉励共同期待，原则是拿钥匙的人去开对方的锁，门里门外被各种预感急得再也说不出话的沉默之中，一方证明一方的存在有价值，一方得出是为一方存在的价值的推测，只要不被别人阻拦脚步，只要不跟糖纸一样放弃透明的根性才能反射出受人们喜爱的千面光，总能碰到你能证明的价值，或者为你而存在的价值。

　　店主确实对着敞开的窗子，因为心事重重，她的多愁善感难以接受天上除星星以外的闪耀，并未瞧见天空中的烟花，倒是觉得一股沁人心脾的瞬间清醒贯穿了茫然的身子。

　　哪怕此前拥有片刻安定，也不会现在才响起充满渴望的声音，以此作为解决身不由己感到悔恨挥之不去的最终办法。

　　"要是他出现在我眼前，点什么菜，用好话还是坏话点评，一切都随他吧。"

　　苟在大雨下起前回到了自己悬崖上的家，屋子的使用权只租借一晚上，没进房子的他，好比看了鬼片之后，身体的部位不再自由，没放进被窝里的便是想象中困境掌握的弱点，即使不是第一次默默地渡过难熬的漫漫长夜，忍受黎明时分在异地醒来，也免不了有一种大祸临头的预兆，必须借助不堪回首的秘密往事，被易逝的疑心吞噬前先成为自我恶念的奴隶苟活一阵子。

进来后，屋里的人却还是平静地躺在那儿，蠕动着身子表达自己希望和平相处的愿望，看他时用一种若无其事的目光，他立马心领神会，知道错过了阶梯的出现，于是他无精打采地问她们为何还不起床，屋里的两人解释说不知道他的屋子隐藏了多少陷阱与圈套，怕无意中踩上去，会像屋子阴影中的心声虫一样粉身碎骨。

但是苟对他的屋子构造了如指掌，刮什么方向的风哪块地板会沙沙响，脑袋朝向门睡觉一早起来肯定满脸都是白灰，还有如果没有及时拨开门前的野草，游虫们会把穿梭其间的腿当成拳击袋，住在里面的人则想用这些时时刻刻都在变化的表面现象换取藏在心底里的秘密。

"我忘记告诉你们了，房子是我亲戚的，是我也有很多不知道的东西。"

"所以你也不知道突然出来的阶梯是什么？"粉砖改换了一种温和的语气，"当时那些标本真是吓到我了，还以为是我踩到什么触发陷阱了呢。"

"那台阶上面的字呢，看清了吗？"苟急忙问。

"知道，小时候就听过这个故事，我把这本童话集的名字告诉你，你回去找着看吧。"

"不用，我只想听你讲一下这个故事。"不费吹灰之力找到了目标，当然他也付出了一切努力被自我否定的代价。

故事是这样的，悬崖上有一个不知谁搭建的窝，里面住

了一只猫和一只狗,外面云朵上飘过来一个垫子,狗伸出脑袋把里面的猫叼出窗外,猫又把垫子上的老鼠抓进窝里。中间的故事粉砖省略了,总之三个动物和和睦睦住在了一起,住到什么时候呢,房子塌了,狗和猫被压死了,老鼠不知所终。苟也认准了她的翻译,悲剧栖息希望间,更像是有条有理的事实。

"你看上去有点失望。"粉砖说。

"因为和我自己翻译的差别太大。"

"翻译?不是一看就深知其意吗,莫非故事里话里有话?"

"我本来就不认识这种字。"

"哟,难怪呀,你翻译成什么了?"

苟拿出自己的小本子,情不自禁朗读出声。

五十营员翩翩来,六百花朵久归合

星星公主为其一,她为帮人走过桥

自愿潇洒快活前十天

伴着一个好意愿,只知盘中美味得

真正蓓蕾初长时,舞会到此剩一半

双眼不由景中望,想要稚气脱脸庞

凭借身躯跳起舞,便仅达到心足意

正逢友人伴敲门,借得手中丹铅归

精致脸蛋缩一块,勉强辨识此书名

褐发挽成老气髻,心跳顾盼又有度

大片影子扩散开,唯留暮色无情视

从此脱胎换骨般，正经八百气摄魂

如若带不了秘密进天坑，下次门扉停靠棺木上

"没听过这个故事。"粉砖无能为力地摇摇头，"哪怕与我接触的沾一点边我也能帮到你。"

"是吧。"苟将正要关闭的木门再次完全敞开，"虽然你是员工，但是来的时候营地有没有让你许下什么目标，给自己一个无法预知的挑战，看看能不能在关营前完成它。"

"没有。"粉砖又问了没有停下脚步，已经走到树下的伊奕饰，她大喊着确定了答案，"从来没有。"

定下目标的前提是先找到目标，所以营地把营员们集合起来，富的穷的、帅的丑的、胖的瘦的，从未有过目标的这个念头会跟随别人现有的东西而肆意从烦忧中清晰地被诱导，第一次真切地为自己的渺小和生不逢时而心生恶气，定下一个别说十天，即使花一辈子也不可能完成的事，也就是成为别人后，再将别人的影子从自己的生活中抹掉。

其他营员定下的目标是交多少朋友、体重减少多少斤、关营后能否成为花最多的人，苟和竭力不换一次背心的人算是少数另类，台阶突然出现让他产生了浓厚的兴趣，给自己定下的目标便是离开前弄清楚台阶上面刻着的字的意思。现在他完成了自己的目标，又是与生俱来适应性不强的那类人，不会随着环境改变调整自己的一切行为，在这里，除了他一次只撕下一丁点当茶泡的期待，其他情感都在积攒了十多天的执着中慢慢显得幽静，弥漫着柔涩的苦份浮向水面。

营地生活的全部目的和屋子的存在，都在于让苟带着从

孤独中并不存在的快乐，于残酷的环境下更容易生活下去，一旦理想实现了或失去了，继续待在营地里的使命已经名存实亡，白屋可以不要，维持他人信任的举动可以手忙脚乱，在所有人面前露面，表现得泰然自若的成熟可以更加隐秘，他唯一的愿望就是明天快点过完，能早点回到家，回去要跟苟德好好添油加醋地说，自己曾在营地里漫无目的兜来转去十多天。

哦，减压者营地，到头来你什么用都没有，我不付出什么，也不期待什么回报，我从态度凛然的你身上无所得，你小心谨慎地防范着所有人，谁又能从你身上有所得呢。

哦，区区减压者营地。

再没有人有小肚子供你栖居了。

第二十五章　于是，此时此地，故事中没有选择的那份平静回到了人间

他是顶着骄阳进来的，梅雨季节难得放晴的天空下打不起半点精神，无法为四号车厢注入半点活力。

怕穿过车厢会不得已踩脏别人刚拖好的地，车厢窗户那侧又像欢迎晚会开始时那样打开，他也是从窗户那头进来的，苟没注意到他，正弯腰在水桶前挤抹布，油画似的水彩在抹布离开水面后交融，手捞便四散开来，丝毫不给人留靠近的空当，可望而不可即，再次看见浮现在水面上空洞假装镇定的眼睛，苟觉得真不该由自己决定这桶水的命运，而是它来预告自己的。

"为什么就你一个人在这里。"进来的人问，"你把他们开除了？"

"不是，是我找不到他们了。"苟继续忙着手中的活，不方便正视向他搭话的人，"也许他们在哪里优哉游哉打发余生，也许正往回赶呢。"

第二十五章　于是，此时此地，故事中没有选择的那份平静回到了人间

"那就是他们不想打扫车厢，不要等了，让你落得这般田地，你也离开算了。"

"离开这件事从没想过，暂时无法言喻，要么不是我还怀着富有人情味的性子，要么就是脸皮薄以致惶惶不可终日，很难三两句解释清楚。"

"我倒是因为笨手笨脚被开除了，我能在你这里坐一会吗？"

苟抬起头，一个陌生人汗涔涔地站在面前，带着礼貌的同情看自己。

苟朝门口伸出手。

"门口有几个座位还算干净，坐那儿吧。"

"看起来都差不多。"他坐上去，太阳光在头顶闪闪发亮，感受到座椅上散发的一种蕴藏很深很久的温暖，一点不多，能看见曾坐在上面的人笑，起初把没有盼头的消遣横七竖八、高高低低挂在唇间，笑的人并没有后悔，因为要有尊严地活下去，不能轻易地跟任何人共同享有一种态度，不断渗出又悉数奉还的耐心要能舍得徒增烦闷。一点不少，能听见坐过的人抱定永不回来的决心，让歌曲结束在一片灵活而不可捉摸的寂静中，甚至惹得他想掀开这层由于忧愁盖住幻想的薄膜，泛起一种想住在这里的难以抑制的热情。

"是某种自豪感引诱你留在这节车厢里的吗？"他问。

苟已经擦完了半数以上的窗户，剩下沾染了晨露的窗户流满了花露水，需要借助特定的洗涤剂才能擦干净，他现在要架起笤帚，去扫地上的油点子，而地面又像被积累的坚冰

覆盖,本来苟有把握一遍一遍地拖,地面终会像松松垮垮的湿抹布堆在门扉后面,把小小的期待打得湿漉漉地,可他的话语随着呼吸声在冰冷的空气中缓缓飘来,寒意发自骨髓,不留几行热泪绝对开拓不出一条压抑在沉滞之中,面对灵魂无限制的解放还能应付自如的稳固道路。一字不差地听完他的问题,苟无心回答。

"这种情况虽然暂时没有发生,但迟早要来的。"他继续说,并假想自己会坐在这节车厢返程,在畅想中感到满足,试图一举胜过现实生活中的迷茫与无知,而苟则相反,他需要一时不落地提醒自己,有一分钟乏味的想象,就会多给茫然的心一分钟来肝肠寸断。

见苟不回答,他继续看他的书,苟将手中的尖利爪子换成了锉刀与花园铲,连同脚踩的大地一起从计划中撕裂开去,显露出一种偶尔相邀的原始本色,慢慢习惯一个人低头干活的状态。

从来者坐进角落到走远,苟再也没有看他一眼。

从南北两个车厢门观望其他车厢里面的动静,苟觉得自己不应该这么冒险,假如不在一个僻静的地方,不在一个陷入猛烈自恋,让伪装下的面孔得以喘息的好地方,看见其他车厢的人慢慢往回走,也许就不会像现在这样觉得难以忍受没完没了的日子。

苟尽全力收拾的车厢,负责检查的员工并不满意,他亲自上手清洁心中的瑕疵,效果微乎其微,看来不是苟一人缺乏与生活紧密相连最起码的天赋,那位员工也会在做出最英

第二十五章 于是，此时此地，故事中没有选择的那份平静回到了人间

明的决定前和现实脱节，不可避免有一种完美主义的倾向，大胆期望受到过的肯定，绝不接纳自己身边出现的一些似是而非的缺点。

不知道是自愿还是被迫，员工赶着去检查别的车厢了，走之前留下话说会在中午十二点前回来。苟不着急不屈不挠地等到下午两点，除了在外面野餐与风合力将垃圾送往山涧谷地的营员外，他没见到任何人。

苟继续拿扫帚顶着抹布擦车顶上的那一小团污垢，发现它不是由不容他安生片刻的活力，携带着暴土粉尘的创造天赋自然形成的，而是被人看出来的，它周围散发着模糊的受人尊重的气质，可能是落寞之人，习惯寄予任何草草看上一眼的东西厚望。看它四四方方的阔角，说不准是天南海北来的几位无家可归者，大大方方在它下面谈天说地后，细致入微的赞美海涵了一切翻天覆地的新生活。苟受消不去的点所折磨，他必须对既成的事实低头，那一个点，它不断受人施压，不断从越来越殷勤的态度中了解诉苦人的世界，默默地保持他们的信仰，人们哭诉过去，它却一直向前奔跑，生存的本能之一——野心与它步调一致，形成日渐深厚困扰和内疚的标记，它就是压力本身。

白屋早就收拾妥当，因为今晚是营地的最后一天，有人自发在离白屋不远的地方准备了一场烟花秀，苟嫌吵到自己睡觉，又提不起去看一眼的兴趣，晚上不准备回去了，钥匙他还给了营长。十几天不见人影的营长，今天一早出现在门口，苟问起他消失的原因，营长回答整个营地正在学习如何

从犯错中成长，他不方便现身。

　　活动发起者点燃洁花的时候，苟随便找了一个什么地方，安安静静度过营地的最后一点时光。他看见了天上的烟花，五彩缤纷的花朵在天空盛开时他入迷了，半天反应过来那不是烟花，它是没有声音的，不会出错，他几乎每天都能和声音在黎明时相遇，然后不假思索地将梦中的一系列意外遭遇与谁都有过的二八年华相提并论。

　　能听见来时欢闹的声音在耳边隐隐约约回荡着，他没有听见熟悉的声音，想来也是，坐火车来的时候身边人都很安静，对各自的笑声还一无所知，苟觉得有一种心烦意乱涌上心头，有如一早起来积雪落满庭院，为自己错过雪花澄澈的夜景感到惋惜，为不能徒然扫去又记起领头走下火车并随之诞生的自由意志，那天暮曙的交替是写在雪地上的第一行字，剩余不认识的字令他再一次困惑。他打开手中的相机，也许里面记录着每一天的边边角角，可里面除了苟先生跟模模糊糊的不安的合照外什么都没有，旧日伤痕并没有给破碎的心灵留下任何可以辩驳的慰藉，他咕哝一声安慰自己，拍照只是为了避免记忆衰退而留住美好的一种方式，有比它更重要的，就是身临其境。

　　天空隐约浮现出带有色彩的光，一丁点燃烧的洁花碎片飞进车厢，落在未想好怎么处理的与麻烦相通的每一条经络里，五彩中央如梦似幻的一抹黑，超然于褪去天真独自一人的疑虑，释放积聚在里的那些毫无用武之地的逆来顺受。它现在比以往任何时候都遥不可及，彼此又感觉像老朋友一

第二十五章 于是,此时此地,故事中没有选择的那份平静回到了人间

样,自愿承担你的一切错失,挑出你生命中别离的心声,为不同的烦恼模仿出一种你不懂别人太懂的字体,它把腐朽的,如同呓语的,十多年求学路上的沮丧与艰辛全部吸纳,经由后知后觉长久地发酵出一个完美无瑕的微笑。

与每时每刻都在算计他的老友重逢,苟依旧没有按下快门,他有别的想法。

从来不是为了给人注意到才吼出来的,苟来时及现在从来不是引人注意的目标,一时间的恍惚、想啊、沉默,让他拾起了为游乐而生的七情六欲,夜晚余下的时光里,没有人会比苟这么一个不自知的人还有心情东倒西歪去把一声再会付诸实践。

他那颗时常因奔跑而剧烈跳动的心脏开始慢下来,学沉甸甸的果实往下压着,从熟透的地方开始裂。

www.ingramcontent.com/pod-product-compliance
Lightning Source LLC
Chambersburg PA
CBHW071226070526
44583CB00017B/2070